JN418592

Die drei Nationaloekonomien

저자소개

베르너 좀바르트(Werner Sombart) (1863 ~ 1941)

1963년 독일 작센 에름스레벤(Ermsleben)에서 출생
1888년 베를린대학교 경제학 박사
1888년 브레멘 상공회의소 법률 고문
1890년 브레슬라우(Breslau)대학교 교수
1917년 베를린대학교 교수
1931년 베를린대학교 경상대학 명예교수

주요저서

〈사회주의, 19세기의 사회운동 Sozialismus und soziale Bewegung im 19.Jahrhundert〉, Jena 1896
〈19세기의 독일 국민경제 Die deutsche Volkswirtschaft im 19.Jahrhundert〉, Berlin 1903
〈근대 자본주의 Der moderne Kapitalismus〉, Leipzig 제 1, 2권 1902, 제 3권 1927
〈세 종류의 경제학 Die drei Nationloekonomien〉, Berlin 1929
〈자본주의의 미래 Die Zukunft des Kapitalismus〉, Berlin 1932

역자소개

황준성(黃埈性)

숭실대학교 경제학과 졸업
독일 베를린 자유대학교(Freie Universitaet Berlin) 대학원 경제학 박사(Dr.rer.pol)
삼성경제연구소 선임연구원
통일부 정책자문위원
독일 프라이부르크대학(Albert-Ludwigs Universitaet Freiburg) 초빙교수
Fulbright 교환교수
한독경상학회 회장 역임
현) 숭실대학교 경제통상대학 경제학과 교수

주요저서 및 논문

독일의 공기업 민영화, 한국경제연구원, 1995
비교경제체제론(공저), 박영사, 1998
21세기 한국사회의 통합과 정책이념의 방향(공저), 한국사회정책연구원, 2009
경제학사(공저), 문영사, 2011
EU의 사회정책(공역), 시그마프레스, 2011
세계화와 변화하는 자본주의(공저), 시그마프레스, 2011
질서자유주의, 독일의 사회적 시장경제, 숭실대 출판부, 2011
"글로벌 금융위기에 관한 정치경제학적 분석", 경상논총, 한독경상학회, 2009 外 논문 다수

Contents

제 3 부 전체로서의 경제론

역자서문

베르너 좀바르트Werner Sombart는 1863년 하르츠 Harz의 에름스레벤Ermsleben에서 자유주의적 성향을 가진 정치가요 동시에 기업가였던 안톤 루드비히 좀바르트Anton Ludwig Sombart(1816~1898)의 아들로 태어났다. 좀바르트는 독일의 베를린, 이탈리아의 피사와 로마에서 경제학과 법학을 공부하였다. 원래 그는 바그너Adolph Wagner의 제자였으나, 1888년 베를린 대학에서 독일 역사학파의 중심인물인 슈몰러Schmoller의 지도아래 박사학위를 취득하였다. 그의 박사학위 논문인 「로마의 평야 - 사회경제적 연구, Dieroe- mische Campagna-Eine sozialoekonomische Studie」에서 좀바르트는 다양한 경제문제와 이탈리아 노동운동을 학위논문의 주요내용으로 다루었다. 그러한 이유로 그는 이미 1900년대 이탈리아 전문가로 평가받기도 했다. 그는 1888년부터 1890년까지 브레멘 상공회의소의 법률고문을 역임하였다.

1900년대 초 좀바르트는 칼 마르크스Karl Marx를 사회정책의 뛰어난 정치가요, 경제학자로 지칭하고 마르크스 이론의 일부를 그의 이론으로 받아들이며 스스로를 마르크스주의자로 부르기도 하였다. 특히 마르크스의 계급이론을 지지하면서 자본주의체제에서 계급의 형성은 불가피하며 정부의 법적, 제도적 규제에 의해서 계급 간의 갈등은 최소화될 수 있다고 주장했다. 이러한 내용을 담고 있는 그의 저서로 1886년 출간된 「사회주의와 사회운동 Sozialismus und soziale Bewegung」을 들 수 있다. 이 책을 저술함으로 인해 좀바르트는 여섯 번이나 가능했던 대학교수 자리(Berufungen)를 거절당하기도 하였다. 좀바르트의 박사학위논문 지도교수이며 당시 영향력이 컸던 슈몰러조차도 좀바르트가 마르크스주의자로 남아 있는 한, 그를 교수로 채용할 수 없다고까지 하였다. 그럼에도 불구하고 1890년 10월 슈몰러는 그를 브레스라우Breslau대학의 교수로 특별 채용될 수 있도록 추천하기도 하였다. 이는 좀바르트의 사회과학에 대한 학문적인 탁월성을 인정했기 때문이다.

1902년 좀바르트는 중세와 근대의 자본주의 형성과 발전과정을 분석한 「근대자본주의 Der moderne Kapitalismus」라는 책(초판)을 출간하였다. 그의 대표작이라 할 수 있는 「근대자본주의」는 독일에 있어서 자본주의라는 개념을 학문 전 분야로 확대하여 정립하는데 크게 기여하였다. 그는 자신의 생존기간 중에 경험한 유럽의 경제를 이 책을 통해 역사적으로 체계있게 설명하고자 하였다. 그는 이 책을 통해 그의 학문적 사상의 기초가 칼 마르크스로부터 막스 베버로 옮아가는 전환의 계기가 되었다. 좀바르트의 「근대자본주의」는 당시 경제학자들 사이에서 보다 오히려 역사학자들 사이에서 더 유행하는 책이었다. 그 이유는 좀바르트의 「근대자본주의」는 당시 정통경제학자들에게 있어서는 전통적인 경제분석 방법론을 과감히 거부하는 가히 혁명적인 책이었고 그래서 그들은 의도적으로 이 책을 외면했기 때문이다.

좀바르트의 학문적 활동은 제1차 세계대전 전에 보다 적극적이었다고 볼 수 있다. 좀바르트는 새롭게 경제적 합리성, 합리주의라는 개념들을 사용하여, 인간의 경제생활과 체제의 변화과정을 1916년 이후 출간된 「근대자본주의, 제2판」에서 설명하고 있다. 그의 역사적 인식을 경제학적으로 총망라한 대표작이라 할 수 있는 이 책은 총 6권으로 출간되었으며, 크게 주요한 세 편으로 구성되어 있다. 첫째로, 1916년 출간된 근대자본주의에서는 자본주의 이전의 경제체제를 분석하였고, 둘째로, 1917년에 출간된 책에서는 초기자본주의를 설명하였으며, 그리고 마지막 세 번째 부분으로 1927년에 출간된 근대자본주의에서는 고도로 성숙된 자본주의를 설명하였다. 이 세 편의 자본주의 분석을 통해, 최초로 좀바르트는 자본주의를 초기자본주의, 성숙(고도)자본주의 그리고 후기자본주의의 세 형태로 분류하였다. 이 책을 통해 좀바르트는 1920년대 자본주의를 통찰한 이론가요 동시에 역사가로 평가받게 되었다. 그는 이 책에서 모델에 근거한 경제이론을 통해 경제체제를 분석하지 않았으며, 그 대신 경제사를 통해 이론을 정립하려고 시도하였다. 이러한 그의 분석방법론에 대해 슘페터는 그를 '가장 뛰어난 경제사회학적인 제도분석가'로 평가하기도 하였다. 1927년(보다 명료하게 서술되어 출간된 것은, 2년 후인 1929년)에 출간된 근대자본주의 제3편에서 좀바르트는 당시의 자본주의가 이미 초기와 고도자본주의기를 지나, 후기자본주의기로 접어들었으며, 이는 사회주의 초기형태의 모습을 부분적으로 띠고 있다고 주장했다. 이러한 주장의 근거로 좀바르트는 당시 자본주의적 기업이 정부의 규제와 감독 그리고 독점화 등을 통해 이미 사회주의 특징인 계획경제적 요소를 가지고 있음을 예로 들고 있다. 한편, 좀바르트는 1917년부터 베를린 대학의 정교수로 재직하기도 하였으며 나치시대에 있어서도 그는 가치중립적 명제를 지지하는 그룹에 속하면서 자유주의적 사상에 기초한 경제이론을 정립하려고 노력하였다. 다른 경제학자에게서 볼 수 없는 그만의 학문적 특징은 좀바르트가 역사학, 사회학, 그리고 경제학을 하나로 묶는데 심혈을 기울였다는 점이다. 이는 최근 학계에서도 학제간 연구의 중요성을 인식, 학제간 연구가 증대되고 있는 점을 고려할 때, 이미 한 세기 전에 좀바르트는 이러한 감각을 소유한 뛰어난 학자였음을 인지할 수 있다. 그는 1941년 5월 18일 베를린의 달렘Dahlem에서 사망하였다.

경제학자로서 좀바르트는 20세기 초반 독일의 사회과학자 중에서 가장 영향력이 컸던 사람 중의 하나라고 볼 수 있다. 그는 20세기 초 근대자본주의 역사를 설명한 후기 역사학파에 속하는 경제사학자요 동시에 이해경제학을 정립한 대표적 경제이론가라고 할 수 있다. 그는 유럽 자본주의의 형성, 발전 그리고 미래를 풍부한 지식과 예리한 통찰력으로 제시한 독일 실증적 역사학파의 한 사람이다. 좀바르트의 이러한 업적 외에 그는 학문에 있어 특히 경제학에 있어 이론을 정립하고 역사를 분석하는데 있어 가치판단의 문제를 어떻게 다루어야 할 것인가를 당대는 물론 현재까지도 가장 깊이 있게 그리고 광범위하게 다룬 학자로 평가받고 있다. 본 역서 「세 종류의 경제학 Die drei Nationaloekonomie」은 바로 그러한 문제를 다룬 대표적인 그의 저서라고 할 수 있다. 당시 학문에 있어 가치판단의 논쟁문제는 막스 베버에 의해 중점적으로 연구되고 토론되었지만, 보다 구체적으로 특히 경제학에 있어서 가치판단의 논쟁문제는 좀바르트에 의해 새로운 관점으로 조명되고 논리적으로 정립되었다. 바로 본 저서는 '경제학을 어떻게 이해할 것인가' 라는 경제학 방법론의 문제를- 譯者가 인지하고 있는 범위에서는- 가장 심오하게 분석한 현재까지도 가장 우수한 경제학 방법론의 이론서라고 볼 수 있다. 역자의 입장에서 사회과학으로서 경제학을 어떻게 연구할 것인가에 대한 방법론 문제는 매우 중요하다고 본다. 그러나 아직까지 우리나라에서 일부 대학을 제외하고는 경제학과(부)에 경제학방법론이라는 과목이 개설되어 있지 않은 실정이다. 또한 수없이 많이 쏟아져 나오는 경제와 관련된 전문서적들 가운데서도 학문적으로 경제학이 다루어야 할 본질의 문제를 언급한 책들, 즉 경제학 방법론은 접하기가 어려운 것이 우리나라 경제학 저술의 현주소이다. 이러한 관점에서 좀바르트의 「세 종류의 경제학」의 국내 번역은 시기적으로 보나 한국 경제학계의 연구동향을 고려할 때, 한국의 경제학을 재조명하고 한국적 경제학을 정립하는데 있어 기여하는 바가 크다고 할 수 있다. 다만 역자의 경제와 역사에 대한 척박한 지식으로 인해 좀바르트의 심오한 지식과 철학이 들어 있는 무척이나 난해한 본 저서를 완벽하게 번역해 냈는지에 대해서는 두려움이 앞선다. 그럼에도 불구하고, 보다 완벽한 번역을 위해 독일에 체류하면서 본 저서의 부분적으로 난해한 내용과 관련하여 독일의 많은 경제학자들, 특히 좀바르트 경제학 전문연구가들과도 오역을 최소화하기 위해 많은 토론을 거쳤다. 좀바르트가 사용했던 학술용어 가운데 일부는 현대경제학의 용어개념에 맞추어 재정리하였으며, 일부 학설이나 내용에 있어 독자가 오해할 소지가 있는 부분은 역주로 처리하여 추가적인 설명을 하였다.

특히 미하엘 아펠Michael Appel의 「베르너 좀바르트-근대자본주의의 이론가 그리고 역사가 Werner Sombart-Theoretiker und Historiker des modernen Kapitalismus(1992년)」의 책과 프리드리히 렝거Friedrich Lenger의 「좀바르트(1994년)」 연구에 관한 책은 역자에게 좀바르트의 학문적인 세계와 그의 생애에 있어서의 연구 및 저술활동을 보다 깊이 있게 이해하고 동 저서를 보다 완벽하게 번역하는데 많은 길잡이가 되었다. 한마디로 번역 후의 소감을 요약한다면 경제과학자로 번역에 착수하여 경제철학자가 되었다가, 다시 이해의 경제학자로 번역을 마친 기분이다.

좀바르트는 1920년대에 그의 대표적 저서라고 할 수 있는 「근대자본주의」 저술을 마친 후, 이어서 경제학을 분석하는 다양한 방향을 모색하는 방법론적인 분석을 위해 1929년에 바로 역서인 「세 종류의 경제학」이란 책을 내놓았다. 이 책에서 좀바르트는 소위 인간의 경제를 분석하는 학문으로서 경제학을 어떻게 정립하는 것이 바람직한가에 대한 방법론을 구체적으로 자세히 설명하고 있다. 그는 이 책에서 경제학을 분석하는 방법론으로 크게 (i) 형이상학적인 방법론, (ii)

자연과학적인 방법론, (iii) 인문과학적인 방법론 등 세 가지 방법론을 제시하고 여기에 근거하여 세 종류의 경제학이 성립될 수 있음을 설명하였다.

먼저, 형이상학적인 방법론에 근거해서는 규범(規範)경제학 die richtende Nationaloekonomie을, 둘째, 자연과학적인 방법론에 근거해서는 실증(實證)경제학 die ordnende Nationaloekonomie을 그리고 마지막으로 인문과학(정신과학)적인 방법론에 의해서는 이해(理解)경제학 die verstehende Nationaloekonomie이라는 세 종류의 경제학이 성립될 수 있음을 제시하였다.

현대 경제학은 경제학을 분류하는 여러 기준 중에서 '가치판단의 문제'와 관련하여 경제학을 실증경제학 positive economics과 규범경제학 normative economics으로 분류한다. 여기서 실증경제학은 가치판단을 배제시키고 경제현상을 있는 그대로 파악하고 분석하는 즉, 몰가치성 Wertfreiheit의 경제학을 의미하며, 규범경제학은 경제를 분석하는데 있어 당위성을 포함시키는 즉, 가치판단 Werturteil을 전제로 하는 경제학을 의미한다. 좀바르트가 분류한 세 형태의 경제학을 가치판단의 문제를 기준으로 하는 현대경제학 체계와 비교해 보면, 규범경제학과 실증경제학은 그대로 현대경제학의 규범경제학과 실증경제학에 해당되며, 이해경제학은 규범경제학과 실증경제학 모두를 포함한 경제학이라고 볼 수 있다. 좀바르트는 그의 저서 「세 종류의 경제학」에서 그는 역사성을 가진 이해경제학자로 불리기를 원했으며, '이해경제학' 이야말로 다른 두 종류의 경제학인 즉, 규범 및 실증경제학보다 더 우월한 가장 바람직한 경제학 Nationaloekonomie이라고 규정하였다. 좀바르트는 「세 종류의 경제학」에서 규범경제학은 스콜라학파의 철학, 조화주의자와 합리주의자의 경제학으로 세분화하여 분석하였으며, 최초로 스콜라 철학자인 토마스Thomas의 이론에서 규범경제학을 정립하는 아이디어를 제공받았다. 앞서 언급했지만 규범경제학의 특징은 다분히 형이상학적이고, '좋다, 나쁘다' 또는 '옳다, 그르다' 등의 가치판단을 전제로 한다는 것이다. 이에 대해 좀바르트는 학문으로서의 경제학의 올바른 방향은 분석에 있어 형이상학적인 가치판단을 배제시켜야 한다는데 동의한다. 좀바르트는 규범경제학은 인간의 경제행위의 규범과 가치판단을 내려야 할 필연성에 기초하여 이론을 정립해야 하는데, 이론가들 사이에는 다양한 가치판단이 존재하기 때문에 이러한 다양한 가치판단은 논리적 객관성이 결여될 가능성이 높으므로 완전한 경제학이 될 수 없다는 것이다. 한편, 학문에 있어 완전히 가치판단을 배제시킨 대표적 과학이 자연과학인데, 경제학에서 이러한 자연과학적 분석방법을 이용하여 설명하는 경제학을 좀바르트는 실증경제학이라고 칭하였다. 근대 초기부터 서유럽에서 새로운 자연과학이 발달하고, 인간의 물질적인 경제생활에도 자연과학적 사고방법이 밀려들어옴에 따라, 자연과학이라는 본질을 경제학을 사고하는 인식의 기초로 구성하려는 경제학이 등장하였고 이것이 바로 실증경제학이라는 것이다. 자연과학적 사고의 특징으로 좀바르트는 요소화, 계량화, 수학화를 들었고, 이러한 특징에 의해 성립되는 경제학을 실증경제학이라 규정하였다. 좀바르트는 실증경제학을 완성한 대표적 학자로 밀과 멩거를 들고 있다. 좀바르트는 케네의 경제표(Tableau economique) 발명 이후 경제학은 정밀과학인 자연과학으로 변질되었고, 경제학이 모든 것을 기하학이나 대수학에서와 같이 엄밀하고 확실하게 증명이 가능한 방향으로만 발달하였다고 설명한다. 이 밖에도 좀바르트는 한계효용학파와 소위 '수학파'라고 불리우는 균형론자들의 제학설도 실증경제학의 카테고리 안에 두고 있다. 좀바르트에 의하면 종래의 경제학 체계는 위의 세 종류의 경제학이 혼합되어 이루어져 있다고 본다. 즉, 중농주의학파와 고전학파에 있어서는 규범경제학과 실증경제학이 혼합되어 있었고, 독일의 경제학파라 할 수 있는 역사학파에 있어서는 실증경제학과 이해경제학이 혼합되었으며, 그리고 마르크스와 마르크스 학파에는 규범경제학, 배열경제학 및 이해경제학이 동시에 존재한다는 것이다.

좀바르트에 의하면 종교적 세계관을 극복한 자연 질서적인 즉, 자연과학적인 방법론에 근거한 경제학이 형이상학에 근거한 경제학보다 우월할 수 있음에도 불구하고 여기에도 문제가 있음을 지적한다. 즉, 경제학은 인간의 삶 그 자체, 현대경제학 용어를 빌리면, 인간의 경제행위를 분석하는 다분히 심리적이고 정신적인 부분이 포함되어 있기 때문에 자연과학적 분석방법에만 의존할 수 없다는 것이다. 이에 대한 대안으로 좀바르트는 정신적 영역, 특히 인간의 '문화적 영역' 에서 경제학을 정립할 수 있는데, 이러한 경제학을 이해경제학이라 지칭하고 경제학은 이해경제학이 되어야 한다고 주장한다. 여기서 좀바르트는 정신적 영역을 하나의 과학으로 취급하여 경제학 정립의 방법론으로 사용할 경우, 이는 경제행위를 하는 사람의 이성적인 이해의 차이에 따라 다양해질 수 있기 때문에 효율성과 보편성을 동시에 고려하여야 한다고 주장한다. 이러한 관점에서 이해경제학이 가지는 특징은 경제학은 경험과학임과 동시에 인문과학이고 동시에 사회과학이어야 한다는 것이다. 그에 의하면 경제학의 연구대상은 공간과 시간이라는 현실 속에 있기 때문에 경험과학이 될 수밖에 없다는 것이다. 좀바르트에 의하면 경제학은 경험과학으로 분류하되 철학 또는 형이상학과는 구별되어야 하고, 또한 현상만을 분석하는 자연과학과도 대별시켜야 한다는 것이다. 또한 경제학의 연구대상이 현실의 경제이고 현실의 경제는 넓은 의미에서 문화라는 개념에 포함되므로, 경제학은 자연과는 대립되는 인간의 문화영역을 연구하는 인문과학이 되어야 한다는 것이다. 좀바르트에 의하면 그 동안 인문과학과 정신과학이 혼용되어 사용되어져 왔다. 정신과학은 인간의 정신에 관한 문제를 다루는 과학으로서 자연과학과 대립된다는 것은 이론의 여지가 없다. 따라서 경제학은 인문과학이기도 하며 정신과학이기도 하나, 모든 정신과학이 인문과학에 속한다고는 할 수 없다. 그 예로 좀바르트는 응용심리학, 정신심리학 등을 들고 있으며 인문과학이란 객관화된 정신으로서 객관적인 정신과학만을 취급하는 협의의 정신과학 개념으로 규정한다. 또한 좀바르트는 '경제학은 사회과학이다' 라고 규정한다. 이것은 오늘날의 학문체계에서도 이론의 여지가 없다. 좀바르트가 경제학을 사회과학이라고 규정한 근거를 요약하면 다음과 같다. 경제학의 연구대상인 경제는 인간사회의 일부분을 형성하고 있다. 인류경제의 특징은 경제의 내부적인 제조건에 있어서나, 외부적인 제조건에 있어서 다 같이 사회적 관계에 기초하고 있다는 것이다. 여기서 경제의 내부적인 제조건이란 경제행위를 하는 목적 또는 의식을 의미하며 외부적인 제조건이란 인간이 생존을 위해서는-로빈슨 크루소 경제를 제외하고는- 필연적으로 사회적으로 협동해야 함을 의미한다. 좀바르트는 경제학의 이러한 사회적 성질 때문에 오히려 즉 인간의 공동생활을 연구하는 사회학과도 밀접한 관계가 있다고 강조한다. 이러한 그의 관점에 따라 이 책에서 뿐만 아니라 그의 다수 저서에서 그는 사회경제학 Soziooekonomik이라는 용어를 자주 사용하고 있다. 좀바르트에 의하면 종교, 예술 등과 같이 사회적 영역과 관련시키지 않고 취급할 수 있는 경제적 영역은 존재할 수 없다는 것이다. 그에 의하면 사회적 영역과 관련시키지 않는 순수한 경제라는 개념은 경제학에 있어서는 아무런 의미가 없다는 것이다.

결론적으로 20세기 초반에 저술된 좀바르트의 「세 종류의 경제학」은 거의 한 세기가 지난 지금, 세계화(globalization)를 넘어서 이제는 세계성(globality)을 지향해 가는 21세기 전지구적 자본주의 시장경제에서 가장 바람직한 경제학은 어떤 것이며, 경제학자는 무엇을 해야 하는지를 방법론적으로 제시해 주는 중요한 지침서라고 강조해도 지나치지 않을 것 같다.

좀바르트는 이 책의 마지막 부분에서 "경제학은 과학다워야 하나, 교의학(教義學)이 되어서는 안 되고, 분명 과학이 되어야 하면서도 기술론이 되어서는 안 된다"고 강조하고 있다. 또한 "경제학은 과학다워야 하나, 결코 자연과학으로 변해서도 안 된다"고 역설하고 있다. 역자도 좀바르트의 이러한 견해에 전적으로 동감하면서, 이것이 바로 좀바르트가 이 책에서 제시하는 바람직한 '이해경제학'의 중심내용이 된다고 볼 수 있다.

경제학 연구의 상당부분이 자연과학적 방법론에 의존하여- 좀바르트에 의하면 실증경제학에만 치중하는- 실증주의적 경제학을 만들어 가는 오늘의 한국 경제학계에 좀바르트의 「세 종류의 경제학」은 보다 설득력 있는 바람직한 '한국적 경제학(Koreanomics)'을 정립하기 위해 한국의 경제학자들이 무엇을 해야 하는지를 의미 깊게 시사해 주고 있다.

마지막으로 본 역서를 흔쾌히 출판해 주신 출판부 이병덕 국장님과 출판과정에서 교정, 편집 등 세심한 도움을 주신 임경란 팀장께 감사를 드린다.

2012년 8월

상도동 연구실에서

역자

제 1 부

경제학의 현황

1장 경제학 연구대상의 불확실성

예전부터 독일 국민이 국민경제학이라고 불러왔으며 현재도 이같이 불리는 학문으로서 경제학이 다루어야 할 대상이 확실해야 함에도 불구하고, 오히려 애매모호하다고 할 수 있다. 그리고 이것은 아마도 다른 어떤 학문에서도 찾아 볼 수 없는 오직 경제학과 함께 철학만이 가질 수 있는 하나의 특성이라고 할 수 있다. 이러한 이유 때문에 경제학이라는 학문이 지식의 체계에서 차지하는 위상을 정확히 알 수가 없다. 다른 모든 학문은 과거에는 어떤 심한 논쟁을 거쳤어도 지금에 와서는 별 문제없이 잘 정립되어 알려지고 있는데 비해, 경제학은 그렇지 못하다. 물론 아직도 문제의 여지가 있는 학문이 있기는 하다. 예를 들면 논리학, 심리학, 지리학 등이 그것인데, 이들 학문은 문제의 설정, 방법론, 인식의 방법에 관해서는 대단히 큰 견해 차이가 있다. 그러나 그렇다고 해서 논리학이 인간의 행위가 아닌 인간의 사고를 그 연구대상으로 삼고, 심리학이 인체구조가 아닌 인간의 정신생활을, 지리학이 달이 아니라 지구를 각각의 연구대상으로 삼고 있다는 것을 의심하는 사람은 아무도 없을 것이다. 이에 반해서 경제학에 있어서는 사실상 이와 같은 제한성이 없다. 경제학의 연구대상이 지구에 관한 것인지, 달에 관한 것인지 사람들은 알지 못한다.

경제학을 '경제에 관한 학문' 이라고 규정하는 데는 의심할 여지도 없는 올바른 사실을 앞에 놓고, 이러한 비관적인 견해는 일견 부당하게 생각될지도 모른다. 그렇기는 하다. 그러나 경제학은 확연하게 규정된 대상을 갖고 있지 않다는 나의 판단은 옳다. 왜냐하면 나의 판단은 확연히 규정된 대상을 경제라는 개념에서는 밝히고 있지 않기 때문이다. '경제 Wirtschaft(economie, economy, economia)' 라는 용어는 여러 가지의 매우 다른 의미로 사용되고 있는데 그 중에서도 뚜렷하게 차이가 나는 두 종류의 개념이 있다. 이 두 종류는 바로 경제학이 동물원의 큰 곰과 하늘에 나타난 큰 곰 자리, 또는 바닷가의 성(城)과 문(門)을 잠그는 자물쇠만큼이나 서로 공통점을 갖고 있지 않다.[1] 우리는 시험 삼아 다음과 같이 사용된 경우의 경제라는 말의 의미를 생각해 볼 수 있다 : '경제, 절약하는 경제' 또는 '벌어먹을 경제' 또는 (드라마에서의) '행위의 경제', 그 밖에도 위와 같은 의미를 다음의 글 속의 의미와 대비하여 경제의 의미를 파악할 수도 있을 것이다 : '독일의 국민경제는 정상적인 상태가 아니다' 또는 '유럽 중세기의 경제는 신분으로 조직되어 있었다'. 우리는 이 두 개의 문장에서 경제라는 단어가 어떤 의미로 사용되었는지 그 차이점을 곧바로 파악할 수 있을 것이다. 우리들이 이 차이점을 표현한다면, 대체로 경제라는 단어의 형식적 의미와 물질적 의미에 대해 기술할 수 있을 것이다.

형식적 규정에 있어서 경제란 말은 정해진 인간의 행동, 인간의 행위에 따른

---

*1 역주 좀바르트는 '경제' 라는 용어가 매우 다른 의미로 사용될 수 있음을 두 가지의 예를 들어 비유하고 있다. 첫째는 곰과 곰 별자리의 비교이고, 둘째는 바닷가의 성과 자물쇠를 비교한 것이다. 이 두 가지의 비교, 즉 곰과 곰 별자리, 바닷가의 성과 자물쇠는 전혀 성질이 다름에도 불구하고 첫 번째 경우의 곰과 곰 별자리 모두 독일어로는 똑같이 Baer로 표기되고, 두 번째 경우인 성과 자물쇠도 똑 같이 독일어로는 Schloss로 표기되지만, 실제 내용에 있어서는 전혀 다른 뜻이다. 이는 '경제' 라는 개념도 정의하기에 따라 이러한 위의 예 만큼이나 큰 차이를 보일 수 있다는 것을 비유한 것이다.

일정한 양식, '경제행위를 하는 것' 을 나타낸다. 그리고 이것에서 파생되어 이러한 인간적인 행위의 일정한 양식에 상응하는 상태를 나타낸다. 그리고 이러한 행동에는 긍정적인 또는 부정적인 가치징후를 전제로 한다. '절약, Horatio, 절약!' 이란 뜻으로 사용된 경제는 '좋은' 의미로서의 절약, 칭찬할 만한 행위의 뜻이 포함되어 있는 긍정적인 의미이고, '빌어먹을 경제' 또는 '좋지 않은 경제' 라는 심한 욕설에는 질타를 받을 만한 경제라는 부정적인 의미의 경제를 뜻한다고 볼 수 있다. 이러한 입장에서 경제라는 것은 경제주체의 욕망을 충족시킬 수 있는 객체와 주체가 어떠한 관계가 있는지를 명백히 알 수 있는 것이다. 따라서 경제학에 관한 방대한 방법론으로 잘 알려진 간스 루더시H. v. Gans-Ludassy의 저서에서 다음과 같은 설명으로부터 경제학에 대한 정의를 내릴 수 있다.[2] 즉 "우리들은 경제학을 경제주체가 그의 욕망을 경제객체에 대한 관계에 둔다는 특별한 현상으로서 파악하지 않으면 안 된다." 이에 반해 로버트 리프만Robert Liefmann은 "경제학은 경제객체를 중심으로 분석하기보다는 오히려 경제주체의 심리적인 상태를 계량화하여 취급해야 하는 것"으로 생각하고 있다.[3] 이러한 행동, 즉 "경제 하는 것"은 다시 두 가지의 서로 다른 관점에서 파악되어 진다. 이것은 경제학을 연구함에 있어 두 가지의 서로 다른 양식이 존재함을 의미한다.

그 하나로는 인간의 경제행위에 있어 어떤 원칙의 기준을 적용시키는 것이다. 바꾸어 말하자면 경제 행위를 합리주의라는 잣대로 판단하는 것이다. 그리고 여기서 경제 하는 것이란 '경제원칙' 즉, 최소의 비용으로 최대의 효과를 거두는 원칙에 적합하게 형성된 상태를 말한다. 이는 우리들이 '자연의 경제' 라는 용어

---

*2 H. v. Gans-Ludassy, Die wirtschaftliche Energie, 제1편 : System der oekonomischen Methologie, 1893, 95쪽.

*3 Robert Liefmann, Grundsaetze der Volkswirtschaftslehre, Band I, 1918.

를 사용할 때와 같은 것으로서 이 경우, 경제라는 말은 분명히 자연에 있어서의 질서 내지 과정이 '경제원칙'에 적합하다는 것을 표현하고 있다고 볼 수 있다. 경제 또는 '경제 하는 것'이란 곧 주어진 목적을 달성하기 위하여 올바른 수단을 선택하는 것을 말한다.

다른 한 편으로는 경제에 대한 개념으로서 '경제 하는 것'이란 일정한 이해나 관심에 도움이 되는 즉, 최고의 사용효과를 지향하는 행위라고 말할 수 있다. 이 경우 우리들은 '효용'을 향락과 거의 동등하게 또는 '행복'과 동일한 개념으로 생각했었다. 이러한 관점에서 경제라는 말은 하나의 심리적인 보다 정확하게 말하자면, 하나의 감각적인 양상을 띠게 된다. 인간의 경제적 행위와 경제적 관계 및 이로 인해 만들어 낸 제도와 법칙 등의 바탕에 깔려 있는 통일적인 것, 곧 과학으로서 경제의 원리는 단순히 물자조달에 있는 것이 아니라 순수하게 심리적으로 생각한 말이나 최대의 효용이나 향락을 목적으로 효용과 비용을 대치시키거나 비교하는 특수한 계량분석에 있는 것이다.[4] 여기서 문제가 되는 것은 주어진 수단으로서의 목적을 선택하는데 있다.

경제에 관한 형식적 견해에 있어서는 두 가지의 변종(變種)인 합리주의와 감각론적인 입장을 들 수 있다. 이 두 가지 방법론은 다 같이 모두가 학설의 진리를 전폭적으로 의식하지 않은 상태에서 일방적으로 어느 한 쪽에만 치우치는 결과를 초래하였다. 위에서 기술한 대표적인 두 가지 학설은 모두가 필연성을 갖고 경제학을 종합과학답게 할 것을 충분히 전제로 하지 않으면 안 된다. 왜냐하면 '경제원칙에 따라서 행동해야 한다'와 '효용원칙에 따라야 한다'라는 두 가지 기본원칙은 전적으로 일반적인 인간의 행동양식을 표현하고 있기 때문이다 : 화

* 4 Ibid., 115쪽.

가 또는 도안가(Busch, Gulbranson), 시인(Carl Sternheim, Georg Kaiser), 철학자(Avenarius, Ostwald)도 경제원칙에 따라서 행동하거나 다수의 비판자의 의견에 따라서 행동할 수 있다. 더구나 최후에는 모든 순간에 모든 이성적인 인간은 경제원칙과 효용원칙에 따라 행동하는 것이다. 그들의 머리에는 항상 다음의 근본 원칙을 떠올린다. 즉, '바라는 목적을 실현하기 위해서는 필요 이상의 지출을 절대로 해서는 안 된다' 는 것이다.

그런데 필자가 알기로는 경제학은 경제원칙을 연구하는 학문이라고 설명하는 많은 경제학자 중에는 경제행위의 기술을 보여주거나 또는 철학적 논거를 제시하거나 또는 일상의 생활을 나타내거나 또는 어린아이들을 가르치는 것과 같은 것을 경제학으로 이해하려는 사람은 거의 없는 반면에, 일부의 학자들은 '효용원칙' 에 관해서는 많은 설명을 하고 있다. 이들은 경제학을 일반적으로 '향락학(享樂學)' 과 동일시하는 결론을 도출하여 그들이 진지하게 생각한 견해를 우습게 만들었다. 이러한 사상을 갖게 된 최초의 경제학자로는 천재적 바보라고도 불려지는 고센H. H. Gossen을 들 수 있다. 그는 그의 저서 「인간의 교환 법칙 Die Gesetze des menschlichen Verkehrs」에서 우리들에게 혼란을 야기할 문제를 제기하였다. 정신의 양생법, 또는 일반적 쾌락론이라고도 할 수 있는 그의 학설의 핵심은 경제는 '인간을 도와 최대량의 인생 향락을 누리게 하는 것' 이라야만 한다는 것이었다.[5] 그런데 묘하게도 이렇게 혼란을 초래할 문제를 제기했음에도 불구하고 고센은 그의 논리를 지지하는 후계자들을 찾아낼 수 있었다. 그들은 과학으로서 경제학의 연구범위를 이와 같이 해석하는 한 그룹의 경제학자들이라고 볼 수 있다. 그들 중 하나인 오토 노이라트Otto Neurath는 '경제학은 부(富)를

---

*5 H. H. Gossen, Entwicklung der Gesetz des menschlichen Verkehrs, 1854, 1889(신판), 34쪽.

연구하는 학문' 이라고 설명했다. 즉, 부라는 개념에서 '우리들이 개인 또는 집단으로서 느끼는 만족감과 불만족의 정도' 를 파악할 수 있으며 이것이 바로 경제학이라는 것이다. "'만족 혹은 불만족' 또는 '부의 가치가 있는 그림' 이런 것들이 하나의 높은 부의 정도를 나타내는 척도가 될 수 있으며 경제학은 바로 이러한 부를 연구대상으로 삼는 과학이다. 심지어 부의 정도를 달성하는 기준으로 경제학은 부의 크기로 각 개인이 금발여인과 산책하는 것과 밤색머리 여인과 산책하는 것 중 어느 것이 보다 만족스러운 산책인가를 결정하는 것이기도 하다."[6]

고센은 또한 경제학을 다음과 같이 정의하였다. 즉, "경제학은 인간의 행복을 취급하고 그것을 대상으로 삼는다". 또한 경제학은 "행복학에 관한, 인간의 행복에 관한, 그리고 인간의 상대적 행복에 관한 과학"이라고 하였다.[7] 따라서 경제학은 근대적 행복론을 취급하는 학문으로서 그것은 잘못된 경제학으로 간주하기보다는 철학과 같은 성격을 갖는 과학이라고 하였다.

우리들은 이같이 형식적으로 표현된 경제학의 정의는 하나의 오해라고 생각한다. 그리고 그것은 틀림없는 사실이다. 우리들이 이런 잘못된 견해를 제시하는 데는 '경제' 라는 말의 이중적인 의미를 제대로 이해하지 못하고 있기 때문이다. 경제라는 말은 경제의 대상이 '재화' 임을 의미하면서도 다른 한편으로는, 그것과 전혀 다른 의미인 '경제성' 을 뜻하기도 하기 때문이다. 경제란 말의 잘못된 이해로서 앞에서 언급한 '경제성' 에 관한 개념을 경제와 구별하지 못한 학설들이 경제에 관한 과학을 말할 경우, 언제나 뒤섞여 언급되었었다. 예를 들면, '독

---

*6 Otto Neurath, Nationaloekonomie und Wertlehre. Eine systematische Untersuchung, in : Zeitschrift fuer Volkswirtschaft, Bd. 20, 53쪽, 80쪽, 95쪽 ; Das Problem des Lustmaximums(강연), in : Jahrbuch der Philosophischen Gesellschaft an der Universitaet zu Wien, 1912.

*7 H. v. Gans-Ludassy, op. cit., 75쪽, 79쪽, 91쪽.

일국민의 경제' 또는 '고도자본주의 시대의 경제생활' 등의 차이를 들 수 있다. 여기서 경제는 물적인 범위 내에서 내용적으로는 이를 취급하는 인간의 소비활동과 생산활동으로 제한한다.

이러한 물적인 범위 내에서 경제학을 특수과학으로 규정할 경우, 경제학자가 연구할 임무와 대상은 물질의 세계로 한정할 수 있는 것이다. 경제학의 대상에 관한 보통 일반적인 정의는 자연의 외부적 사물에 대한 인간의 욕구와 그것과 관련하여 상대적으로 억제하려는 행위 사이에 필연적으로 존재하는 긴장에 관해서 행해지는 것이라고 볼 수 있다. 따라서 우리들은 경제를 인간이 생계자료를 얻기 위해서 물자를 조달(생산, 운송, 사용)하려는 인간의 활동으로서 파악한다.

서로 다른 관계에 있는 '경제라는 개념'의 체계적 힘을 보다 정확히 이해하기 위해서 필자는 이번 기회에 경제학의 대상을 앞에서 규정한 것과는 달리 다음과 같은 두 가지 접근방법에 의해 제시하려고 한다. 그것은 루돌프 슈탐러Rudolf Stammler의 학설과 오트마 슈판Othmar Spann의 학설에 의한 것이다. 슈탐러는 인간의 사회생활과 경제생활을 동일시 할 것을 제의했다. 그는 "만약 경제학이 하나의 독립된 과학이 되게 하려면 그것은 다만 경제학을 외부적으로 제한하여 함께 협력하여 일하는 생산활동을 연구대상으로 삼을 경우에만 가능하다." "인간 또는 인간의 욕망, 또는 추상화된 경제만이 경제학에 단서 내지는 기초가 될 개념을 제공하는 것이 아니라 오히려 인간의 사회생활 전체가 경제학의 기본개념이 되지 않으면 안 된다. 이러한 사회생활의 실현이 경제학에 의하여 연구되어야 한다"고 설명한다.[8] 나는 경제학의 대상을 이와 같이 일반적으로 규정하는 것이 목적에 적합하다고는 생각하지 않는다. 슈탐러는 구체적이고 특수한 폭넓은 사

---

*8 Rudolf Stammler, Wirtschaft und Recht, 1896(초판), 192쪽, 207쪽.

회생활 전체를 경제학이라는 특수과학으로는 분석할 수가 없고, 오히려 보편적 사회학이라는 입장에서 접근해야 한다고 믿었다. 그래서 결국에는 경제생활과 사회생활을 함께 경제학의 공동의 연구대상으로 결론지으려 했다.

슈판은 과학의 연구범위를 현재까지의 일반적 개념과는 달리 특별히 규정하려고 시도한 나머지 '경제'의 개념까지도 부정확하게 파악하는 오류를 범했다. 슈판은 경제를 목표를 달성하기 위해 가용한 모든 '수단의 총합'으로 정의하였다.[9] 그는 이와 같은 개념정리로 인해 경제와는 관계가 먼 영역까지도 경제학의 연구범위에 무리하게 포함시켰다. 슈판은 어떤 것이라도 경제학의 범위에 포함시켜 놓으면 경우에 따라서는 그것이 수단으로 쓰일 수도 있다면서 이런 것을 '순수수단'이라고 하였다. 그러나 성격상 그것이 오직 수단으로 사용될 경우, 그 이질적인 성격 때문에 그것을 하나의 학문의 범주에 포함시키는 것은 곤란하다. 그렇다면 예컨대, 모든 정치나 교육조차도 경제학의 연구범위에 포함시키게 되는 것이다. 슈판의 수단이라는 개념규정은 우리들이 수단이란 개념을 물질적인 것에 한정시켜 사용하는 경우에만 용인하는 것과도 다르다.

그 뿐만 아니라 '순수수단'이란 개념도 부당한 형이상학적인 의미를 포함하고 있다. 어째서 경제는 다만 수단일 뿐이고, 문화적 목적은 될 수 없다는 말인가? "당신이 얼굴에 땀을 흘려야 당신은 빵을 먹을 수 있다!" "왜 오직 경제는 수단인가, 많은 사람이 잘못 생각하는 것처럼 경제는 국가에서도 존재하는 것이 아닌가?" 등의 의미를 경제는 내포하고 있다.

이 밖에도 슈판은 다른 관점에서 물질적 표지(標識)에 의한 경제의 개념규정과 형식적 표지에 의한 경제의 개념규정과의 차이에 있어서도 학자 본인 자신도 제

---

*9 Othmar Spann, Fundamente der Volkswirtschaftslehre, 1918, 1929(제4판).

대로 인식하지 못한 채, 사용하는 많은 이론가들을 위해 경제학에 대한 견해를 제시하였다. 슈판은 즉, 초기에 있어서 단지 확고부동한 객관적인 관점에서 접근하고 있다(모든 경제는 사회를 의미한다 ; 모든 경제적 고려는 사회생활을 전제로 한다). 그러나 이러한 전개과정에서 '경제' 라는 개념을 제대로 인지하지 못한 채, '경제성' 이라는 개념으로 변화되어 버렸고, 그리고 돌연 경제의 반대 개념으로서 비경제성이라는 개념을 경험하게 되었다. 동류적 개념으로 경제는 비경제(=비경제성)라는 이름으로도 표현이 가능해 진다. 이 경우, 놀랍게도 우리는 다음과 같은 질문을 하게 된다. "'비경제성' 이라는 개념과 그리고 반대되는 개념인 경제성이 이러한 의미에서 사회와 연결지어 설명할 수 있는가?"

2장 인식방식의 불확실성

경제학자는 거의 누구나 경제학의 취급에 관한 독자적인 의견을 가질 수 있기 때문에 그들 나름대로의 '입장', '방침', '견해'에 따라 많은 차이가 있다. 특히 경제학에 심하게 나타나는 이러한 복잡함과 불균형 속에서도 일목요연하게 경제학의 체계를 밝히고자 한다. 먼저 경제학의 의미나 근거를 자세히 분석하기 전에 우선 경제학으로 형성된 지식의 체계를 어떻게 분류할 수 있는가에 대해서 살펴보기로 한다.

우선 과학으로서 또는 과학적인 인식에 근거하여 경제학에 관한 위상을 정립해 볼 수 있다. 여기에서는 다음과 같은 학문적 체계를 통해 경제학의 위상을 살펴보고자 한다. 이러한 학문적 분류는 학문으로서의 독자적인 인식원리에 근거하거나 또는 이미 일반적으로 그와 같이 정립되어 사용되어 지고 있는 체계이다.

(1) 형이상학 :
실증적 학문 :

(2) 규범적 학문 :
설명적 학문 :

(3) 이론적 학문 :
역사적 학문 : 가장 애호적이면서도 동시에 가장 우열한 것으로 대치되고 있음

(4) 연역적 학문 :
귀납적 학문 : 일맥 상통함

(5) 엄밀 학문 :
실재론적 학문 :

(6) 보편적 학문 :
개별적 학문 :

(7) 관조(觀照)적 학문(이론) :
합리적 학문(이론) :

(8) 경제학 :
사회학 :

(9) 자연과학적 경제학 :
정신과학적 내지 문화과학적 경제학 :

게다가 학문의 체계를 정립하는데 있어 일정한 규정이 없었으므로 종종 다른 방식의 분류를 하기도 한다. 즉, 서구에서 학문과 기술학에서 분류하는 방식을 이용하여 경제학자들은 경제학을 여러 관점에서 분류하기도 하였다. 대립적인 관점 즉, 대치(對置)시키는 방법으로 경제학을 분류하기도 하였는데 즉, 이론경제학과 실용경제학, 순수-및 응용 사회경제학, 또는 순수-및 정치 사회경제학 등으로 분류하였다. 즉, 경제학을 크게 순수사회경제학과 응용사회경제학으로 분류하였다. 외국어로는 이것을 순수 Pure와 응용 Applique(Applied)이라고 표현한다.

결국 경제학은 경제학자들의 사회적 배경, 세계관 또는 정치적 입장에 따라서 각종 각양의 방향으로 분류되었다. 경제학은 기독교 경제학, 특별한 경우에 있

어 카톨릭 경제학 그리고 자유주의 경제학, 사회주의 경제학, 부르주아 경제학과 프롤레타리아 경제학 등으로 분류되기도 한다. 이렇게 분류된 경제학 체계를 특별히 보호관세주의 경제학이라든가 자유무역주의 경제학 등으로 구분하기도 한다. 우리는 고전주의자, 계승자들, 낭만주의자와 그들의 이론에 대하여 논의한다.

이렇게 경제학을 다양하게 분류하고 서로 상반되는 입장에서 학문적 위상을 정립하고 있기 때문에 현재 경제학의 위상은 매우 혼란스럽다고 할 수 있다. 대부분의 경제학자들은 그들이 본래 어떤 이해를 하고 있는지 또는 어떤 관점에서 경제를 분석하는지 조차 모르는 경우가 많다. 그래서 경제현상을 분석하는데 있어 상이한 관점들을 서로 융화시키지 못하고 있다.

이러한 이유로 인해 우리들이 경제학설사로서 여러 학설들을 객관적으로 근거 있는 관점에서 하나의 일관된 체계를 정립하려고 노력해도 불가능하며, 설사 정립했다고 해도 의심스러운 상태의 결과를 초래하게 된다. 최상의 경제학설사를 선택하여 그 내용의 목차를 살펴본다고 하더라도 우리는 선입견이나 편견이 없는 공평한 결과에 도달하지 못한다. 오히려 완전히 불가능한 정리를 시도하고 있음을 알게 된다. 거기에는 이성적인 원칙이 결여되어 있는 근본에 있어서 불규칙성이 있음을 알 수 있다. 그 결과, 분류원칙에 의해 끊임없는 내용상의 교환이 이루어지고 결국, 하나의 혼합이라고 일컫는 여러 가지의 서술이라는 결론에 도달하게 된다. 명백히 이러한 혼돈은 저자의 잘못에 있는 것이 아니라, 활용하고 있는 재료의 현상에 기인하고 있다.

그것은 학설자료의 분류기준이 자주 바뀌고 잡다하게 뒤섞여 있기 때문이다. 그래서 지금 나는 방법론사(方法論史) 중에서도 가장 유명한 내용의 목차를 정리하여 경제학을 분류하는데 있어 그 동안 뒤얽혀서 말썽이 많았던 여러 학설들을 일단은 다음과 같이 한 눈에 나타날 수 있도록 시도해 보고자 한다. 이 작업은 독자로 하여금 다음의 관점들을 주의 깊게 살펴볼 필요가 있음을 강조한다 :

(1) 방향을 요약하기 위해서 특징을 매우 외부적으로 표현하였다 : 중상주의=상업체제 ; 중농주의자=농업체제 ; 아담 스미스=산업체제 또는 전혀 학문적이 아닌 표현도 있음을 주의할 필요가 있다 : 자유무역론자 – 사회주의자 – 간섭주의자

(2) 특징들은 여러 영역에 위치하고 있다 : 이론과 실제 ; 국가정책적, 사회철학적, 경제적 관점 ; 교의(敎義), 국적, 시점

(3) 특징들은 간혹 잘못 규정되기도 하였고, 따라서 특징들은 같은 형태로 올바른 차이점을 도출하기 위한 일치를 이루지 못하고 있다. 이 부분은 나중에 보게 될 것이다.

각각의 내용별 목차를 살펴보면 다음과 같다 :

I. 기데Gide와 리스트List의 Histoire des doctrines economiques, 독일어 제목은 국민경제적 교의(敎義)의 역사 Geschichte der volkswirtschaftlichen Lehrmeinungen. 제2판, 1921년

(1) 창설자

(2) 반대파 : 사회주의자, 리스트List , 뿌르동Proudhon.

(3) 자유주의

(4) 이단파 : 역사학파, 국가사회주의자, 마르크스주의자, 기독교 사회주의자

(5) 최근의 학설 : 쾌락주의자, 신(新) 연금이론, 연대주의자, 무정부주의자

II. 루이지 코사Luigi Cossa의 경제학 독트린의 역사 Histoire des doctrines economiques, 1899년

연속적으로 이루어지는 매우 훌륭한 체계를 세웠다 :

(1) 단편(斷片)의 시기

(2) 논문과 경험론적 체계

(3) 과학적 체계의 시대

경제학 전개과정에서 완전히 체계를 무시하고 결국 하나의 순수한 지리적-연대적 질서에 의해 저술된 경우도 있다. 이러한 경우는 19세기 국가별로 그리고 국가 내에서는 연도 별로 저술되었다. 코사처럼 매우 독특하게 체계적 정리를 한 경우에도 이는 저자의 문제가 아니라, 사용된 재료에 그 잘못을 물어야 한다.

III. 로셔W. Roscher의 독일경제학사, 초판 1874년

(1) 자유무역론자

(2) 사회주의자

(3) 반동주의자

(4) 실제론자 또는 역사학파

(5) 저술가(著述家)적 경제 관료

IV. 오트마 슈판의 "경제학의 주요 제학설", 제16판, 1926년

(1) 전(前)중상주의 시대

(2) 중상(重商)주의

(3) 중농주의 체제로의 과도(過渡)기

(4) 중농주의적 학설체계

(5) 완성된 개인주의적, 또는 고전적 학설체계

(6) 독일의 국민경제학

a) 낭만주의파

b) 튀넨H. v. Thunen

c) 리스트F. List

(7) 카레이 Carey의 낙관주의 및 그의 유럽 추종자

(8) 사회주의 발전에 대한 간단한 지식

(9) 역사학파, 사회정책, 한계효용이론

(10) 현재의 국민경제학

V. 슘페터J. Schumpeter의 사회경제학원론, Epochen der Dogmen- und Methodengeschichteim Grundriss der Sozialoekonomik, 제1권, 제2판, 1924년

(1) 사회경제학의 학문으로의 발전

(2) 경제적 순환의 발견

(3) 고전적 체계와 그의 전달자

(4) 역사학파 및 한계효용이론

VI. 에드가 살린Edgar Salin의 경제학설사, Geschichte der Volkswirtschaftslehre, 제2판, 1929년

(1) 전사(前史)

a) 아테네

b) 로마

c) 카톨릭교 중심의 유럽(중세)

(2) 역사

a) 중상주의 경제학 : 정치학

b) 중농주의자 및 고전학파 : 체계적 학문

c) 사회주의 및 역사주의 : 진화론적 학문

① 사회주의

② 역사주의

(3) 후계자와 선구자

비교적 분류가 잘 되었다고 볼 수 있는 살린의 분류에서 볼 수 있듯이, 그의 분류 기준은 정치적, 체계적, 사회적, 역사적인 것에 두고 있어 각종의 다른 평면에서 경제학을 분류하는 결함을 범하고 있다.

3장 명명법(命名法)의 부정확성

앞에서 살펴 본 바와 같이, 우리의 학문이 특색을 나타내는 그리고 예상했던 대로 경제학의 대상과 인식방법의 부정확성으로 인해 당연히 호칭하는 명명(命名)에 있어서도 부정확이란 결과를 초래한다. 이것은 사물(대상)을 명명하는데 있어서 뿐만 아니라 학문에 있어 명칭을 붙이는 경우에도 마찬가지이다. 필자가 대상의 부정확성을 설명하면서 사물의 명명에 관해 이미 언급한 바 있다. 여기서는 한 단어에도 여러 가지 개념이 포함되어 있는 즉, 이의성(二義性)에 대해 언급하고자 한다. 예컨대, 우리가 본 바와 같이 이러한 단어로 경제 Wirtschaft, Economie, economia, economy라는 단어를 들 수 있다. 필자가 여기서 다시 한번 보충하고자 하는 것은 단어에는 명백히 의미를 포함하고 있지만, 이러한 단어에도 이중(二重)의 의미가 있음을 설명하고자 하는 것이다. 이러한 단어의 완전한 의미를 찾아내기 위한 시발점으로서 로마어 및 앵글로 색슨어의 'Oikonomia'라는 단어를 들 수 있다. 원래 이 단어는 집(oikos)을 관리(nemein)한다는 의미로 쓰였으며, 그리스어에서는 명백히 대중적으로 사용되는 것이었다. 라틴어인 oeconomia는 원래 '하나의 연설이나 연극의 전체를 몇 개의 부분으로 분할하는 것' 이라는 뜻이었고, 따라서 하나의 조화를 이루는 것 'Oekonomie' 으로 이해되었다. 이러한 완전히 새로운 의미는 명백히 또 하나의 칭호를 갖는 것으로 간주되었다. Oikonomia는 본질적으로 집을 관리하는 것으로 사용되었으나, 플라톤Platon에 의해 집을 관리하는 것으로 이해한다는 의미, 즉 oeconomicus로 바뀌어졌다. 이와 같이 'oeconomicus' 라는 변환은 분명하게 두 가지의 서로 다른 의미를 가지고 있다 : 키케로Cicero에 있어서는 '집의 관리자' 의 뜻으로 사용되었고, 퀸티리안Quintilian은 '웅변술의 한 부분' 이란 뜻으로 사용했다.

라틴어에서 유래한 경제라는 말은 이렇게 로마어로 그리고 영어로 전해지는 과정에서 economia, economie, economy 라고 표기되면서 이중적 의미를 내포하게 되었다. 그러는 과정에서 뜻이 바뀌어 지면서 의미의 혼란을 일으키게 되었다. 다음은 주요 국가들에서 사용되어지는 '경제' 라는 단어의 의미들이다.

프랑스에서 사용되는 경제 Economie의 의미는 다음과 같다(Sachs-Villatte에 근거하여) :

(1) 가정(家庭)경제와 이에 부가적으로 수반되는 경제, 예컨대, e.charitable=빈민구제사업, e.urale=농업경제, e.domestique, privee=가정(家庭)경제, e.nationale, publique=국민경제

(2) 질서, 목적에 적합한 설비, 전체와 모든 부분과의 조화, 일치 ; 예를 들면, e.animale=동물의 사육, e.vegetable=식물의 재배, l' e.presente=현재의 세계질서

(3) 경제적 절약, 경제성; 예를 들면, 경제적으로 살다 vivre avec e. , 절약하다 faire des e.

파생어인 'economique' 라는 단어 속에는 본질적으로 단지 제2 그리고 제3의 뜻이 있다. ecrivain economique라고 표현할 경우 그것은 '경제는 쇠퇴했다' 를 의미하는 것으로서 이 경우 economique는 가계(家計)를 뜻한다. 동반어로서 economique는 절약적이라는 의미에 있어서 보다 많이 사용되어 진다. 예를 들어 fourneau e.라고 부를 경우, 이는 연료절약의 스토브를 의미하고, fourneaux e.s라는 표현은 절약할 수 있는 간이식당을 의미한다. 또는 soupe economique 라고 말할 경우, 이는 빈민에게 제공되는 수프를 뜻하기도 한다.

이와는 반대로 경제 L' Economique라는 본 단어는 대체로 가정경제학, 국가 경제학을 의미한다. 'Economiser' 는 시간 등의 절약을 의미하기도 한다. 예를 들면, economiser une heure라고 표현할 경우, 이는 1시간을 절약했다는 의미를 가진다.

영어권에서 사용되는 경제 Economy라는 단어의 의미는 다음과 같다(Muret-Sanders에 근거하여):

(1) 가정(家庭) 경제
(2) 절약, 사용(예컨대 시간의)
(3) 검소
(4) 질서, 조직, 체제: 예를 들면 천국질서 E. of Heaven, 자연질서 E. of nature, 구제조직 E. of salvation.

파생어인 economic도 같은 뜻을 가지고 있다. 로마어인 경제 economy라는 말과 함께 영어로 게르만어에서 유래한 '절약, thrift' 이라는 뜻을 지니고 있다. 이것은 좋은 경제, 경제성, 절약을 의미하고, 결코 생계를 유지한다는 의미로서의 경제를 뜻하지는 않는다. 독일어로 'Wirtschaft, Horatio, Wirtschaft!' 로 번역되는 'thrift, Horatio, thrift!' 는 실책으로서 다행스럽지 못한 일이다. 적어도 이는 오해를 불러일으킬 수 있다.

이러한 문제는 독일어에서 해결되지 않은 언어적 수수께끼로 남아 있다. 독일어에서 사용되는 경제 Wirt, Wirtschaft, Wirtschaftlichkeit의 의미적 변화는 독특하다. 고대 및 중세의 독일어에서 사용한 경제라는 말의 뜻은 지금과는 전혀 다른 의미를 가지고 있었다 : 즉, 경제 Wirt는 손님, 주인, 영주를 뜻했다. 그리고 Wirtscaft는 고대 독일어이고, Wirtschaft는 중세 독일어로 그 의미는 다음과 같다 :

(1) 향응, 향응에 속하는 모든 것
(2) 축하향응, 축제, 주연, 향연, 잔치
(3) 성찬, 행복, 명복
(4) 활동, 잔치

나는 경제라는 단어의 이러한 의미를 봉건주의 시대의 영주적 표현이라고 말하고 싶다. 그것은 오로지 재화의 배분과 관련되어 있으며 재화조달을 고려한다거나 또는 '절약' 이라는 의미로는 전혀 사용되지 않았다. 이러한 의미는 후에 국민적 특징으로 나타나게 된다.

독일어 사전에서-그중 대표적인 Sanders 사전을 기초로 하여(Grimms 사전은 알파벳 W의 Windschaften 까지 및 Z에서)- 경제라는 단어설명 즉, 오늘날의 Wirt, Wirtschaft, Wirtschaften, Wirtschaftlich, Wirtschaftlichkeit 라

는 단어의 설명은 만족할 만한 수준이 아니다. 그것은 완전하지도 않고, 본질적인 단어상의 차이점이 있지도 않으며 그렇다고 각각의 상이한 개념을 도출하려는 시도도 없었다. Sanders가 설명하고 있는 경제 Wirtschaft라는 단어의 뜻을 정리하면 다음과 같다 :

(1) 경제 Wirt를 관리하는 기술, 그리고 그것의 실제적인 경영, 가계와 농업 등에 속하거나 관련된 경영 및 일반적인 것
(2) 폐쇄된 영역에 있어서 일체의 부속물을 포함하여 주인의 자격으로 관리하는 것(넓은 의미에서 (1)의 의미와 같음)
(3) 일종의 궁중 가장무도회
(4) 다양한 활동, 예를 들면, 분방한, 혼란스러운 광포한 활동, 종종 불법적인 의미를 지닌 행동

(이러한 의미에서 경제라는 단어는 젊은 괴테가 현재 발간된 편지들에서 특히 좋아하여 사용하였다 : 필립 슈타인Phlipp Stein의 No. 163, 165, 189, 238, 253, 254 및 그 밖의 발간물을 보시오)

그리고 경제의 'Wirtschaftlich' 라는 단어는 다음과 같은 뜻을 가지고 있다 :
(1) 경제에 속하고 경제와 관련을 갖고 있는,
(2) 좋은 경제에 따라서(여기서 두 가지의 대표적 의미는 올바로 묘사되었다).

그리고 경제라는 뜻은 다음과 같다(Sanders의 분류에 근거하여) :
(1) 경제를 영위하다
(2) 주점을 경영하다
(3) 쓸모없는 일을 하다 : 불합리한, 미개한, 혼잡한, 두려운 경제를 운영하다

이상에서 우리는 전공자들의 경제에 대한 설명이 명쾌하지 않다는 사실을 알 수 있다.

아마도 혼란 속에서 의미를 찾는다는 것은 가능성이 없을 것이다. 그리고 이러한 어려운 과제를 해결해야만 한다는 것과 경제학이라는 학문을 정립한다는 것도 가능해 보이지 않는다. 따라서 우리는 수천 개의 색깔을 나타낼 수 있는 한 단어를 가지고 설명을 해야 한다는 사실에 만족해야만 한다. 그렇기 때문에 우리는 단지 독단적인 자의적 설명의 도움을 통해 내가 위에서 시도했던 것처럼 경제라는 말 속에서 그 의미를 이해해야 할 것이다.

독일어의 경제 Wirtschaft라는 단어의 다양한 의미를 선명하게 하기 위해 나는 경제라는 단어가 사용된 상이한 결합들을 개관하고자 한다 :

독자들은 내가 뚜렷하게 하려고 시도했던 두 가지의 기본적인 경제의 의미를 어려움 없이 항상 다시 발견할 것이다. 그리고 우리는 아마도 경제에 대한 세 번째의 의미를 추가로 덧붙일 수 있을 것이다. 그것은 경영(예를 들면, 주점경영)이라고 수없이 많이 불리우는 그런 뜻이다. 경제라는 단어와 연결될 수 있는 내용들을 살펴보면 다음과 같다(Sanders의 분류에 근거하여) :

Acker-	Feld-	Junggesellen-	Privilegien-
Alltags-	Finanz-	Kaffee-	Sau-
Alpen-	Folter-	Keller-	(Schweine-)
Ameisen-	Forst-	Kneip-	Schand-
(여기서는 잘 못	Fraktions-	Knuten-	Schein-
사용되었음)	Fuhrmanns-	Konstitutions-	Speise-
Boden-	Gast-	Koppel-	Stasts-

Banditen-	Geld-	Kuh-	Theater-
Bauern-	Gross-	Land-	Vieh-
Behelf-	Guenstlings-	Maitressen-	Volks-
Bettel-	Guts-	Milch-	Wald-
Bienen-(위와 같이)	Haus-	Miss-	Wasser-
Bier-	Heiden-	Neben-	Wuestlings-
Buden-	Hof-	Natural-	Zelt-
Dreifelder-	Huetten-	Papier-	Zunft-
Fastnachts-	Janitscharen-	Polizei-	

사물의 명칭을 부여하는데 있어서 명명(命名)의 부정확성을 하나의 단어에 여러 가지의 개념들을 연결시켜 표현하게 함으로서 경제라는 학문의 표현에 있어서도 하나의 사물을 여러 형태로 표현하여 사용하게 된다. 모든 사람이 생각하는 경제라고 불리우는 하나의 사물이 그 예이다.

두 종류의 학문을 두 종류의 경제와 각각 하나의 특별한 이름으로 구별한다는 사고에는 거의 어느 누구도 도달할 수 없다고 생각된다. 단지 사적인 경제나 혹은 개별적인 경제학설과 공동의 경제학설로 구별된다. 이러한 두 영역 내에서 명명을 하는 것은 거의 완전히 자의적이라고 볼 수 있다.

공동의 경제학설로 간주되어야 하는 표현은 다양하다.

독일어에 있어서 이러한 중요한 내용은 다음과 같다: 국민경제 National oekonomie, 국민경제학Nationaloekonomik, 정치경제 Politische Oekonomie, 사회경제 Sozialoekonomie, 사회경제학Sozialoekonimik, 사회경제학 Sozial wirtschaftslehre, 경제학 Volkswirtschaftslehre, 국가경제학Staatswirt schaftslehre, 국민경제학 Nationalwirtschaftslehre 등이다.

프랑스어에 있어서는: 정치경제 Economie politique(몽슈레티에 Montchretier에 의해 1615년에 처음으로 언급됨), 사회경제 Economie sociale, 산업경제 Economie industrielle(1819년 세이 J.B.Say에 의해 개설된 강좌임), 경제과학 Science economique(Cherbuliez), 부(富)의 학문 또는 금전주의 Chrysologie ou ploutonomie(Rob. Gujard), 금전학 또는 인간공학 Ploutologie ou ergonomie(Courcelle-Seneuil) 등이다.

이탈리아어에 있어서는 정치경제 Economia politica, 국민경제 Economia nazionale(Ortes), 사회경제 Economia sociale, 문화경제 Economia civile, 공공경제 Economia publica 등이다.

영어에 있어서는 정치경제 Political Economy, 공공경제 Public Economy, 경제과학 Economic Science, 경제학 Economics, Cattalactic(Whateley) 등이다.

모든 언어에 있어서 경제와 관련된 매우 많은 표현들은 학문의 사물이나 대상이 되는 즉, 경제학이라고 표현하는데 있어서 실수를 야기하고 있다. 정치경제학 Politische Oekonomie, Economie politique, Economia politica, Political Economy-가장 많이 통용되어 표현되는-의 단어적 번역은 정치 경제 'politische Wirtschaft'를 의미하며, 학문으로서의 정치경제학을 의미하지는 않는다. 여기서 우리는 또 다시 우리의 학문세계를 지배하고 있는 하나의 산만함의 표시를 경험하게 되는데 법률에 관한 학문, 신에 관한 학문 그리고 광물에 관한 학문을 언급하기 위해서 우리는 법학 Jurisprudenz 대신 법률 Recht을, 신학 Theologie 대신 신 Gott을 광물학 Mineralogie 대신에 광물 Steinreich을 말하는 오류를 범하게 된다. '국민경제 Nationaloekonomie' 라는 단어 속에는 동시에 2가지의 실수가 숨겨져 있다 : 이는 경제에 관한 것도 아니고, 그렇다고 국민에 관한 것을 취급하는 것도 아니다. '경제 Oekonomie' 나 '국민의 National' 라는 단어는 거의 의미가 없다. 이러한 의미가 없는 용어의 표현이 최소한의 방법론적인 요구의 부담 때문에 나는 정치경제학 Politische Oekonomie과 국민경제학 Volkswirtschaftslehre이 학문적으로 허용되어서는 안 되는 선택을 하게 된다. 그 결과로 국민경제 Nationaloekonomie라는 단어가 독일어화 되었으며 이 단어는 공동체적 경제에 관한 가르침의 의미로 사용되게 되었고 명명을 하는데 있어서는 이러한 전공의 학문을 의미하게 되었다. 이러한 이유로 인하여 경제학을 전공하는 학생들에게 "무엇을 전공하느냐?"고 질문하면, 100명 중 99명은 Politische Oekonomie나 또는 Volkswirtschaftslehre 또는 Sozialoekonomik 등등으로 대답하지 않고, 경제학을 Nationaloekonomie로 답을 하게 된다. 따라서 이러한 대중적이 되어버린 단어로 만족해 할 수가 있다. 의미가 없는 단어가 통상 사용되고 있는 것과 하나의 정확한 인식을 나타낸다는 것은 새로운 것이 아니다. 고상한 단어인 '형이상학 Metaphysik' 의 운명이 바로 이것을 증명하고 있다.

고대나 중세의 독일어에서는 경제라는 말은 위에서 살펴 본 바와 같이 소득의 지출을 통해서 얻고 있는 것만 관련지어서 사용되어 졌고, 재산(부)의 조달이나 절약이란 뜻으로는 사용하지 않았다. 절약이라는 의미는 중세 이후에나 경제라는 말에 포함되기 시작했다. 이상에서 살펴본 각 나라의 경제라는 말에는 한 가지 말 즉, 경제라는 용어에 여러 가지의 개념이 포함되는 명명법의 부정확성 때문에 경제에 관한 과학을 말할 경우에도 한 가지의 의미를 여러 가지 말로 사용하거나, 한 가지 말에 여러 가지 뜻으로 표현되는 말을 사용하여 명명(命名)의 부정확(不正確)을 일으키는 결점에 빠지고 있다. 이런 상태 하에서는 경제학을 과학이라고 말할 수 없을 것이다. 따라서 의미의 혼란을 허용할 수 없는 과학으로서의 방법론적 인식의 기초에 되돌아가서 경제의 본질을 파악하는 동시에 경제학에 나타난 여러 가지 학설들을 동일한 분류기준의 평면에 비추어서 비교할 가능성을 제시하고자 한다.

필자는 경제학의 구성부분을 다른 문화의 경우와 마찬가지로 3가지 형태인 즉, 형이상학적, 자연과학적 및 정신과학적[10]으로 인식할 수 있는 방법을 이끌어 내려고 시도하였다.

이것이 필자가 이 책에서 경제학을 새롭게 명명(命名)하고자 하는 규범(規範)경제학 richtenden,[11] 실증(實證)경제학 ordnenden 및 이해(理解)경제학 verstehenden이다.

독자들이 목차에서 볼 수 있듯이 제2부에서부터 계속해서 이 세 종류의 경제학을 객관적인 관점에서 관련되어 있는 중요한 대표적인 경제학자들에 대하여 서술하려고 하였다.

덧붙여서 한마디 하려는 것은 경제사상의 이 세 종류의 형태의 개별체계를 여기서 자세히 설명하려는 것은 아니다. 단순히 규범경제학, 또는 실증 경제학 또는 이해경제학에 속하지 않는 개별적인 체계는 예외로 돌려 언급하지 않았다.

규범경제학의 순수한 학설로는 우선 토마스H. Thomas의 이론을 들 수 있고, 실

---

*10 역주 좀바르트가 표현하고 있는 Geistwissenschaft는 여기서 편의상 원어의 의미를 고려하여 정신 과학으로, 경우에 따라서는 인문과학으로 번역하였으나, 내용상 현대 학문체계와 비교할 때, 인문사회과학(광의의 인문학)의 개념으로 파악하는 것이 타당하다고 본다.

*11 역주 좀바르트의 'die richtende Nationaloekonomie'를 본 역서에서는 규범경제학으로 번역하였으나, 원어의 본질적 의미를 고려하면 규범+철학의 성격을 갖는 경제학으로 해석하는 것이 더 정확할 것 같으나, 적절한 용어를 찾지 못해, 광의의 개념에서 현대경제하 분류체계에 근거하여 규범경제학으로 번역하였다.

증경제학의 순수한 학설로는 파레토Pareto의 이론을, 그리고 이해경제학에는 필자인 좀바르트W. Sombart의 학설체계를 대표적으로 들 수 있다.

종래의 경제학 체계에는 일반적으로 위의 세 종류의 경제학이 혼합되어 구성되어 있었다. 중농(重農)학파나 고전학파는 규범경제학과 실증경제학이 혼합되어 있었고, 역사학파인 전통적인 독일경제학 체계에는 실증경제학 및 이해경제학의 혼합이, 그리고 칼 마르크스Karl Marx의 경제학 체계에는 규범경제학, 실증경제학,그리고 이해경제학이 혼합되어 있다.

그러나 이 책에서 지금까지 발표된 중요한 제(諸) 학설의 견해를 살펴보겠다고 했지만, 다른 학파들의 학설사에 대한 방법론을 거론하는 것은 본 저서의 본질적인 임무가 아니므로 과거의 연구자들의 의견은 선정된 그 근본적 태도 및 그에 따른 방법의 특성을 그들의 주장에 의하여 명료화하기 위해서만 언급하는데 그치고자 한다.

필자가 비교적 상세히 이해경제학에 대해서 완전한 체계를 세우려 하는 것은 필자의 연구에서 얻어낸 개인적 관심사일 뿐만 아니라 이해경제학이 지금까지 인식론적으로나 방법론적으로 전체적인 검토의 대상이 된 적이 전혀 없었던 사실에 의해서도 정당화 될 수 있다. 또한 이해경제학에 대한 체계정립은 최초의 시도일 뿐만 아니라 나에게 주어진 책임으로 여겼기 때문이다.

제3부에서는 제2부에서 논의된 세 종류의 경제학 이외에 또한 그와 아울러 또는 그것을 넘어 선 경제학설이 있는가를 살펴보고 그런 의미에서 어떤 학설을 이해하고 그것을 어떻게 분류할 것인가라는 질문에 답변하려고 시도하였다.

제 2 부

세 종류의 경제학

4장_ 규범경제학의 인식목표

5장_ 규범경제학의 대표적 학자들과 학설

6장_ 규범경제학의 인식방법

7장_ 근대과학의 성립

8장_ 자연과학의 본질

9장_ 자연과학적 사고의 경제학에의 응용

10장_ 정신과학적 경제사의 전사(前史)

11장_ 제(諸)과학에서 경제학의 위치

12장_ 과학의 체계

13장_ 이해

14장_ 주요 개념들

15장_ 법칙

4장 규범경제학의 인식목표

규범경제학 die richtende Nationalökonomie은 현실에 있어서[12] 있는 그대로의 것을 가르치는 것이 아니라 오히려 있어야 할 것을 가르치려는 경제학이라고 볼 수 있다. 이래서 규범경제학을 대표하는 경제학자들은 경제학을 하나의 규범적 학문으로 생각한다.

이러한 규범 경제학 normative Nationalökonomie은 현실로 나타나고 있는 그대로를 설명하려는 '기술(記述)' 경제학 explikative Nationalökonomie과는 반대의 성격을 갖는다.[13] 또한 규범경제학은 흔히 우리가 '실제경제학 praktische Nationalökonomie' 이라고 부르는 것과도 동일시해서는 안 된다. 이것은 경제학에 하나의 합리적 의미를 부여하기 위해 설정된 목적을 달성하기 위하여 수단을 찾아내는 것, 곧 '가설적 명법 hypothetische lmperative' 을 설정하고 현실에서 이것을 증명하는 것을 그의 임무로 삼는 경제학이므로 단지 그

*12 역주 좀바르트에 의하면 여기서 현실이란 말은 언제나 거기서 문화적 현상이 발생할 수 있는 모든 공간과 시간에 있어서의 현실을 의미하며, 이는 곧 '역사' 라는 단어로 설명할 수 있다.

*13 역주 이러한 좀바르트의 해석은 현대경제학의 실증경제학(positive economics)으로 이해하는 것이 바람직하다.

에 의하여 기술(記術)론적으로만 인정할 수 있는 하나의 경제학이다. 이에 대해서는 제17장에서 보다 자세히 밝히고자 한다.

더구나 규범경제학은 일정한 '연구아이디어 Arbeitsidee'를 실현시키는데 지나지 않는 (제12장 참조) '목적론적' 또는 목적-수단-관찰방법론과도 관련되는 부분이 매우 적다. 이러한 관찰을 통한 실증적 분석방법에서는 현상을 분석목적을 달성하기 위해 임의로 규정한다. 이 '목적론적' 분석방법은 모든 자연과학에 있어 알아보기 쉽기 때문에 매우 자주 이용되는 방법이다. 경제학에서 이러한 목적론적 분석은 대부분이 예컨대, 자본주의적 기업, 자본, 수익, 생산과 같이 구체적으로 어떤 목적이 설정되어 있는 경우에 이루어진다. 이러한 분석은 이미 목적론적 분석방법을 포함하고 있으며 이러한 분석방법은 경우에 따라서는 인과(因果)가 전도(轉倒)되는 분석을 하기도 한다. 이는 규범경제학이-학문의 일반적 과제이기도 한- 어떤 목적을 제시하고 스스로 목적을 규정하는 것, 다시 말하면 이러한 목적을 달성하기 위해 당위성을 강조하는 것을 과학의 임무로 삼고 있는 것과는 관계가 별로 없음이 명백하다.

실용적 행위에 대한 이러한 명령 Imperative, 당위 Sollen, 규범 Normen, 규준 Richtsaetze 등은 지금은 이러한 경제학을 대표하는 학자들에게 있어서는 당위(當爲)가 세계질서 속에 있고, 또한 당위를 세계질서 속에서 찾아낼 수 있는 한에 있어서는 이것이 규범경제학의 사명이라고 할 수 있다. 도덕적 세계를 지배하고 경제행위를 하는 인간에 대해서 그의 행동을 규정하는 변함이 없는 제법칙을 연구하는 일은 필요하다. 이러한 인식을 정립하는 정신, 도덕과 관련된 문제에 관해서는 제6장에서 상술하기로 한다.

규범경제학에서 다루는 모든 인식의 내용은 '올바른 경제 richtige

Wirtschaft' 이다. 곧 이는 세계의 의미, 인류의 임무, 그리고 사회의 생존을 위해 필요한 여러 가지 조건들에 적절하게 조응하는 경제를 의미한다. 따라서 이 '올바른 경제' 를 정립하는 것이 규범경제학을 연구하는 경제학자의 주요목표인 것이다. 규범경제학이 과학의 체계에서 쌓아 올릴 여러 가지 규범들은 모두 '올바른 경제' 라는 핵심개념으로부터 나와 규정되어 있다. 그것은 직업, 직업이념, 신분과 같이 사회학적 개념이고 혹은 공정한 노임, 공정한 가격, 공정한 분배와 같은 규준개념 Richtbegriffe 또는 착취 등과 같은 가치개념이다. 경제의 형성은 그것이 '올바른 경제' 의 원칙에 상응하는가, 그렇지 않은가에 따라서 바람직하기도 하고 바람직하지 않을 수도 있다. '올바른 것' 이란 가치 있는 것이고, 최고의 가치란 거기에서 일체의 개별가치가 도출되는 올바른 경제이다. 가치는 인식으로 접근할 수 있는 것이다. 그러나 인식은 이중(二重)의 임무를 지닌다. 곧 절대적 제(諸) 가치와 아울러 이에 조응하는 경제현상을 발견하지 않으면 안 되고, 그 다음에는 이와 같이 인식된 올바른 가치를 판단기준으로 하여 현실경제를 분석하고 현실경제의 문제점을 도출하지 않으면 안 된다. 따라서 필자는 경제학이 띠고 있는 이러한 매우 중요한 임무 때문에 정당한 것이라고 생각하는 것을 규범경제학이라고 말했다.

제6장에서 규범경제학이 다루어야 할 내용을 설명하게 될 때, 모든 것은 더욱 이해하기 쉽게 될 것이다. 여기서는 다만 경제학설을 개관한다는 점에서 규범경제학이 다루어야 할 목표의 윤곽을 되도록 분명하게 밝히려는 것이다. 제5장에서는 규범경제학의 가장 특징 있는 몇 가지 학설을 정리해 보고자 하는데 특히, 규범경제학이 가지는 독특한 형이상학적 성격에 의해 대표적 학설들을 세 가지의 철학적 체계로 대별해서 제시하려고 한다.

제5장에서 설명하려는 규범경제학의 세 가지 체계란 스콜라 철학자, 조화주의자 및 합리주의자의 세 그룹으로 분리할 수 있는데 이는 또한 유신론적 theistiche, 이신론적(理神論的) deistische 및 범신론적(汎神論的) Pantheistische(atheistische)의 각기 다른 종교적 신앙체계가 이에 대응하고 있음을 알 수 있다.

5장 규범경제학의 대표적 학자들과 학설

1. 스콜라 철학자

1.1 아리스토텔레스

모든 스콜라 철학에 있어서도 마찬가지이지만 우선, 아리스토텔레스의 학설을 모르고서는 스콜라 철학에 바탕을 둔 경제학도 올바르게 이해할 수 없다.

아리스토텔레스야말로 경제에 관한 제반문제까지도 가장 깊이 파악하고, 또한 그 나름대로의 분석방법에 의하여 경제에 관한 학설을 정립함으로서 지난 2천여 년 동안 경제이론을 제시해 온 사상가이다.

아리스토텔레스의 이론에 있어서 특별히 다른 점은 그가 경제적 문제를 다루고 있는 폭넓은 범위이다. 이것은 말할 것도 없이 그의 철학체계의 범위 내에 있으나 경제행위에 관련되고 또한 경제행위를 규범하는 인식을 포함하는 실천적 부분 안에서는 매우 폭 넓게 접근하고 있다는 것이다. 즉, '폴리테크(polytech)'적 접근을 하고 있는데 이는 그의 저서 제1편에서 잘 설명되어 있다. 내용 면에서도 그의 경제학설은 윤리적, 정치적 등의 전 체계에 편입되어 있고, 경제에 관련된 제이론은 보편적인 철학적 세계관과 매우 밀접하게 결합되어 있다. 그러므로 첫째로 경제이론에 관한 그의 학문적 가치는 그의 학문적 세계에 한자리를 차지하게 해줄 필요가 있다. 고대(古代)에 경제가 상당히 낮은 수준이었다는 사실은 그리스의 귀족계급에 속하는 모든 사람들의 태도에서도 그렇게 경제는 경시되어 있었기 때문이다. 고대의 철학자들은 그의 제자들에게 부(富)를 생산하는 것보다도 오히려 부를 경멸하도록 가르쳤다고 볼 수 있다. 즉, 그 당시의 사람들은 경제적 재화를 위해 자신이 종사하는 것을 천시하고 멸시했었다. 수공업자나 임금노동자로서 생활하는 자가 당시 최고의 가치인 덕행을 닦는다는 것은 불가능한 일이라고 아리스토텔레스는 생각했었다. 어쨌든 경제는 언제나 수단일 뿐이었다. 부(富)는 유용한 것이나 다른 어떤 목적을 위해서 쓰이는 수단이라는 것으로 생각되었다. 아리스토텔레스에게 있어 무엇보다도 중요한 것은 재물의 공정한 사용을 설명하는 일이라고 생각하였다. 그러므로 그는 두 가지의 근본적으로 다른 경제적 활동과 그에 관한 학설을 구별하였다. 이러한 구별이 그의 경제에 관한 학설의 핵심을 이루고 있다. 곧, 그리스어 *οιχονομικη=κτητιχη κατα ψυσιν* 이것은 올바른 경제, 결국 이성적으로 필요의 충족에 도움이 될 뿐만 아니라, 또한 그리스어 *οιχοζ*, 이것은 단순한 교환과 함께 일어나는 경제를 의미한다. 그것으로부터 그리스어 *χρηματιστικη*, 이것은 경제하는 행위에 있어 허용할 수 없는 양식으로서 곧 소득을 목적으로 하는 경제행위이고, 그 중에서도 금전대부, 이자를 목적으로 하는 대부행위에 있어서는 돈이 새끼를 낳는다고 해서 부당한 것으로 경멸해야 한다는 것이었다.

아리스토텔레스는 한편으로는 올바른 경제에 관해서 아직도 주목할 만한 많은 기술을 하였으나 영리를 목적으로 하는 경제는 저속하게 멸시하는 입장에서 기술하였다. 아리스토텔레스는 그것을 분석할만한 가치가 없다고 생각하여 이것을 신전(神殿)에서 내팽개쳤다.

1.2 스콜라 철학의 전성기

스콜라 철학에 근거한 경제학은 중세기 신학자의 많은 저서들 중에서도 특히, 13세기에는 토마스Thomas von Aquino, 15세기에서는 후기 스콜라학파의 한 사람인 안토니우스 Antonius von Florenz와 베른하르트 Bernhard von Siena에 있어서 최고의 완성에 달했다.

아리스토텔레스에 있어서 경제학은 그의 철학적 체계의 일부를 구성했던 것처럼 중세기 스콜라 철학자에 있어서도 경제에 관한 학설은 그들의 신학적 체계의 일부분으로 구성되어 있었다. 중세기의 경제이론은 '신의 이념 theonom'에 관한 것이었다. 일치된 종교적 이념은 더 이상 폴리스Polis는 아니며, 크리스트교였다. 아리스토텔레스에 있어 경제학 연구의 중요한 과제는 개별적 경제현상의 정밀한 탐구는 물론, 그 개별적 경제현상의 이념적 의의 즉, 우주라는 관점에서의 그의 지위 및 신의 세계적 움직임과 관련된 그 지위의 탐구까지도 포함하고 있었다. 이 경우 그의 경제적 행위가 올바르게 이루어지고 있는가, 아니면 잘못되고 있는가의 문제는 인간에게 자유롭게 주어진 과제이다. 곧 인간을 올바른 길로 인도하는 것이 경제행위를 함에 있어 인식의 가장 중요한 과제이다. 이러한 올바른 경제행위는 이미 영원한 법칙 속에 미리 정해져 있다. 이 영원한 법칙은 모든 창조물에게 적용되며, 경제원칙을 포함한 모든 인간행위의 법칙은 이 영원 불변한 최고의 법칙의 한부분이며, 인간은 그의 이성적 판단에 의한 행위, 즉 경제행위를 하는 것이다. 즉, 이성적인 피조물에 있어서 신이 만든 영원한 법칙에 따른 이러한 경제행위는 '자연법에 근거한 합리적 행위' 라고 불린다. 인간의 이성은 이와 같이 해서 신이 규정한 법의 참여자로서 신의 능력을 위해서 천지창조자 스스로의 영원한 이성을 대신해서 '표현하고 통역하는 Stimme und Dolmetsch' 형태로 나타난다. 자연의 법칙으로서 개인의 생활을 규정하는 것은 자연법으로서 사회생활의 밑바탕을 이루게 된다. 중세기의 자연법은 구약성서와 신약성서에 바탕을 두고 있는데, 그 중에서도 특히 구약성서의 모세 10계와 아리스토텔레스 및 스토아학파의 철학과의 결합에 의하여 발생하였다. 이들의 철학 속에는 신의 세계에서와 마찬가지로 영원한 법칙이 포함되어 있었다.

우리들에게 '영원한 법칙' 을 알리는 신의 세계적 섭리 속에는 인간사회가 포함되어 있고, 인간사회 속에는 인간의 경제행위가 편입되어 있다. 신에 대한 인식의 사명은 영원한 법칙에 적합한 올바른 경제의 양식을 규정하는 일이다. 영원한 법칙에 적합한 올바른 사회질서의 대표적 모델로서 교회의 'corpus mysticum' 을 들 수 있다. 그것은 성(聖) 바울의 평등사상에 따라서 모든 계급이 각기 자기에게 맡겨진 직업을 분업으로 삼는 것이다. 중세에 형성된 스콜라 학파의 철학적 사상을 기초로 규정된 신의 세계질서 속에서는 각 개인이 유기적인 전체적 결합체의 일원으로서 평등하게 참여한다는 인식이 포함되어 있다. 그러나 다른 한편으로는 개인이 각기 다른 사회적 신분으로 조직된 사회가 차등화 된 계급과 다양한 직업으로 구성된 경제적 활동조직의 일원이라는 인식도 존재한다. 이러한 올바른 경제를 규정하는 서로 상반되는 다양한 인식들은 결국 신분적 계층은 신의 계시라는 필연성을 부인하고, 직업개념을 민주화하려는 루터의 개혁운동으로 나타나기에 이르렀다. 칼빈Jean Calvin에 이르러서는 이러한 직업개념을 완전히 버리고 개인의 일체의 노동은 그것이 효과적인 한, 신의 뜻에 따라 부름을 받은 것으로 생각했다.

스콜라 학파가 생각하는 올바른 경제질서란 사회질서에 확고하게 기초한 질서로서 사유재산의 확립 위에 기초하여 존립하는 것으로 생각하였다. 스콜라 학파가 규정한 사유재산의 개념은 다음과 같이 자연법에 근거한 소유개념에 기초를 두고 있었다:

"Manifestum est quod homo indiget ad suam vitam aliis animalibus et plantis. Sed natura neque dimittit aliquid imperfectum, neque facit aliquid frustra. Ergo manifestum est quod natura fecit animalia et plantas propter hominem. Sed quando aliquis acquirit id quodnatura propter ipsum fecit, est naturalis acquisitio. Ergo possessiva, qua huiusmodi acquiruntur, quae pertinent ad necessitatem vitae, est naturalis."

"인간이 그의 생활을 유지하기 위해서는 다른 동물이나 식물 등의 자연이 필요하다는 것은 분명하다. 그러나 자연은 불완전한 것을 내보내지 않거니와 무익한 것을 스스로 만들지도 않는다. 그러므로 자연의 한 부분인 동물이나 식물은 인간을 위해서 창조된 것은 틀림없다. 자연이 바로 인간을 위해서 만들어 진 것이기 때문에 인간이 자연을 차지하는 것은 언제나 그 행위가 자연스러운 획득인 것이다. 따라서 인간의 생활에 필요한 것을 이렇게 차지하는 사유적(私有的) 획득은 자연적인 것이라 할 수 있다."

그러나 인간의 사유권에는 다른 사람에게도 봉사할 의무도 함께 있다는 것을 고려해야 한다. 즉, 이는 재물을 소유함에 있어서 사적재산으로서 소유하게 되나, 사용에 있어서는 공유재산으로서의 성격이 성립된다는 것을 의미한다.

"Aliud quod competit homini circa res exteriores, est usus ipsarum. Et quantum ad hocnon debet homo habere res exteriores ut proprias sed ut communes : ut scilicet de facili aliquis eas communicet in necessitates aliorum."

"Bona temporalia, quae homini divinitus conferunter, eius quidem sunt quantum ad proprietatem : sed quantum ad usum, non solum debent esse eius, sed etiam aliorum,qui ex eis sustentari possunt ex eo quod ei superfluit."

"Res quas aliqui superabundanter habent, ex naturali jure debentur pauperum sustentationi."

"신으로부터 인간에게 부여해 준 무상(無償)의 재물을 차지한 것에 있어서는 그의 소유이다. 그러나 사용에 있어서는 그에게 속할 뿐만 아니라 그에게 여분이 있으면 이는 다른 사람에게도 쓰여져야 한다. 매우 상대적인 개념이기는 하나 얼마간의 여분으로 갖고 있는 사적 재산은 그것을 필요로 하는 재물이 없는 사람의 부양에 사용하는 것이 자연법에 따르는 올바른 경제이념인 것이다."

스콜라 학파는 당시 시대의 요구에 따라 경제적 과정을 주로 다음의 세 가지 방향에서 고찰하였다. 즉, 화폐제도, 가격형성, 신용경제에 관한 세 가지이다.

그들은 앞서 언급한 올바른 경제개념에 따라서 화폐에 관한 학설을 정립했다.

오레스미우스 Oresmius가 그의 설교 중에서 규정한 화폐 개념은[14] 스콜라철학적인 전서(全書) Summae 속에 이미 오래 전부터 서술되어 있는 것에 지나지 않았다. 그들은 올바른 또는 정당한 가격 즉, 공정한 가격에 관한 학설을 발전시켜 소비 신용에 대해서 부분적으로 금지하거나 허용하기도 하고 뿐만 아니라, 생산을 위한 신용을 장려하기까지도 하면서 올바른 신용에 대하여 규준을 제시하였다. 스콜라학파의 이자(利子)에 관한 학설에 대해서는 주로 전술한 후기 스콜라학파의 이론을 참조하기 바란다. 거기에는 폭 넓게 정립한 자본 및 이자에 관한 학설이 설명되어 있다. 이 경우에도 스콜라학파는 경제란 여전히 규범경제학의 입장에서 신의 뜻에 적합한 것, 곧 영원한 법칙에 적합한 것을 인식해야 한다고 주장했다. 그들은 경제란 고대에서와 마찬가지로 변함없이 그것이 일반적 우주 속에서 하나의 올바른 위치로 배열되어 있어야 할 수단으로서만 보아 왔던 것이다.

경제에 관한 이러한 견해는 중세기를 지나 100~200년 동안 계속되었다. 종교개혁시대에 경제에 대한 견해를 후기 스콜라 학파의 견해와 비교하면 오히려 속세적인 현상에 더 한층 가까이 접근하고 있음을 알 수 있다.

부(富)에 관한 루터M. Luther의 경시적(輕視的)인 평가는 잘 알려져 있다.

"부는 신이 인간에게 부여해 준 은혜 중에서 가장 작은 것이다. 신의 말씀에 비추어 볼 때 부란 무엇인가? 아름다움, 건강한 육체의 은혜, 심정, 오성, 현명한 정신적 은혜에 비한다면 부란 과연 무엇이란 말인가. 그러하기에 신은 거칠고 촌스럽고 어리석고 못난 자에게 부를 주었다. 그 밖엔 아무 것도 주지 않았다."[15]

---

* 14 Oresmius(Oresme) (1320~1382), Tractatus de origine, natura, jure et mutationibus monetae. 1364년 이전에 쓰여졌음.
* 15 M. Luther, M Luther, Tischreden. WW. 57, 354쪽 후반.

인본주의자 및 종교개혁자의 경제학설에 관한 접근 방법론은 근본적으로 새로운 것을 가져오지 못했다. 그들의 입장은 규범경제학이 전부일 뿐, 그들의 경제에 관한 평가는 고대나 중세의 그것에 불과했다.

그 후 얼마간은 특히 18세기에 있어서 경제학은 스콜라 학파의 학설에 별로 영향을 받지 않았다. 이는 인간이 예배하는 다른 신들이 출현했기 때문이었다 : 이러한 자연주의적 형이상학이 지배하기 시작한 경제학을 다음의 절에서 고찰하려고 한다.

19세기에 와서는 스콜라 학파의 재생을 초래하였고 그 뿐만 아니라, 지금도 여전히 스콜라 학파의 경제학이 받아들여지고 있다.

1.3 19세기의 스콜라 학파

명백히 스콜라 학파로 볼 수는 없으나 경제학의 확립을 위해 넓은 의미에서 카톨릭 철학과 신학을 다시 요구한 최초의 사람들은 낭만주의자들인데 그 중에서도 아담 뮬러Adam Müller (1779~1829)에 대해 살펴보고자 한다.

오늘날 경제학의 유력한 학파들에 의해서 경제학의 개척자로 불려지고 있는 그는 대범한 사상가였다. 여기서는 그의 학설을 기술하거나 그의 학문적 가치를 평가하려는 것은 아니다. 아담 뮬러가 스콜라 학파의 이론을 기초로 하여 하나의 규범경제학을 정립한 대표자의 한 사람이라는 것을 확인하는 것으로서 충분하다.

그는 경제학을 '복(福)과 화(禍)의 과학, 축복과 저주의 과학' 이라고 불렀다. 그의 경제학에 대한 인식목표는 올바른 경제의 본질을 통찰하는 것이고 그러한 목표에 도달하는 길은 성서 속의 신의 계시에 의해 나타난 진리를 이해하는 것이었다. 첫째로 그는 방법론적인 내용을 갖춘 두 개의 작은 저서 속에서 이런 입장을 취했다. 다음의 그 표제에서부터 이미 저자의 근본적인 입장의 특징을 짐작하기에 충분하다. 그것은 「국가 제과학 전체 및 특히 국가학의 신학적 기초의 필요에 대하여」(1819년)와 「신학적 근거 위에 체계적으로 제시된 내적 국가관리」(1820년)란 저서이다. 이 책에서 그는 다음과 같이 언급하고 있다 : "모든 현세적인 대상(對象)에는 그것의 순수하고도 제약(制約)이 없는 본질적인 개념이 존재하는 것으로 보인다. 마치 그 '본래의 모습 Urbild'은 그 대상에 수반되어 나타난다는 것이다. 이와 같이 모든 본래의 상, 즉 원상(原像)은 추상에 의하여 다시 말해, 현실적인 모든 제약적 요인에 의해 지식을 제멋대로 걸러내어 발생시키거나 만들어내는 것이 아니라는 것이다. 그것은 과학의 범위 안에 있는 것이 아니고, 지식의 세계에 선행해서 이것은 어디서나 본질적으로 인정되는 신앙의 세계에 모두 포함되어 있음을 인식해야 할 것이다. 간단히 말하자면 현세적 사물의 이념으로서 원상은 신으로부터 주어져 계시되는 것으로서 결코 인간이 만들어내는 것이 아니라는 것, 또한 원상 위에 나타난 장엄한 반영도 우리 인간이 있기 전부터 위에서 내려오는 것을 인식해야 할 것이다."[16]

그리고 또한 "경제, 또는 일반적인 국가경제는 신이나 가장(家長)의 절대적 관리와 연계되어 있다. 이러한 관리에 대해서는 구약 및 신약성서에서 모세와 그리스도의 율법 중에서 또한 지상의 모든 국가나 모든 민족의 실증적인 역사 속에서 온갖 많은 교시를 찾아볼 수 있다. 계시된 신의 말씀이 미치지 않는 자연 속에는 또는 신의 계시를 받들지 못한 인간의 오성(悟性)안에는 결코 관리의 비밀이나 관리가 유용하던가, 아니면 유해하다는 참된 인식을 발견할 수 없는 것이다."[17]

---

* 16 Adam Mueller, Gesammelte Schriften. 1839, 8쪽 후반.
* 17 Adam Mueller, op. cit., 38쪽.

그리고 마지막으로 "한 민족의 운명에 관한 참다운 인식은 신의 계시가 각자의 운명에 곧바로 나타남을 이해하는 것이다. 그러나 인간의 이성(理性)에만 의존해 국가의 관리에 아무리 최선을 다한다 해도 그것은 궁핍과 죄악에 사로잡힌 민족의 헛된 꿈에 불과하다. 그러나 국가의 관리에 있어서 신의 조화에 의지하려고 겸손하게 순종하는 동안에는 적극적인 신의 계시에 따라 엄격한 훈련을 받들게 되면, 그 종족과 개인의 운명의 관리는 충실하게 해결되는 것이다."[18]

그는 학문의 과제는 "지상에서의 신의 세계와 제도에 대한 적극적이고 충실한 탐구에 있다. 그러면 보다 고도의 정치적 질서를 갖는 시야와 그를 통해 볼 수 있는 세계를 우리들 눈앞에 전개시킬 수 있을 것이다"라고 했는데, 그 당시 이와 비슷한 사상이 여러 곳에서 일어나기 시작했다. 이러한 생각들은 자본주의가 산업자본주의로서의 성격을 띠고 사회문제로 나타난 여러 곳으로 확산되었다.

당시 그 만큼이나 카톨릭교적인 또는 준(準)카톨릭교적으로 조화된 여러 가지의 견해가 확립된 경제상태 위에도 '노동문제'에는 이와 같이 학문적 탐구가 응용되어 경제에 있어 최초의 그림자를 드리우기 시작했다.

19세기 초 이러한 카톨릭교의 사상에 근거한 경제학의 전형적인 대표학자로 알방 드 빌뤼뇌브-바르쥐몽 5세 Vte Alban de Villeneuve-Bargemont를 들 수 있는데, 그의 유명한 저서는-「기독교 경제학 또는 대중적 빈곤의 성질과 원인에 관한 고찰 Economie politique chretienne ou recherches sur la nature et les causes du pauperisme」로서 세 권으로 구성되어 1834년에 출판되었다. 동 저서의 근본사상은 다음과 같다 : 곧 원죄가 지상의 모든 악의 근원이고, 최후에는 경제적 궁핍의 근원이기도 하다. 인간이 신의 율법에 순종하여 그 욕심을 억제하

* 18 Ibid., 293쪽 후반.

고 이웃사람을 도울 경우에만 생존을 지탱할 수 있게 제도는 고쳐질 수 있다. 새로운 시대에는 세속화된 경제학설에 따라서 이와 같은 원칙을 망각하고 있다. 인간은 회개하지 않으면 안 된다. 우리의 올바른 목적에 이르는 길잡이는 그리스도의 가르침이다. "어떠한 인간 철학이 이와 같이 죄악과 치유를 동시에 설명할 수 있겠는가?"[19]

"정신적인 기독교 철학은 어쨌든 모든 것을 인류의 종교적 운명의 소행으로 간주하였다. 이 철학에 의하면 욕망 때문에 원시적 타락이 발생한 증거라고 여겼다. 즉, 고통 속에서 덕행을 속죄의 수단으로 삼고 노동을 욕망을 만족시키는 수단으로 간주했으며 형벌과 시련의 필요를 인정하였다. 이런 기독교철학에서 도출된 경제학은 노동을 생활의 안정을 가져오는 근원으로 인정했을 뿐만 아니라, 노동을 사회적 질서와 종교적 질서로서 하늘과 땅의 자연의 바른 도리를 달성할 수 있는 수단이라고 평가하고 중시하였다."[20]

이러한 기독교에 근거한 철학이 자극하고 창조하려는 문명은 참되고 올바른 노동과 지식, 도덕, 종교, 자선에 의해 경제가 발전할 수 있다는데 기초를 두고 있다. 이 철학은 특히 욕망을 억제하고 완화해야 한다는 것을 알려준다.

당시 많은 이런 종류의 저서와 논리는 시종 일관된 철학적 체계의 확실한 기초가 결여되어 있었다. 왜냐하면 이미 스콜라 철학을 고려하고 있지 않기 때문이었다. 그러나 이러한 철학이 새롭게 활기를 띠고 그로부터 카톨릭교적 사상가들이 사회에서 의식적으로 다시 모든 회의를 통한 논의의 기초로 삼게 되기까지에는 사정이 달라졌다. 이 때부터 하나의 새로운 스콜라 학파의 학문적 방향이 급

---

* 19 Vte Alban de Villeneuve-Bargemout, Economie politique chretienne etc. 3 Vol.1834,I, 117쪽.
* 20 Villeneuve-Bargemont, op. cit., 144쪽.

기야는 경제학에도 새롭게 드러나게 되었다.

스콜라 철학 특히, 토마스 사상의 재건자로서 연로한 후에도 여전히 경제학의 교과서를 저술한 사람으로 이태리의 마태오 리베라토레Matteo Liberatore (1810~1892 ; 1836 나폴리의 철학교수)를 들 수 있다. 그는 1840년부터 42년에 걸쳐 2권의 책인 「논리와 형이상학의 제정 Institutions logicae et metaphysicae」을 저술했는데, 이것은 토마스주의 Thomasmus[21]에 의거한 최초의 근대적 경제학 교과서라고 볼 수 있다.

그는 1850년 지금도 발간되고 있는 유명한 예수파 잡지인 「카톨릭 문화 Civiltà Cattolica」의 발기인이 되었다. 토마스주의는 한 학설로서 현대의 사회 상태에 적절하게 조응해서 새롭게 건설되었다. 그리고 로마 교황의 궁정에서도 중요한 교시 중에 특히, 레오 Leos 8세의 회람문서 중에서 사회생활 특히, 경제생활의 여러 문제에 대하여 토마스주의에 근거하여 태도를 분명히 하였다. 여기서 우리들이 관심을 갖는 것은 오늘날 주장되는 규범경제학의 다수의 체계가 이러한 신(新)스콜라 철학적 기초 위에서 형성되었다는 사실이다. 이들의 학문적 사상을 밝히기 위해서 대표되는 학설 중에서 몇 가지 학설을 간단히 언급하려고 한다.

리베라토레는 경제학을 '공동의 복지수단으로서 바르게 정의하는 입장에서 공공의 부(富)를 연구하는 학문' 이라고 정의하였다. 그가 그의 저서에서 여러 제도를 서술하는데 사용한 접근방법은 특히, 독일의 윤리적 경제학의 저서들 중 여러 곳에서 발견되고 있는데, 이는 쁘루동Proudhon의 「모순의 경제학 체계 Systeme des Contradictionseconomiques」에 근거하고 있는 것이다.

---

*21 역주 성 토마스의 사상을 체계화해서 일컫는 용어임.

예컨대 그의 저서에서 언급되고 있는 기계, 자유경쟁, 은행 등의 장점과 단점 그리고 문제가 발생할 경우, 해결하는 방법 등을 들 수 있다. 자연법은 올바른 경제법칙으로서 사유재산, 상속권, 희사(喜捨)의 의무 등이 지배적인 이론으로서 이러한 지식체계가 공정한 분배를 어떻게 하는 것인가를 리베라토레에게 가르쳐 주었다. 리카르도Ricardo의 지대론에 대해서 리베라토레는 다음과 같이 주의를 환기시켰다. "진실로 이 학설은 어떻게 해서 지대가 성립하는가를 설명할지는 몰라도 어떠한 권리에 의하여 그것이 성립된 것인지는 설명하지 못한다. 곧 역사적 기원은 설명할 수 있을 것이나 법적 기원은 설명하지 못한다"고 했다. 학문으로서는 중요한 지대의 법적 기원은 재산권 이외의 어디에도 있을 수 없다. 지대는 이 재산권으로부터의 결과인 것이다. 매우 높게 평가받은 리카르도의 지대에 관한 정의는 비난받아야 할 것이고, 또한 이것은 다음과 같은 비교 될만한 정의로 바꾸어 놓아야 할 것이다.[22] 즉, "지대는 토지에 내재하는 자연력의 작용에 따라서 소유자에게 돌아가는 부이고, 부의 배당이다. 토지소유자가 그에게 부여된 자연력에 대해서 지대를 받는 것이 정당하다고 한다면, 자본가가 자기가 투자한 수단에 대해서 수익을 얻는 것도 부당하다고 할 수 없다."[23] 노동임금이란 노동자가 자신의 노동력에 의해서 산출된 생산의 성과[24] 중에서 노동자에게 분배된 몫이다. 리베라토레는 이러한 판단기준에 의해 노동임금이 '정당하다'는 것을 알고 있을 뿐만 아니라, 정당한 노동임금의 액수까지도 알고 있다. 그는 다음과 같이 단정하였다. "노동의 자연가격 der natuerliche Preis der Arbeit[25]

* 22 M. Liberatore, op. cit., 257쪽 후반.
* 23 Ibid., 261쪽.
* 24 역주 좀바르트는 이것을 생산의 성과(Fruechten der Produktion)로 표현하고 있으나, 이 개념은 근대경제학에서 정의하고 있는 생산물의 시장가치, 즉 시장가격으로 이해해야 한다.

이란 부부 및 2, 3명의 가족의 생계에 충족할 만큼의 임금으로 규정되지 않으면 안 된다. 만약 노동자에게 이 정도 수준의 임금이 지불되지 않는다면 그 임금은 자연의 의도에 맞게 적응했다고 볼 수 없다. 즉 정의가 요구하는 평등이 실현되었다고 인정할 수 없다."[26]

카톨릭교계에서 수십 년간 인정받아 온 학자 중에 프랑스의 경제학자 챨스 앙리 카비 패랭Charles Henry Xavier Perin이 있다. 그는 규범경제학에 관한 두 가지의 기초적인 노작을 스콜라학파의 철학적 입장에서 저술하였다. 그가 저술한 두 권의 노작은 「기독교사회에 있어서 부에 대해서 De la richesse dans les societes chretiennes」(1881년)와 「기독교사회의 법칙 Les Lois de la societe chretienne」(1875년)이다. 그 밖에도 「지난 1세기간의 정치경제학설 Les doctrines de l' economie politique depuis un sciecle」(1882년)의 저서에서는 경제학에 관한 방법론적인 기초를 다지는 작업을 하였다.

동 저서에서 그는 다음과 같이 언급하고 있다 : "이 세상에 잘못된 경제학이 있다면, 이는 오히려 올바른 경제학의 존재가치를 더욱 드러나게 하여 날마다 보다 좋은 교훈이 제시되게 한다. 경제학은 인류의 향상을 통해서 도덕률에 의한 일체의 예속으로부터 인류를 해방시킬 수 있다는 것을 자랑삼고 있다"[27]라고 하면서 잘못된 경제학을 비난하였다. 또한 "순수한 정신적인 경제학은 도덕법의 연구를 통해서만 현세적인 개혁의 열정에 들뜬 경제학자의 학문적 체계에 채워지고 있는 모순들과 시시한 공상들을 파헤쳐 내야 할 것이다. 이런 모순된 학문

---

*25 역주 저자가 정의하고 있는 노동의 자연가격 개념은 고전학파에서 특히 밀에 의해서 전개된 생존비 임금과 유사한 개념임.

*26 M. Liberatore, op. cit., 267-270쪽.

*27 Ch. H. X. Perin, Die Lehren der Nationaloekonomie seit einem Jahrhundert, 1882, XIV쪽.

적 체계가 복지를 가져오는 것이 아니라 피할 수 없는 멸망을 초래한다는 것을 정신주의적인 경제학은 제시해야 한다. 경제학이 그 대상 자체의 성질에 의해서 경제학에 규정된 법칙을 넘어서지 않고서는 경제학은 아직 충분하다고 할 수 없다. 경제학은 더구나 도덕적 질서의 제원리가 물질적 이해(利害)보다 우월하고 지배적이란 것을 경제학의 모든 결론에서 받아들이지 않으면 안 된다"[28]고 언급하고 있다.

패랭으로부터 영향을 많이 받은 독일의 경제학자로는 게오르그 라찡거Georg Ratzinger(1844~1899)를 들 수 있다. 그는 그의 저서 「도덕적 기초에 있어서의 국민경제학 Die Volkswirtschaft in ihren sittlichen Grundlagen」(1881년)에서 다음과 같이 언급하고 있다. "사회생활과 경제생활의 제원리를 고찰하면서 사실을 바탕으로 역사에 의해서 그 진실성은 드러나고 있다. 숭고한 기독교 교리에 사회생활의 기초를 두고 있는 모든 국민이 예수 그리스도가 가르친 말씀의 기초 이외에 다른 기초를 선택하려 한다면, 그것은 그들에게 위험하다는 것이 판명될 것이다. 모든 국민의 부, 일반적인 복지는 어떻게 생긴 것인가. 이 질문은 다시 인류의 기원과 목적에 관한 최고의 형이상학적 이념으로 되돌아가야 한다. 인간은 그의 활동에 있어서 제한된 관점이나 이기주의적인 파괴적 관심에 이끌릴 것이 아니라, 신에 대한 사랑과 함께 신이 바라는 사람의 이상적인 방향으로 자신을 이끌어 가지 않으면 안 된다. 이것이 바로 자기를 사랑하는 자애의 도리이다. 자애에 관심을 갖듯이 이웃사람에 대해서도 사랑을 베풀어야 한다."[29]

* 28 Perin, op. cit., 12-14쪽.
* 29 Georg Ratzinger, Die Volkswirtschaft in ihren sittlichen Grundlagen, 1875, 제2판, 29쪽, 52쪽.

또한 스콜라 학파의 사상권(思想圈)에서 괄목할 만한 저술이 있는데, 그것은 하인리히 페쉬Heinrich Pesch의 저서이다.[30]

스콜라 학파의-일반적으로 말하자면 구교(舊敎)의- 경제학은 오늘날 널리 보급되고 있는 경제학의 한 방향을 이루었다. 그 중에서도 오늘날 가장 유력한 독일 경제학자의 한 학설이 오트마 슈판Othmar Spann의 학설이다. 그의 학문적 체계는 스콜라 학파의 사상에 기초하고 있음을 여기서 지적해 둔다.

슈판이 저술하고 또한 널리 보급된 저서 중에서 여기서 고찰해 볼 필요가 있는 것으로는 다음과 같은 것이 있다 :

- 사회학(1923, 제2판),
- 경제학의 기초(1923, 제3판, 1929, 제5판),
- 참다운 국가(1923, 제2판),
- 죽은 학문과 살아 있는 학문(1925, 제2판, 1929, 제3판),
- 경제학의 요강(1926, 제16판).

우리들은 슈판의 경제학에 대한 방법론을 엑크하르트Meister Eckhard의 다음과 같은 표현을 통해 쉽게 짐작할 수 있다. "작은 것에 매달려 애쓰지 말라. 그대에게 부여된 천직은 작은 일이 아니기 때문이다".[31]

슈판의 저술은 규범경제학을 대표하고 있음을 부정할 수 없다. 그는 본질에 적합한 경제형태, 가장 좋은 상태의 경제, 즉 올바른 경제란 무엇인가를 밝히려고 했다.[32] 개인주의 학파들이 과소평가하고 있는 '올바른 가격'이라는 개념도

---

*30 Heinrich Pesch S. J., Lehrbuch der Nationaloekonomie, 5 Baende, 1905-1923.

*31 역주 여기서 그대란 슈판을 의미하며, 이는 경제학 방법론에 관한 슈판의 공헌도가 매우 컸음을 비유하는 말이다.

*32 Othmar Spann, Tote und lebendige Wissenschaft, 1925, 제2판, 3쪽.

슈판에 의해 다시 제 위치를 차지하게 되었다.[33] '정당한 가격' 이라는 개념은 올바른 경제 전체의 구성에 기초하고 있으며, 올바른 경제라는 개념에 의해 각자의 주관적인 자의(恣意)적 해석은 제거되어야 한다.[34]

슈판의 이러한 인식목표에 도달하는 방법론은 스콜라 학파에 의하여 정리된 방법론이다. 이 방법론은 슈판이 정립한 이론 스콜라 철학과 같이 중심 개념 속에 포함되어 있는데 이를 보편주의 Universalismus라고 할 수 있다.

따라서, 슈판 자신이 그의 경제학설을 '전체성에 관한 학설' 이라고 특징지웠으며 또한 그의 학설은 '보편주의에 대한 낭만적인 갈망' 으로부터 형성되었다고 언급하였다. 그의 보편에 대한 개념은 스콜라 철학에 근거하고 있고, 그에게 있어서 근세논리학의 모든 이론들은 보편주의와 비교할 때, 그것들의 분류상의 종(種)에 대립하는 속(屬)을 의미한다고 볼 수 있다. 특히, 그가 그의 보편주의에서 도출하는 과학적 결론은 스콜라 철학, 사회학 및 경제학의 종합이라고 결론 지울 수 있다.

슈판에게 있어 본질에 적합하고 유일하게 실제로 존재하는 경제양식은 신분적으로 결합된 경제이다. 그가 열거하고 있는 네 가지의 경제형태 즉, 첫째, 순수유통경제, 둘째, 순수공산주의 경제, 셋째, 단체적이고 계급적으로 결합된 경제, 그리고 넷째, 자유롭게 규제된 경제[35]이다. 이러한 네 종류의 경제형태 중에서 그의 의견에 따르면 첫째, 둘째 형태의 경제는 유토피아적이고, 셋째, 넷째 경제형태는 현실에 가능한 형태이나, 그 중에서도 세 번째 경제형태인 단체적이고 계

* 33 역주 좀바르트가 정의한 개인주의학파란 (신)고전학파를 의미하며, 여기서 언급되고 있는 '정당한(올바른)가격' 이란 개념은 개인주의 학파에 있어서는 시장의 수요와 공급에 의해 자동적으로 결정되는 소위 시장가격을 의미하는데 비해, 슈판에 있어서 '정당한 가격' 은 다른 의미를 지니고 있다.
* 34 Othmar Spann, op. cit., 42쪽 후반.
* 35 역주 슈판은 자유롭게 규제된 경제를 '절제된 자본주의' 의 한 형태로 이해하고 있다.

급적인 경제형태만이 영속적이고 진실로 가능한 것으로 파악한다.[36]

이러한 슈판의 학설에도 스콜라 철학과 그리고 확실하게 비헤겔적인 정신이 내재되어 있다.

특히, 근세 경제학의 학문적 체계는 경제학의 일정한 방향만을 순수하게 대표하고 있지 않다는 것은 이미 앞에서도 언급한 바 있다. 이러한 사실은 슈판의 경제학 체계에서도 찾아 볼 수 있다. 그의 경제학 체계 중에는 이해(理解)경제학을 위해서도 방법론적으로 공헌한 부분이 많이 발견된다.

여기서는 다만 슈판의 경제학 체계의 핵심인 신(新)스콜라 학파의 특징인 규범경제학을 드러내는데 그치고자 한다.

2. 조화주의 학파

나는 18세기 이후의 스콜라 학파의 철학과 함께 규범경제학의 기초를 이루는 사회철학 및 경제학(철학)을 사회적 조화주의 Harmonismus라고 명명(命名)하고자 한다. 우리들은 이 사회적 조화주의를 지금까지 분석해 온 카톨릭교에 기초한 사회철학과 대조해 볼 경우, 가장 잘 이해할 수 있다. 조화주의 학파의 세계관의 중심은 카톨릭교에 근거한 철학과 비교해 볼 때 다르다고 볼 수 있다. 조화주의 학파에 있어서 세계관의 중심은 이제는 신이 아니라, 인간이 중앙에 서 있게 되었다. 조화주의 학파에 있어서 창조의 의미는 벌써 하늘의 영광을 찬양하려는 것으로부터 오히려 인간의 노력에 의해 달성된 결과로부터 만족함을 느끼는데 있는 것으로 변화되었다. 또한 전능했던 세계의 지배자도 이미 그의 섭리를 끝내

* 36 Othmar Spann, op. cit., 5쪽.

고 그가 창작한 세계의 배후에 점잖게 은퇴하고 있는 개념으로 접근하고 있다. 조화주의 학파에 의하면 세계의 질서는 마치 정교한 시계의 장치처럼 그의 협력 없이도 자동으로 움직이고 있다.

세계질서의 법칙은 신에 의해서 내려지는 명령에 의해서가 아니라, 인간사회의 불요불급(不要不急)한 현상의 법칙으로서 이 법칙에 의해 자연을 지배한다. 그것은 도덕적인 규범이나 법률적 조문도 아니고 자연현상을 규율하는 법칙으로서 신의 최고의 영광을 위해서 받들어지는 신의 의지라든가 혹은 영원한 법칙에의 귀속 등을 의미하는 것이 아니다. 왜냐하면 조화주의 학파는 그런 자연법칙에 따르는 것은 인간에게 최대의 행복을 보장하기 위해서 자연법은 자동적으로 도움이 되게 이미 신이 보증한다고 생각했기 때문이다.

그래서 자연법은 각 개인의 본능적인 생활을 되도록 방해하지 않고 성장시키도록 하였고, 자연법에 따라서 본능적으로 행동하는 인간이야말로 선량한 인간의 원래의 모습을 다시 되찾아내려는 것이라고 생각했다.

조화주의 학파는 선량한 인간이 그의 자연적인 사회 및 경제행위를 자유롭게 할 수 있는 인간사회에서는 '천체의 조화' 에 대응할 수 있는 완전한 조화가 가능할 수 있다고 보았다.

계몽주의 시대에 들어서서는 계시적 종교가 아닌 이성(理性)적 종교견해인 이신론(理神論) Deismus에 근거하여 인류(人類)중심주의, 낙천주의, 일원론(一元論)이 대두되었다. 이것이 계몽기를 지배한 형이상학의 근본적 특징이다.

이런 형이상학의 정립에 관여한 사람으로서는, 데카르트Descartes, 뉴턴Newton, 루쏘Rousseau 등이 있다. 이 학자들 중 가장 관계가 깊은 학자로는 아마도 무의식적이기는 하지만, 사회구성의 기초를 만든 뉴턴을 들 수 있다. 왜냐하면 후대의 많은 학자들이 그것을[37] 모방하여 세계질서를 만들려고 한 새로운 '자연질서 Ordre naturel' 는 그 내용이 뉴턴이 천체에 대해서 정립한 자연의 법칙 체계 속에 이미 포함되어 있기 때문이다.

여기서 자연의 질서에 관한 학설은 '자연' 이란 말 이외에는 공통되는 다른 아무 것도 포함하지 않았던 고대 자연법의 의미가 새롭게 정립된 것이다. 본래 자연이란 말은 그리스어인「ψυσιζ」로서 본래 그 의미가 정반대로 전화(轉化)되어 사용된 이래 조화주의 학파에 의해 두 번째로 그 의미가 전화되어 사용되었다. 고대에서나 근세의 자연법에서는 '자연질서' 란 자유로운 범위 안에서 자연에 조응하는 목적으로 형성되는 질서를 의미한다. 이러한 의미에서 자연질서에 관한 학설에서는 자연적 질서를 자연의 법칙성에 근거하고 있는 질서로 간주한다.

우리들은 지금도 아직 하나의 '주관적인 자연권 droit naturel' 을 운운하면서 그것을 통해 각자가 삶의 만족을 느낄 수 있는 조건으로 간주한다. 이는 인간의 자연권이란 아마도 인간이 자기의 욕망을 달성하기 위해 주어진 조건에 대하여 갖는 권리를 막연하게 정의한 것일 것이다.[38]

인간은 자연적인 조건에 적합하게 조응함으로서 그에 대한 자기의 자연권을 행사하는 것이다. 즉, 인간은 자연적 질서에 복종함으로서 그렇게 할 경우에만 그의 자연권을 행사할 수 있다.[39]

자연질서에 관한 개념은 규범경제학의 체계정립에 많은 기초를 제공하였다. 그 기초를 제공한 최초의 사람들은 중농주의학파(重農主義學派) die physiokratische Lehre였다.

---

*37 역주 뉴턴이 발견한 '만유인력의 법칙' 을 의미한다.

*38 Francois Quesnay, Art. Doit naturel in der Encyclopedie.

*39 Dupont de Nemours in den Physiocrates,ed.Daire, 1846, 22쪽.

그들 중에는 이러한 특유의 모든 사유(思惟)의 법칙을 강도 높게 받아들인 학자가 프랑소와 케네Francois Quesnay이다. 그가 1767년 저술한 「정치사회의 자연적이고 본질적인 질서 Ordre naturel et essentiel des societes politiques」에서 자연질서에 관해 자세히 설명하고 있다. 더 나아가 동 저서의 표제 개념은 메시어 드 라 리베르Mercier de la Riviere에 보다 확실히 정립되었다. 또한 다른 중농주의학파들의 많은 저서들을 주석으로 사용하면서 중농주의학파의 학설을 보다 상세히 서술한 이는 듀퐁 드 느무르Dupont de Nemours로서 중농주의학파의 대표라고 볼 수 있다. 그가 언급하고 있는 내용을 소개하면 다음과 같다:

"인간들 사이에 존재하는 관습에 앞서서 그들이 만든 체제 위에, 그들의 육체적 욕망 위에, 그들의 공통적인 관심 위에, 그러한 질서에 앞선 상태에서 인간의 자연사회가 존재하고 자연적 질서가 존재한다."40

자연적 질서는 신 자신이 만물에게 주어진 물리적인 체제이고, 그 질서에 의해서 모든 것이 자연히 운행된다. 인류와의 관계에 있어서 진행되는 질서를 자세히 살펴보면, 이 질서 속에는 모든 물리적인 재화와 인간에 대한 적당한 교훈을 포함하고 있음을 알 수 있다.

"자연법은 자연이 창조자로부터 가르침을 받는 질서 안에서 모든 일이 수행되는 본질적인 상태이다. 인간에게 알려진 법칙이란 자연적 질서가 차지할 모든 이익을 확보하기 위하여 인간이 그 법칙에 복종해야 하는 본질적인 조건이다. 인간의 욕망과 욕구를 만족시키고 자연권을 받아들이며 모든 상황에서 행복하기 위해서 인간은 그의 본성에 의해서 하지 않으면 안 되는 것을 깨닫는 것이 바로 자연법칙이다. 자연의 창조자는 모든 일이 수행되는 상태를 자연법칙이라는 자연

* 40 Dupont de Nemours, Origines et progres d' une science nouvelle in Physiocratie I, 341쪽.

의 질서에서 이렇게 인간에게 가르치고 있는 것이다."[41]

이와 같은 자연질서에 대한 연구가 바로 '올바른 경제'를 발견하지 않으면 안 되는 계기가 된다. 경제학의 임무는 '올바른 경제가 무엇인가를 찾아내는 일이었고, 이에 따라서 경제행위에 대한 규준을 정립하는 것이었다. 다만 어떤 경제가 자연질서에 적합하고 어떤 것이 자연적이라는 의미에 있어서 올바른 경제인가에 관해서는 시대에 따라서 견해가 분분함은 물론이다.

첫째로 자연질서에 의해 형성된 자유로운 경제, 좀더 자세히 말하자면 자유로운 유통경제가 바로 '올바른 경제'라고 일컫게 되었다. '완전한 자유방임주의', '완전한 자유무역주의'는 올바른 경제에 관한 이러한 견해에 근거를 두고 있다. 중농주의학파의 경제학설이 이렇게 가르쳤고, 영국의 고전학파의 다수와 특히 아담 스미스의 경제학도 이러한 사상에 바탕을 두고 있다.

특히, 하스바흐Hasbach, 보나르Bonar, 브리프Brief, 수라니 운저Suranyi-Unger 및 예스트로우Jastrow의 연구에 의하면[42] 그 위대한 스코틀랜드인[43]의 학설에는 바로 신이 미리 설정한 조화라는 개념이 기초가 되어 있음을 조금도 의심하지 않는다. 이 개념은 아담 스미스의 「도덕정조론 Moral Sentiments」(1759년)에 가장 뚜렷이 나타나 있을 뿐만 아니라, 또한 그의 유명한 저서 「국부론 Wealth of Nations」(1776년)에서도 역시 일관되게 나타나 있다. 아담 스미스의 경제학에 관한 주요 저서 중에서 경제주체의 경제행위가 기본적으로 '이기심 Eigennutz'에 의해

---

*41 Dupont de Nemours, op. cit., 21쪽.

*42 Wilh. Hasbach, Die allgemeinen philosophischen Grundlagen der von Francois und Adam Smith begruendeten politischen Oekonomie, 1890 ; derselbe, Untersuchungen ueber Adam Smith und die Entwicklung der politischen Oekonomie, 1891 ; Jamens Bonar, Philosophy and Political Economy in some of their historical Relations, 1893, 1922, 제3판 ; Goetz Briefs, Untersuchungen zur klassischen Nationaloekonomie, 1915 ; Th. Suranyi-Unger, Philosophie in der Volkswirtschaftslehre, 2집, 1923, 1925 ; J. Jastrow, Naturrecht und Volkswirtschaft in den 'Jahrbuechern fuer Nationaloekonomie',III, 제71집, 1927.

*43 역주 아담 스미스를 지칭하는 표현임.

서 유발되었다는 주장도 바로 사회관계의 조화(調和)의 개념에 기초하고 있는 것이다.

인간은 자신의 이익을 추구하는 한편, 자신이 의식하지도 않았던 사회의 이익을 촉진하지 않으면 안 되는데 이는 '보이지 않는 손 unsichtbare Hand' 곧 사회적 관계에 있어 '조화' 라는 자연의 질서에 의해 자동적으로 인도된다. 이 개념이 그의 「도덕정조론」에 나타난 '조화' 의 개념이다. 우리들은 - 특히, 부유한 사람들은- 그것을 새삼스럽게 의식하지 않아도 필요한 생활필수품이 '보이지 않는 손' 에 의해 자동적으로 분배되어 우리들의 필요를 충족시켜 줄 뿐 만 아니라, 동시에 사회의 이익을 촉진하는 것이다. 같은 논리로 토지도 주민들에게 고루 분배되어 있을 경우, 아무런 의도적 행위가 없어도 '보이지 않는 손' 인 사회의 '조화의 개념' 에 인도되어 효율적으로 배분되는 것이다.[44]

그리고 아담 스미스의 후계자들에게 있어서도 그의 경제사상은 동일하게 줄곧 작용하였다. 사상적으로 저속했다고 볼 수 있는 맨체스터 시대[45]의 경제이론도 중농주의학파의 '자연의 질서' 라는 개념과 관련지어 접근하게 될 때에, 비로소 경제학으로서의 통일된 의미를 갖게 된다.

나는 여기서 한 작가인 프레데릭 바스티아 Fréderic Bastiat의 저술과 그 표제만으로도 그의 사상의 본질을 짐작할 수 있는 그의 주요한 논문의 내용을 살펴보기로 한다.

「경제학자지(經濟學者紙) Journal deseconomistes (1848년 1월호)」에 게재된 논문 「경제적 조화 Harmonies economiques」속에서 그는 이렇게 언급하고 있

*44 Adam Smith, Wealth of Nations, Book IV, 제2장과 Moral Sentiments, 제1판, 351쪽.

*45 역주 영국에서 자본주의 성립이 섬유산업이 발달된 맨체스터를 중심으로 이루어 졌기 때문에 저자는 초기의 영국 자본주의 시기를 맨체스터 시대라고 부르고 있다.

다: "일반적인 법칙에 의거하여 자연적으로 조직된 사회와 인간적으로 고안되어 조직된 사회 사이에는 너무 동떨어진 차이가 있다. 말하자면 무의식적으로 작용하는 자연의 법칙과 조화의 개념을 고려한 조직이 사회에 없었다면, 과연 인위적인 조직에의 사회적인 이익을 촉진하고 사회적 관계를 조화롭게 할 수 있었겠는가?"

한편 고센에 의해 형성된 효용학파는[46] 맨체스터학파의 변화된 학파라고 볼 수 있다. 이 효용 학파의 학설 중에도 '자연질서' 의 중요성에 대해 강조한 부분이 상당히 있다. 그렇지 않다면 다음과 같은 말을 어떻게 해석할 것인가.

"신의 헤아릴 수 없는 선의(善義)는 이 세계를 이렇게 멋지고 질서 있게 창조하였으므로, 인간은 신의 모든 율법을 받들어 이에 따르기만 하면 최고의 만족에 도달 할 수 있다. 바로 천국에 있는 것과 같이 생활할 수 있다. 곧 한계효용의 법칙에 따라서 생활하면 말이다."[47]

이 학파의 새로운 대표자라고 할 수 있는 프리드리히 폰 비저Friedrich von Wieser의 학설에서도 이와 비슷한 개념이 반복되고 있다. 이러한 '자연질서' 의 특징은 근대경제학의 제(諸)학설이 다같이 '자연질서' 를 인용하여 경제행위에 대한 규준을 세웠다는 것이다.

일부 근대경제학파 중에는 자유주의 경제학의 논리와는 정반대로 이론을 전개한 사회주의자들도 있었다. 그럼에도 불구하고 그들 중의 일부는 그것의 실현이 조화와 행복을 보증하는 자연적 질서의 개념을 의식하고, 일부는 의식하지 못하고 있었다. 그들 중에서 몰리Morelly[48]와 프리에Fourier는 다음과 같이 주장하였

---

* 46 역주 저자는 이를 '쾌락주의 학파 hedonistische Schule' 로 부르고 있으나, 일반적인 경제학설사 체계에 의해 효용학파로 번역하는 것이 적절하다고 본다.
* 47 Ibid.
* 48 Morelly, Coude la Nature, 1755.

다 : "자연적 질서를 연구하기에 앞서 무엇 때문에 신의 지덕(智德)에 실망하였는가. 원래 완전한 정도로 인간은 해낼 수 없다고 주장하는 것은 신이 사악(邪惡)하다고 비난하는 것이다."

또한 프리에는 뉴턴이 이미 발견한 '만유인력의 법칙'에 덧붙여서 '제 4 운동설'을 발견한 것에 의해서 자신을 뉴턴의 완성자로 지칭했고, 또한 그의 전집을 「자연의 일반적 체계 Systeme generale de la Nature」라고 명명하였다.

동류의 사회주의자인 로버트 오웬Robert Owen도 이렇게 언급했다. "인간존재의 합리적 상태는 자연의 틀림없고 변함이 없는 법칙에 근거를 두고 있다." 또한 바이틀링Weitling도 다음과 같이 말했다 : "모든 학설의 근거는 사회와 개인에 관계가 있는 자연법이다." 칼 마르크스Karl Marx와 그를 추종하는 많은 학자들도 내가 지적했듯이 '자연의 질서'에 관해서는 특히 명백하게 같은 생각을 가지고 있었다.[49] 이들 모든 경제사상가들도 역시 규범경제학의 제학설을 정립한 것은 알고 있으나 그들이 인정한 '올바른' 경제가 중농주의학파, 고전학파, 한계효용학파에 의해 '올바른' 경제라고 규정한 자유유통경제와는 본질적인 면에 있어서 큰 차이가 있으며, 특히 그 중에서도 권리 중의 권리인 사유재산권을 용인하지 않았던 점에서 차이를 보이고 있다.

한편, 조화주의적인 형이상학에 기초하고 있는 경제사상은 새로 형성되는 소위, 신경제학에 대해서도 이론적 기초를 제공하였다고 볼 수 있는데, 이러한 학설로는 오이겐 뒤링Eugen Dühring의 학설을 들 수 있다.

뒤링의 학설은 본질적인 부분에 있어서는 틀림없이 규범경제학에 속한다고 볼 수 있다. 왜냐하면 뒤링은 '존재 Sein'와 함께 '당위 Sollen'를 인식하려고

---

* 49 Sombart의 Proletarischen Sozialismus(Marxismus), 제2집, 1924, 14장과 15장을 참조.

했기 때문이다. 그는 "결국에는 경제에서 실증(實證)화 할 수 있는 것은 그것을 본질로 삼는 인식의 한 종류에 해당된다."라고 주장함으로서, 실증경제학도 규범경제학의 범위에서 설명이 가능한 것으로 보았다.[50] 그러나 올바른 경제에 관한 단정은 이런 견해 속에서 그의 조화주의적인 사상이 분명히 나타나 있기는 하나, 이는 '사회의 계급투쟁에 의한 힘' 에 의해서 성립한다는 주장을 함으로서 기존의 조화주의자의 이론과 차이를 보이고 있다.[51]

한편, 프란츠 오펜하이머Franz Oppenheimer의 '순수 경제' 의 개념도 그 근본에 있어서는 역시 '올바른 경제' 개념과 다를 바가 없다.[52] 그는 이 '순수경제' 를 의학적인 관점에서 자연질서와 연결하여 설명하는 패러다임의 신봉자로서 그는 당대의 동료 의사였던 페티Petty와 케네Quesnay의 도움을 받아 '순수경제' 를 의학적인 표현을 빌려 '정상적인' 또는 '건강한 경제' 라고 지칭하였다. 프란츠 오펜하이머에 의하면 "순수한 사회경제학은 뒤링이 이름 붙인 것처럼 '정상 Normalitaet' 의 모습을 제공한다. 우리가 사용하는 용어(用語)에 의한다면 이는 사회라는 몸통의 특수한 생리학인 즉, '교환경제 Tauschwirtschaft' 를 우리들에게 제시할 것이다. 만약 이런 경제의 정상적인 모습과 정치적인 사회경제학이 현실에 존재하는 동일한 대상에 대하여 제시하고 있는 상태를 비교한다면 교환경제라는 사회의 몸통이 중병에 걸려 있다는 확신을 갖게 될 것이다".[53] 오펜하이머의 학설에 형이상학적인 방법론 이외에도 이러한 자연과학적인 구성부분에 대해서는 다음 기회에 설명하게 될 것이다.

---

*50 Eugen Duehring, Kritische Grundlegung der Volkswirtschaftslehre, 1866, 481쪽.

*51 Eugen Duehring, op. cit., 485쪽.

*52 Sombart의 Proletarischen Sozialismus I, 192 쪽을 참조할 것.

*53 Franz Oppenheimer, Theorie der reinen und politischen Oekonomie, 1911, 제2판, 84쪽.

3. 합리주의 학파

'사회적 합리주의 der soziale Rationalismus' 란 인간의 이성을 다만 인식하는 수단으로서 뿐만 아니라 당위성을 설명하는 원천으로 본다는 입장에서 인간의 이성적 판단에 의해서 나타나는 실천적 행동에 대한 규준을 도출하는 사회철학 특히, 경제철학이라고 나는 이해하고자 한다.

이러한 '당위 Sollen' 나 명제는 다시 스토아학파의 자연법과 마찬가지로, 이원론(二元論)적이고 또한 하나의 보다 높은 생물계에 대립하는 질서 즉, 인간의 이성을 매우 높게 평가한다는 입장에서 진정한 자연법에 포함시킬 수 있는 것이다. 이러한 의미에서 '올바른 경제' 란 '이성적인 경제' 라고 볼 수 있다.

이러한 합리주의가 '계몽 Aufklaerung' 으로 불려지며 우리에게 익숙해진 것은 말할 것도 없다. 볼테르Voltaire의 후예인 마리 요셉 셰니Marie Joseph Chenier의 유명한 시 「빛의 세기(世紀) siecle des lumieres」에서 이러한 개념을 눈에 띄게 확인할 수 있다:

"덕스러운 의(德義), 천부적인 재기(才氣)와 재능, 기호
이 모든 근원은 뛰어난 지덕(智德), 즉 이성에 근거한 지혜이다.
덕이란 무엇인가? 이는 이성적 지혜를 실천으로 옮긴 것이다.
재능이란 무엇인가? 이는 빛나게 나타나는 이성적 지혜이다.
재기란 무엇인가? 이것은 현묘(玄妙)하게 표현된 이성적인 지혜이다.
기호란? 이것도 섬세하게 뛰어난 지덕(智德)에 불과하다.
그리고 천부란 숭고하게 나타나는 이성적 지혜이다."

서구의 사상에 있어서 합리주의는 지나치게 일원론적인 자연주의와 혼합되어

있기 때문에 진정한 이원론적 자연법에 근거하여 설명해 내지는 못했다. 진정한 이원론적 자연법에 근거한 합리주의의 설명은 18세기 후기에서 19세기 초 독일 철학에 의하여 비로소 완성되었다.

이원론적 자연주의에 근거한 규범경제학은 독일사상가로서 칸트Kant, 피히테Fichte, 헤겔J. G. Hegel, 아렌스H, Ahrens의 학설을 살펴보면 충분할 것이다. 칸트의 저서인 「도덕의 형이상학에 대한 기초 Grundlegung zur Metaphisik der Sitten」, 「법학의 형이상학적 시원(始源) Metaphisischen Anfangsgruenden der Rechtslehre」에서 정립한 사상은 다음과 같다 : 즉, 우리들은 법칙에 적합하게 행동하지 않으면 안 된다. 곧 의무를 지키기 위해서 행동하지 않으면 안 된다. 여기서 법칙이란 우리 주위에 존재하는 하나의 '보편적인 법칙' 을 의미한다. 이 보편적 법칙은 이성에 의해서 만들어진다. 왜냐하면 이성은 그것만으로 일체의 현상으로부터 독립하여 무엇이 일어날 것인가를 판단할 수 있기 때문이다. 의무로서의 의무는 모두 경험하기 전에 여러 가지 근거에 의하여 선험적으로 의지를 규정하는 이성의 이념 속에 놓여 있다. 일체의 경험적인 것으로부터 떨어져나간 순수이성인식이 문제인 것이다. 즉, 이성적 존재에 의한 일반의 보편적 개념에서 도출된 법칙이 문제되는 것이다.

"이성이 이것을 규정하고 그의 본원(本源)과 동시에 이성의 명령에 의해 철두철미하게 필연적 , 선험적(先驗的)으로 갖고 있어야 할 근본적인 명제들, 곧 인간의 경향에서가 아니라 법칙의 지상권력 및 법칙에 대한 당연한 존경에서 모든 것을 기대해야 한다. 그렇지 않을 경우에는 인간을 자기 경멸(輕蔑)과 내면적 혐오(嫌惡)로까지 결정해야 할 근본명제가 순수이성의 문제인 것이다."[54]

---

*54 I. Kant, Grundlegung zur Metaphisik der Sitten, 제1절과 2절.

"법학이란 이성에서 출발한 요구들이 체계적으로 나타난 것이다. 이성은 가령 그에 관해서 하나의 선례도 찾아내지 못한 경우에라도 어떻게 행동할 것인가를 명한다."[55]

하나의 사회에 있어서 이러한 이성적인 접근방법에 조응(照應)하여 다음과 같은 것들이 지배되어 진다 : ① 사유재산권, ② 계약의 자유, ③ 상속권.

'올바른 경제'란 다음과 같은 내용들을 구성요소로 제시한다 : ① 화폐 및 상업거래 ② 이자, 저당 등을 전제로 하는 신용거래 ③ 임금관계.

칸트는 그의 저서 「공법 Oeffentlichen Recht」에서 시민을 '능동적 국민 aktive Staatsbuerger'과 '수동적 국민 passive Staatsbuerger'으로 구별하였다. 수동적 국민으로서는 견습제자, 사용인, 미성년자, 일체의 가정주부를 예로 들었다. 이들은 자기의 경제를 자주적으로 행사하는 것이 아니라 남의 명령에 따라서 혹은, 가정의 생계를 유지하는 자로서 일반적으로 시민으로서의 자격이 부족함을 뜻한다. 그러나 오늘날 대다수의 국민은 공공체에 속해 그와 관계를 맺으며 일한다. 그들은 다른 개인의 명을 받아 일하기도 하고, 보호를 받기도 하며, 따라서 어떠한 시민적 독립성도 소유하지 못한다. 이러한 의미에서 나타나는 공화국의 국가형태는 대의적(代議的)인 조직체이다.[56]

피히테는 그의 저서 「자연법 Naturrecht」(1796~97년)과 「폐쇄된 상업국가 Geschlossenen Handelsstaaate」(1800년)에서 '올바른 경제'에 관한 완전한 체계를 저술하였다. 그는 이것을 '정치'와 구별하여 '법학의 부록'이라 칭하고 칸트와 마찬가지로 선험적인 이성 인식 위에서 구축하였다.

---

*55 I. Kant, Metaphisik der Sitten, 제1부, 서언.

*56 I. Kant, 법학, 46쪽 후반.

피히테의 견해에 의하면 '올바른 경제'는 다음의 구성 부분을 그 내용으로 한다.

① 사유재산의 보장이다

개인은 그가 이미 아는 세계의 모든 재산 일체의 것이 그대로 유지되도록 요구할 권리를 갖는다. 그들은 그의 경제활동에서 그들의 인식으로 방침을 세운 것 중에서 변화가 일어나고, 그 변화과정에서 결과적으로 예상한 것과는 다른 결과가 나타나는 것을 볼 수 있다. 이것은 경제활동을 규준하는 과정에서 결과적으로 재산소유 결과를 초래하는 것이 아니라, 선험적으로 기초가 닦여 있는 방향으로 소유의 결과가 다르게 나타난다는 것을 뜻하는 말이다. 그러므로 어떤 대상물의 소유는 그런 소유권을 자기들에게 인정하는 사람에 의해서만 타당하게 결정되는 것이다.[57]

② 광산 및 산림에 관한 정부의 규제

③ 혼합된 경제, 말하자면 본질적으로 수공업분야에 대한 계획경제, 이러한 계획경제 중에는 다음과 같은 것이 예상된다 :

a) 동업조합조직 : 국가는 각 직업에 의하여 얼마간의 인간이 생활할 수 있고, 또한 대중의 수요를 채우려면 얼마간의 직업이 필요한가를 계산해 내지 않으면 안 된다. 직업이 없어 각자가 생활해 낼 수 없다면, 이는 국가가 오산한 탓이다. 국가는 생활물자를 배상하던지, 또는 개개인에게 생활할 부문을 제시해야 한다. 상인의 장사할 권리도 국가가 산정하지 않으면 안 된다. 그들이 독점할 소유도 허용해야 한다.

b) 최고가격에 대한 규정

c) 가능한 한 외국과 차단된 경제와 국가에 의한 무역독점, 이러한 강령은 「폐쇄된 상업국가」에서 보다 상세히 기술하고 있다.

*57 J. G. Fichte, Naturrecht, 1796-97년.

헤겔에 있어서는 경제학이 보다 복잡하게 논술되었다. 헤겔의 학설이 본질적으로 칸트와 피히테의 학설과 일치하지만 규범경제학을 설명하는데 있어 그의 견해를 다음과 같이 표명하고 있다 :[58]

'이성적(理性的)인 것의 모두가 현실적이고 현실적인 것의 모두는 이성적이다' 라는 구절 속에는 '존재계 Seinsphaere' 와 ' 당위계 Sollensphaere' 가 대립한다는 의미가 포함된다. 따라서 실증적 법에 대립되는 이성적 법의 관념이, 곧 현실적인 경제에 대립하는 '올바른 경제' 에 관한 이성적 관념이 거부당하는 경우가 있다는 것이다. 그러나 이러한 거부는 아주 조그마한 외견상의 것에 불과하다. 이것은 '현실적' 이라는 말의 자의(恣意)적인 사용 때문에 생긴 것이다.

'현실적' 이란 개념은 헤겔에 있어서는 어떤 것이 공간이나 시간에 걸쳐 실현되는 '경험적' 이란 의미가 아니고, 오히려 그 반대로 '이성적(理性的)' 임을 의미한다.

헤겔의 표현으로는 '이념보다도… 더 현실적인 것은 아무 것도 없다' 고 하였다. 즉, '현실적' 인 형태가 '이성적인 형태' 를 의미한다 함은 경험적 의미에 있어서 현실적 형태와는 구별된다는 뜻이다. 따라서 헤겔은 '현실적' 이란 말을 공간과 시간에 있어서 실현되는 것[59]과는 구별하여 사용하고 있다. 헤겔에 있어 현실적이라는 개념은 '선험적' 이란 뜻으로 '이성적' 인 것의 의미를 확립하였다. 따라서 그는 '시간적인 것 및 외형적인 공간 속에 내재하는 실체로서 현재적(現在的)인 것으로 현존하면서 영원한 것을 인식하는 것' 을 '현실적' 이라고 했으며 또한 '이성적' 이라고 하여 그것의 추구는 그의 본래의 임무로 생각한 것이다.[60]

---

*58 Hegel, Grundlinien der Philosophie des Rechts oder Naturrecht und Staatswissenschaft im Grundrisse. Eduard Gans편저, 1833, 서언.

*59 역주 헤겔에 있어 현실적이라는 의미는 우리들이 통상의 개념으로 사용하는 현실적이라는 개념과는 다른 의미이다.

*60 Hegel, op. cit., 32 쪽.

우리들이 순수한 사변적인 방법으로 얻을 수 있는 것은 한 계열의 사상과 한 계열의 존재하는 양식의 형태로서 그것은 현실적으로[61] 나타나는 현상들에 있어서 시간의 순서가 부분적으로는 개념상의 순서와 별개의 것일 수도 있다.

그러나 헤겔에 있어서는 평가적이고, 규범적인 입장에서 인간의 실천적인 행위의 결정에는 모두 하나의 임무가 부과해져 있는 것으로 간주하였다. 곧 '현존하는' 경험적 형태에 대항하여 '선험적' 인 개념 그대로 그 때마다 '이성적인 것' 을 항시 관철시킨다는 것이 '현실적' 인 것으로 파악하였다. 이러한 의미에서 헤겔은 본질에 있어서 '이성적' 인 한 사회의 충실한 모습을 '시민적 경제 사회' 로 취급한 장(章)에서 서술하였다. 그것은 상이한 여러 종류의 구성부분으로 짜여졌으며 그 내용은 다음과 같다 :

① 전기(前期) 자본주의적인 '현존하는' 사회의 양상이며, 헤겔은 그 사회에 살고 있다.
② '이성적' 으로 표현할 수 있는 하나의 이상적인 모형이다.
③ 사유재산, 세 종류의 신분에의 편성[62] 및 이들의 자유로운 경쟁을 하는 모든 분업적인 경제에 있어 진실로 '필요한 notwendig' 구성부분으로 하는 사회.

그는 '국가경제학 Staatsoekonomie' 은 실증적인 경제의 범위 내에서 앞서 언급한 '필요한' 구성부분을 발견해야 할 임무가 있음을 강조하였다. 이런 경우 '필요한 notwendig' 개념은 또한 이중(二重)적인 의미로 쓰이고 있다. 하나는 '그 밖에는 있을 수 없다는 것' 과, 다른 하나로는 '만약 사회경제가 이성적으로 형성되었다면 존재할 수 있는 것' 을 의미한다. 이것은 다만 이원론자들이 '현존

---

*61 역주 여기서 현실적이라는 개념은 경험적이라는 개념으로 사용되었다.

*62 역주 헤겔이 여기서 언급하고 있는 세 종류의 신분이라 함은, 근대경제학에서 정의하고 있는 경제의 대표적인 3주체, 즉 가계, 기업, 정부로 파악하여 이해하였다.

해 있는 것' 과 '이성에 의하여 있을 수 있는 것' 의 대립으로 표현한 것에 지나지 않는다.

위에서 전개한 헤겔이라는 거장보다는 좀 낮은 지위에서 자연법에 근거해서 경제문제를 언급한 논자로서 아렌스 Ahrens, H.를 들 수 있다. 그는 「자연법 또는 법률 철학 Naturrecht oder die Rechtsphilosophie」(1846년)을 저술하였는데, 그는 위대한 철학자들의 제학설을 경제학자들의 구미에 맞게 그들의 생각에 적합하게 서술하였으므로 독창적이라고 할 수 없다. 그의 학설을 요약해 보면 다음과 같다.[63]

자연법에 기초한 학문은 인간의 본성 속에 존립하는 것으로서 이성에 의하여 이해된 법적인 여러 가지 근거들을 설명하지 않으면 안 된다. 여기서 연구되어야 할 것은 어떻게 해서 사회를 인간의 본성의 제요소와 가장 잘 조화되게 조직할 것인가의 양식과 방법에 관한 것이다. 더욱 절실하게는 안정된 변하지 않는 유일한 원리를 찾아내는 것이다. 이 원리는 사회적 질서의 다양한 기능과 제관계를 그 원리에 따라서 평가할 수 있는 하나의 확고한 규준으로서의 역할을 할 수 있는 것이다. 이러한 이념은 모든 정신 속에 원래 존재한다는 의미에서 자연적인 것이다. 정신의 이성적인 특징은 바로 이러한 이념의 표현에 있다.

'올바른 사회질서' 의 근본적인 특징은 다음과 같다.[64] 곧 '평등, 자유 및 사회성이 인간의 세 가지 근본적인 본질로 나타난다. 그 위에 이에 대응하는 자유, 평등 및 협동의 제권리가 기초를 닦는다. 평등은 같은 인간 종족의 한 성원이라는 특징을 인간에게 부여한다. 그것은 모든 인간이 본질에 있어서는 근본적으로 동

---

* 63 H. Ahrens, Das Naturrecht oder die Rechtsphilosophie, 독일어판, 1846, 3쪽 이후.
* 64 Ibid., 55쪽.

일하다는 것을 의미한다. 자유는 인간에게 개인의 활동범위를 결정하고, 인간에게 독립하여 단독으로 행동할 개인이라는 특징을 부여한다. 마지막으로 사회성은 자유라는 요소 때문에 각 개인이 분리되지 않게 모든 개인들 사이에 새로운 하나의 유대를 설정한다.[65]

'올바른 richtige' 사회는 더 한층 다음과 같은 것을 인정한다 :

① 재산 : 재산은 궁극적으로 법과 동일한 근거를 갖는다. 그것은 인간의 제 요구가 인간의 이성적인 여러 목적에서 산출되듯이, 재산은 인간의 여러 가지 요구에 의해서 형성된다는 것을 의미한다.[66]

② 상속권 : 가족에 대한 애착심의 표시 및 유지에 필요한 조건으로서 상속하게 된다는 것을 의미한다.[67]

③ 계약의 자유 : 이것은 개인의 자유의 원칙 하에서 계약이 성립된다는 것을 의미한다.[68]

이러한 사회적 합리주의는 경제학이라는 학문을 연구하는 대표자들에게도 큰 영향을 주었다. 독일의 규범경제학은 카톨릭 교리에 기초한 자연법의 신봉자에 의해서도 아니고, 18세기의 조화주의적 형이상학을 신봉하는 학자도 아닌 일반 대중 속으로 확산되어 나갔다. 그렇게도 많은 경제학자들이 '이성적 관념 Vernunftideen' 에 매달린 것은 19세기 중엽 경제학자들이 빠져들어 간 문제해

---

*65 Ibid., 228쪽.
*66 Ibid., 244쪽.
*67 Ibid., 322쪽.
*68 Ibid., 342쪽.

결의 궁핍성 때문이었다. 온갖 측면에서 사회문제는 그들에게 밀어닥쳤다. 고전 경제학은 매일 발생되는 수많은 문제에 만족스러운 해답을 줄 수 없었다. 즉, '개혁' 이 필요했던 것이다. 이래서 경제학자들은 '계몽정신' 에 근거하여 이러한 문제를 해결할 생각에 도달한 것이다. 위협받게 되는 자기문화를 쳐들어오는 적으로부터 보호하듯이, 학문에서도 이러한 침해를 막아내야 한다는 것이 그들의 생각이었다. 당시 경제학계를 지배했던 분위기에 대해서 율리우스 카우츠Julius Kautz는 그의 대표적인 저서「학문으로서의 경제학 Die Nationaloekonomie als Wissenschaft」(1857년 출간)에서 다음과 같이 설명하고 있다 : 69

"우리들은 한편으로 현대사회를 밑바닥에서부터 뒤흔들어 놓은 경제적인 온갖 큰 문제에 대한 해답을 경제학 이외의 다른 학문으로부터 찾으려고 생각하지 않는다. 또한 다른 한편으로 인류가 이미 자본주의라는 경제의 종점에 도달하였으므로 경제문제가 해결될 전망이 없다는 주장도 허용하려고 생각하지 않는다. 더욱이 더 발전된 사회경제적 모델을 도출해 낼 인간의 정신력과 자질을 의심하려 들지도 않으려 한다. 만약 현존하는 것이나 익숙해진 기성품의 복제를 원하지 않고, 또한 초기 기독교적인 명상(瞑想)주의 원리에 굴복하지 않으려면 우리들의 과학의 임무를 보다 더 광대한 범위 위에 올려놓지 않으면 안 된다. 한마디로 말하자면 경제학은 '당위적인 것' 도 가르쳐야 한다. 그것은 사회적 합리주의를 기초로 한 규범경제학이 아니면 안 된다.

한편 이러한 정신적 사유과정에 강령적(綱領的)인 요약을 발표한 경제학자인 쉬츠Schüz는 그의 논문「국민경제에 있어서의 도덕적 요인 Das sittliche

---

*69 Julius Kautz, Die Nationaloekonomik als Wissenschaft, 1857년, 397쪽 이후.

Moment in der Volkswirtschaft」(1844년)에서 다음과 같이 서술하고 있다. 경제학에 있어서는 사변적(思辨的)인 요소에도 한 지위를 부여하는 것은 타당하다고 본다. 과학은 경험과 인간적 이성의 두 인자(因子)의 결과로 성립된다. 사실적인 제관계와 도덕적인 인간 이성의 명령과 요구의 일치를 전개하는 것이 과학의 임무에 속한다고 설파하였다. 또한 그는 자연과 조응하며 또한 매우 이성적인 이상을 가지고 국민경제를 고찰하는 것을 경제학의 임무의 하나라고 설명했다.

카우츠는 '윤리적' 관점에서 경제학의 체계를 완성하려고 시도하면서 다음과 같이 서술하였다 :[70]

"경제학은 또 다른 하나의 윤리학에 의하여 보다 높은 목적을 추구하게 된다. 경제학은 존속하는 것과 존재하는 것을 완성시켜 보다 경제사회의 발전에 도움이 되는 수단이나 조건을 찾아내는 것이다. 또한 모든 분야를 보다 더 만족시켜 이성과 정의의 요구에 의하여 보다 더 잘 적응할 수 있는 재화의 분배(分配)적 역할을 하는 방도를 개척하는 것이다. 아울러 경제학은 인도(人道), 인간의 품격, 정의, 도덕, 사회적·정치적 윤리학의 변하지 않는 즉, 부정하기 어려운 필연성을 해명하여 확립하는 것을 임무로 삼아야 한다.

경제학은 부(富)에 관한 논리학과 아울러 정의, 도덕, 인도의 논리학을 기초로 삼아 취급되어져야 한다. 경제학은 경험적으로 주어진 현상을 관찰할 뿐만 아니라, 정신적으로 재생산하는 지식의 한 부문과 오히려 가치 높은 원리로서 윤리학적, 철학적 경험과학으로서 성립되어야 된다. 이러한 경제학에 대한 사상은 급속히 확산되었다.

---

* 70 Julius Kautz, op. cit., 287쪽 후반.

카우츠는 그가 살았던 시대와 그 이전의 시대에 있어 이러한 윤리학적 경제학자들의 리스트를 1857년에 작성하여 공표하였다. 이 공표에서 카우츠가 내세운 사람들 중에는 우리들이 살펴보려는 사회적 합리주의에 근거한 고전학파의 대표적인 경제학자가 들어 있지 않거나, 오히려 규범경제학파에 속하지 않는 경제학자가 실려 있기도 하다.

카우츠가 정리하여 공표한 국가별 주요학자들의 명단은 다음과 같다 :[71]

- 이탈리아 학자 : Fr. Fuoco, Gioja, Scialoja, Trinchera, Bianchini, Boccardo, Rusconi, Romagnosi, Genovesi, Savarese ;
- 독일 학자 : Soden, Ad.Mueller, Schmitthenner, Baumstark, Schuetz, Hildebrand, Roscher, Uhde, Mischler, Rau, List, Schoen, Knies, Rossbach, Mohl, Schulze ;
- 영국 학자 : McCulloch, Scrope, Chalmers, Whateley, J. S. Mill, Warren, Whewell ;
- 프랑스 학자 : Droz, Blanqui, Dunoyer, Chevalier, Villeneuve, Ott, Demetznoblet, Garnier, Aubry, Destutt de Tracy.

이 목록은 확실히 잘못 되었다. 물론 다수의 경제학자들이 카우츠가 정리한 목록에 포함되어 있는 것은 사실이나, 사회적 합리주의에 근거하여 경제현상을 설명한 고전학파가 일부 빠져 있다. 그 중에 대표적 학자를 꼽는다면, 당연히 튀넨Thunen. J. H(1783~1850)을 들 수 있다. 그는 사회적 합리주의에 근거하여 규범경제학의 입장을 정리한 탁월한 경제학자이다. 그에 의하면 경험을 원용하는 대신, 이성의 기초 위에 세운 법칙을 입증하였다. 과학으로서 경제학의 임무는 오직 단

* 71 Ibid., 329쪽 후반.

순한 경험에 의한 역사의 경과에 의거하는 것이 아니라, 이성에 의하여 진리와 목적을 탐구하여 인식하는 것이다.[72]

그에 의하면 "경제학자들은 임금을 자연에 적합한 것으로 생각하여 노동자들에게는 하늘의 뜻에 의하여 생계를 유지한다는 결론을 내렸으나, 사회주의자들은 그들도 인생의 향락과 교양을 요구함에 따라서, 경제학이 사회주의의 원리를 받아들여 자연에 적합한 임금에 대한 인간들의 결정을 재검토할 문제로 남게 되었다"[73]는 것이다.

그래서 튀넨은 사회적 합리주의에 조응하는 방법을 논술한 내용에서 공정하고 올바른 임금을 공식 표시하였다. 이 공식의 a는 수요를, p는 4명의 노동가족의 산출물을 의미한다. 이 밖에도 카우츠가 발표한 리스트에는 사회적 합리주의에 근거하여 규범경제학을 정립한 뛰어난 학자 일부가 빠져 있다. 그 중 대표되는 몇 명의 학자를 열거하면, 쁘르동P. J. Proudhon(1809-1865)[74] 과 로드베르투스Karl Rodbertus(1805-1875)[75]를 들 수 있다. 이 밖에도 연구저서가 발간되지 않아 카우츠가 고려하지 않은 학자 중에는 같은 방법론에 기초하여 경제학을 연구한 고전학파로는 밍헤티M. Minghetti[76]와 보드리아르H. Baudrillart[77]를 들 수 있다.

---

* 72 Johann Heinrich von Thuenen, Der isolierte Staat in Beziehung auf Landwirtschaft und Nationaloekonomie, 제1편, 1826, 제2편, 1850.
* 73 Ibid., 192-193쪽.
* 74 P. J. Prroudhon, Systeme des contradictions economiques, 2 Vol. 1846.
* 75 Karl Rodbertus, Zur Erkenntnis unserer soziale Zustaende,1842 ; Soziale Brief an v. Kirchmann, 1851-1852 ; Der Normalarbeitstag, 1871.
* 76 M. Minghetti, Dell' economia pubblica e delle sue affinenze colla morale e col diritto, 1859, 제2판, 1868.
* 77 H. Baudrillart, Des rapports de la morale et de l'economie politique,1860.

6장 규범경제학의 인식방법

1. 규범경제학의 기초 작업

규범경제학에 있어 독특한 인식목표로서 우리들은 '있어야 할 당위적인 것 Seinsollen'을 인식하게 되었다. '존재'와 '당위'는 규범경제학을 강조하는 학자의 견해에 따르면 동일한 인식의 대상이나, 다만 문제는 존재와 당위를 어떻게 인식하는가의 인식하는 방법의 문제로 이해한다.

문제는 실천적인 태도를 어떻게 하려는 요구를 내세우려는 것이 아니며 경제에 있어서 '좋은 것'과 '나쁜 것'을 구별하기보다는 오히려 '올바른 것'과 '틀린 것'을 의식적으로 어떻게 식별하느냐를 인식의 문제로 삼는다.

이와 같이 인식문제에 있어 높은 목표에 도달하려고 노력한 경제학자 중에서도 특히, 이러한 목표달성을 정당화하기 위해서 시도한 사람은 소수였다. 대체로 이런 문제는 철학자들이 하는 것으로 알았고, 철학자들이 이와 같은 인식문제를 정리해놓으면 경제학자들은 그에 따르기만 하면 되는 것으로 인식했다.

사실 지금까지 이와 같은 '특이한' 목적설정의 필연성이나 그런 것을 허용하는 것은 주로 철학자들의 임무로 인식해 왔다. 여기서 '특이한' 것이라고 표현한 것은 누군가가 해야 할 일을 '과학적' 인 방법에 의해서 올바르거나 틀렸다는 것을 결정해야 한다는 입장에서 고찰할 때, 주관적인 선입견에 사로잡히지 않을 지적능력에 의해서 인식문제를 판단한다는 것을 전제로 함을 의미한다.

그러나 건전한 인간의 오성(悟性)으로 불리는 '인간의 선입견에 사로잡히지 않을 지적능력' 이란 개념으로 과학적인 문제를 해결할 경우에는 일체의 선입견을 버리고 문제의 고찰에 진지하게 접근해야 한다. 인식의 목표인 '당위계 Soll-Sphaere' 를 인식의 영역으로 끌어 들어야 할 근거라고 할 수 있는, 또는 그렇게 할 수밖에 없는 도리로서의 필연성에 대해서 그 옳고 그름을 판단할 근거로서 다음의 네 가지 논증을 제시하려고 한다. 그것은 논리학적인 논증, 인식론적인 논증, 본질론적인 논증, 그리고 실용주의적인 논증으로서 이러한 순서에 따라 다음에서 설명하려고 한다.

논리학적 논증이란 다음과 같다 : 경제는 인간 행동의 범위 안에 있다. 모든 인간의 행동은 규범에 종속되고 가치판단에 의거하여 행동한다. 그러므로 경제학은 이런 행동규범과 가치판단을 행동관찰 범위 안에 넣으려고 한다.

슈몰러Schmoller는 한 개의 못이라도 윤리학에 의하지 않고는 벽에 못을 박을 수 없다고 말했다. 이래도 경제학이라는 과학에 윤리적인 생각이나 행동을 배제할 것인가를 반문하였다.[78]

경제학은 경제의 자연법칙이 윤리학의 명령과 규범하에 있기 때문에 윤리적 과학이라고 할 수 있다. 경제와 도덕은 서로 제약하면서도 또한 서로 상호 의존

---

*78 Gustav Schmoller ueber die Arbeiterfrage in den "Preussischen Jahrbuechern" XIV, 1864, 418쪽, 536쪽.

하고 있으므로 경제적 손해를 일으키는 비도덕적인 행동은 전제하지 않기 때문에 경제와 도덕은 밀접하게 관련되어 있다.

이와 같은 주장을 구스타프 콘Gustav Cohn은 다음과 같이 논증하고 있다.[79]

윤리학이 행동하는 이성(理性)을 서술하는 것이라면, 인간 행동의 한 단편을 윤리학에서 분리한다는 것은 부분을 전체에 대신하려는 그릇된 견해일 것이다. 경제적 행동이 이성적 행동의 범주 안에 속해 있다면 그것은 필연적으로 윤리학의 일부분이라고 할 수 있다. 모든 존재하는 행동은 그 전에는 그렇게 되기를 바랐던 당위에 속하는 것이었다. 존재하는 것을 논한다는 것은 지난날에 당위에 속했던 것을 논하는 것이다.

당위에 속한 것에 대하여 판단을 내리는 한 순간에서 미래에 어떻게 되어야 한다는 토의는 불필요하다. 사람들은 가능하다고 생각하지 않았던 것을 현재에는 실현되고 있음을 볼 수도 있다. 그것은 누군가에 의해서 가능하다고 생각했던 것임에 틀림없다.

'가치판단을 배제한다' 는 개념으로 설명되는 객관적인 경제학은 존재할 수 없다. 경제적 현실이나 경제적 생활의 존재는 그 전에 그렇게 되기를 생각했던 당위의 인과적 관계에서 파악되어야 한다.

원인이 될 주관적인 가치판단에 근거하여 상대적인 관계인 경제적 생활의 여러 사실들이 '경제적인 현실' 로 나타나는 것이다.

루돌프 슈탐러Rudolf Stammler의 저서인 「경제와 법률 Wirtschaft und Recht」(1896년)에서도 사회의 구조는 논리적 필연성을 지니고, 경제적 생활에 대한 목적설정과 주관적인 요구들은 당위에 속하므로, 당위에 의한 가치판단으로 경제

* 79 Gustav Cohn, Grundlagen der Nationaloekonomie, 1885, 72쪽 후반.

적 현실이 가능해진 것이라고 생각하는 사상이 바로 규범경제학이 필요해진 바탕을 이루었다.

오성(悟性)이란 인식 능력에 의하여 '있어야 할 당위'를 올바르게 인식할 수 있다고 가치판단의 근거를 제시한 위의 4가지 논증 중에서 다음으로 '인식론적인 논증'은 주로 칸트가 주장한 '실천이성'에 의하여 '자명적(自明的)인 선험(先驗)에로의 환원'이 가능하다고 믿는 이론으로 설명할 수 있다. 슈탐러의 '논리적 필연성'의 이론도 이에 속한다고 볼 수 있다.

칸트의 '실천적 이성'의 논증을 이용하여 '당위계'가 경제학의 연구범위에 속한다는 의견이 확산되면서 프리다 분더리히Frieda Wunderlich의 저서「생산성 Produktivität」(1926)에서도 경제학에 규범적 형성이 필연적이라는 논증을 시도하게 되었다.[80]

'본체론(本體論)'은 인식의 대상인 있는 그대로의 실재(實在)와 있어야 할 당위(當爲)를 동일한 인식수단으로 삼고 올바르게 파악하려는 스콜라 학파의 논증에서도 나타나 있다.

그들의 이론에 따르면 어떠한 존재의 범위에서 본질적인 존재(Sosein)와 우연적인 존재(Dasein)는 구별된다. 본질적인 존재는 실천적인 지(智)의 완성된 존재로서 모두가 희구하는 '완전', '선', '진'이라는 대상의 가치를 포함한다고 하였다.

그들의 이론에 의하면 '진(眞)'은 선(善)한 것이고, '선'한 것은 진한 것이다. 진한 것과 선한 것은 인식의 대상이므로 과학의 대상이 될 수 있다. 그러므로 규

*80 Frieda Wunderlich, Produktivitaet, 1926.

범경제학은 경제에 관한 과학으로서 평가된다.

성(聖) 토마스H. Thomas는 "실천적인 지(智)는 진리를 인식하고, 인식된 진리를 행위로 실현시킨다"고 하였다. 이 말에 따라서 19세기 스콜라 철학을 다시 일으킨 자들은 경제학의 임무로서 규범적 과학으로서 가치판단의 기초를 다졌다.

스콜라 학파 중 '본체론'의 대표자로서 요하네스 해슬레Johannes Haessle를 들 수 있는데, 그는 스콜라 철학에 기초한 경제학의 필요성을 주장하였다.[81] 슈판, 오트흐마의 논증에서도 스콜라 학파에서와 마찬가지로 '완전성'의 개념에 의하여 존재와 당위의 동일성을 주장하고 있다. 스콜라 학파는 존재하는 것의 성격(ethos: 윤리성)을, '모든 존재물은 그 자신 안에 초감성적인 본체[82]와 바라는 가치가 그 사물의 질적 내용으로서 이미 포함되어 있다'고 하였다.

모든 존재는 그렇게 되기를 바라던 당위가 실현된 것이므로 존재하기 이전의 공허한 존재가 아니라 이미 당위(當爲)의 존재로서 전체성의 의미에 충실한 존재라는 '완전성 perfectio'의 개념에 의하여 존재하게 된 것이므로, 곧 당위에 근거한 완전성의 기초 위에 존재양식이 형성되었다고 말했다. '완전성'의 개념에서 도출된 당위, 타당, 가치들은 전체성의 사실내용인 객관적 기준에 완전하게 나타나는 '사물자체의 완전성의 요구를 실현하는 객관적인 당위'라고 논증한다. 즉, 이 경우의 당위는 주관적인 임의적 당위가 아니라는 것이다. 결정적인 것은 주관적인 희구, 의욕, 인식 이전에 이미 대상물에 주어진 완전성, 당위, 전체성의 객관적 기준을 실재의 사물 안에 갖고 있는 것이라고 주장한다. '본체론'적인 논

* 81 Joh. Haessle, Das Arbeitsethos der Kirche nach Thomas von Aquin und Leo XIII. Untersuchung ueber den Wirtschaftsgeist des Katholizismus, 1923.
* 82 역주 초감성적 본체라는 개념 속에는 사물의 실체, 인간의 천성, 본원적인 규범 등의 내용을 포함하고 있다.

증의 요지는 '실재하는 것은 당위였던 존재' 라는 것이다.

있어야 할 당위의 인식 가능성을 다음과 같이 증명하는 것을 실용주의적 논증이라고 한다. 경험적 현실의 존재 속에 '그렇게 될 당위' 가 이미 예정되어 있는 것과 인식하는 존재 속에 '있어야 할 당위' 의 인식이 함께 파악되는 이상, '있어야 할 당위' 의 내용으로 '그렇게 될 현실' 의 존재형태에서 도출하여 과거에 있어야 할 당위를 인식할 수 있다.

사람들은 경제생활이 보이는 여러 가지 경향에서 그렇게 될 당위로서의 규준을 도출하려고 시도하여 있어야 할 당위의 올바른 것을 인식하게 되었다.

프리드리히 고틀Friedrich, v. Gottl은 올바른 경제의 통찰을 위하여 이와 같은 방법을 거쳤다.[83] '합리성' 을 전제로 운영되는 경제는 존재한다는 의미에서 당위에 근거한 합(合)존재적인 경제라고 볼 수 있다. 이 합리성을 올바르게 이끌어낼 수 있는 당위는 현실 속에서 찾아내야 한다는 것이 실용주의적 논증의 주장이다.[84]

2. 비판

규범경제학의 인식의 대상인 존재와 당위의 인식, 윤리적 가치판단과 규범과 학으로서의 규범경제학의 의미와 의의에 대하여 그 정당성을 강조하려면 규범경제학의 필연성, 합목적성, 가능성이라는 3개의 문제를 고찰해야 한다. 규범경제학은 인간행동의 규범과 가치판단을 내려야 할 필연성의 기초를 구축하는데 있어 학자들 사이에는 다양한 가치판단의 혼동 때문에 논리학에 근거하여 규범

---

* 83 Friedrich v. Gotttl, Bedarf und Deckung, 1928, 98쪽.
* 84 Ibid., 131쪽.

경제학은 논증력이 없음이 이미 드러났다. 규범경제학을 어떻게 정립해야 할 것인가의 합목적성의 문제는 여기서는 제외하고, 규범경제학을 어떻게 해서 정립할 수 있는가의 '가능성' 의 문제만을 주로 검토해 보기로 한다. 그러기 위해서는 규범경제학과 관계가 있는 사실내용을 현상학적으로 정밀하게 파악할 필요가 있다. 규범적 과학으로서의 규범경제학은 '올바른 행동' 의 결단에 있어 가치를 우위에 두는 판단을 기초로 구축해야 한다. 그렇게 하기 위해서는 실천적인 규준의 판단에 있어서 올바른 '최고의 목적' 설정과 실천하는데 있어서 '가장 심오한 가치 판단' 이 필요하다. 이 '최고의 목적설정과 가장 심오한 가치판단' 과 목적과 가치체계에서 최고한계에 달하는 초월적(超越的)인 가치판단을 문제로 분석되어야 한다. 이것은 올바른 행동을 결정할 단계에서 눈에 드러나지 않는 절대성을 요구하게 됨을 의미한다.

우리들은 경제적 행동에 있어서 이와 같은 결정을 어떻게 가능하게 할 수 있는가가 문제이다. 과연 규범경제학이 전제하는 이러한 초월적인 것에 도달할 가능성을 논증할 수 있겠는가?

자본주의는 개인적 자유와 개성적 능력의 가치를 보다 잘 보장하는 경제체제이기 때문에 가치가 있다고 한다. 개인적인 자유와 개성적 능력의 가치란 것은 '인간생활의 가치' 를 결정하는 것과 관련된다. 인간답게 살기 위한 '양질의 인간생활' 이란 가치는 초월적인 것이 된다.

경제현상에 대한 모든 가치판단은 경제생활의 모든 '올바른' 형태의 관념을 전제로 하는 것이므로 이러한 '올바른 경제' 는 최고의 목적을 향해서 실천하는 인간의 행동에 의해서 달성된다.

그러나 사람들이 생각하고 말하는 '최고의 목적' 이란 항상 외부적으로 존재하는 경제의 다른 상태와 비교한 관념상의 상대적 가치에 의거해서 규정되는 것이지 독립적으로 설정할 수 있는 최고목적인 즉, 내부적 경제의 절대적 가치로서 존재하는 것이 아니다. 또한 최고의 생산성, 최선의 국민복지, 최대의 기업성과 등의 가치문제도 마찬가지이다.

규범과학으로서의 규범경제학이 가정할 수 있는 최고의 목적 달성 문제는 궁극적으로는 경제외적인 결정에 의하여 규정된다는 것을 분명하게 밝히고자 한다. 즉, 최고의 목적과 가장 심오한 가치의 규정은 인간의 견해에 의한, '경제외적인 결정'의 경우에는 가능성이 있는 것이나, 주관적인 전체의 가치체계상의 경제의 내적 결정에 의한다는 것은 현실적으로 가능성이 없다. 당위를 추구하는 목적에 따라서 사회적 이상은 경제의 체계 내에서 '초월적'인 절대적 가치추구를 지향하게 된다. 곧 이상적인 최고의 목적인 절대가치를 실현하는 수단에는 여러 가지의 가능성이 존재한다. 수많은 가능성 중에서 올바른 경제생활을 형성하는데 있어서 '올바른 경제'의 가치인식에는 최고 가치를 어떠한 인식방법의 수단을 통해서 인식할 것인가가 문제이다.

여기서는 경험한 지식과 자명(自明)한 지식의 도움을 받으면 이러한 가치인식이 가능한가를 고찰해 보기로 한다. 규범경제학자 중에는 가치판단의 기초를 확실하게 구축하기 위하여 '경험적 지식 Erfahrungwissen'의 도움이 요구된다고 주장하는 이도 있다. 그러나 시간과 공간 중에 실현되는 경험적 지식을 사용하여 인간이 경험할 수 있는 행동에 인간의 최고 목적을 도출하려는 시도는 실패할 수밖에 없다. '최고의 목적'이란 가치는 인간이 규정한 인식의 문제이기 때문이다.

목적하는 가치를 인식하는 가능성을 증명하는 실용주의적 논증에서는 경험하는 존재 속에 이미 그 이전에 목적으로 설정했던 당위 가치가 지금의 목적으로 하는 존재가치와 함께 인식하는 것이 가능하다고 하였다. 그래서 인간은 경제생활의 현실적 가치의 제 경향 속에서 목적했던 당위가치의 규준을 도출해낼 가능성을 시도했던 것이다. 이것은 '합존재적' 인 경제로서 경험지식에 그쳤을 뿐, '합이성적' 인 경제에는 다다르지 못했다는 한계가 있다. 곧 경험지식으로는 실용주의적 논증이 성립되지 않는다는 것이다.

다음으로 목적가치의 인식에 있어서 자명한 지식으로 인식이 가능한가를 고찰하려 한다. '자명한 지식 Evidenzwissen' 이란 상태의 필연적인 존재나 필연적인 당위를 통찰한다는 뜻이다.

여기서 '필연적인 존재' 란 그렇게 될 수밖에 없는 실제로 존재하는 상태이고, '필연적인 당위' 란 마땅히 그렇게 되어야 할 목적으로 삼는 상태를 의미한다.

'올바른 경제' 즉, '최고의 합목적 가치를 실현시키는 경제' 를 결정할 가능성이 있는가 하는 문제는 어느 특정한 경제의 필연적인 현상을 자명한 지식으로 인식할 수 있는 가능성을 증명할 수 있는가의 문제로 귀결된다. '본체론적 논증' 을 신봉하는 학자들은 '자명한 지식' 으로 논증을 시도했던 것이다. 그들은 목적하는 '선', '이상' 을 '필연' 으로 인정하려 했고, 당위를 가장 중요시하여 경제현상을 규정하려고 했다. 그러나 슈판, 오호트마 등은 자명한 지식의 틀 안에서 제한된 본체론적 논증으로 경제문제를 설명하는 것을 반박하였다.

'가장 좋은' 경제형태를 탐구하는 것이 올바른 경제학의 임무라고 하였다. 올바른 경제라고 불리는 '보다 좋은 상태' 와 '가장 좋은 상태' 의 두 가지 결정 중에서 더 이상의 우위가 없는 '보다 좋은 상태' 가 가장 좋은 상태라고 판단하는 것이 당연한 이치임은 자명하다. '보다 좋은 상태' 는 수없이 많이 있을 수 있으므로 스콜라 학파들은 목적의 가치인식에 있어 모든 사람들의 경험적인 지적 능력에 의해 형성된 오성(悟性)을 통해 '궁극적 목적 fimis ultimus' 을 궁극적인 최고의 목적으로 정리한 것에 의해서 증명될 수 있다고 주장하였다.

이들의 유일한 최고의 목적이라는 주장은 이성적으로 초월적(超越的)인 내용을 규정한 '필연적' 인 것이 못되므로 경험적 지식 이외의 자명한 지식의 기반을 갖지 못할 뿐더러, 따라서 유일한 최고의 목적이 될 수 없다. 따라서 이러한 주장에 의해서는 유일한 최고의 목적이 성립될 수 없기 때문에 본체론의 논증은 그리스도교적인 신(神)적인 체계에 불과할 뿐, 이러한 신앙을 스콜라 학파의 '영원한 법칙 lox aeterna' 으로서 논리학적인 사유(思惟)의 필연성에 포함시킬 수는 없다.

프리드리히 고틀도 올바른 경제를 인식하기 위하여 경험지식 이외에 자명한 지식을 사용하였다.

그는 국민경제의 형태가 그의 이념을 실현할 수 있는 경제체제로서 규정할 수 있다고 믿었다. 그가 주장한 것은 모든 국민이 보다 많은 재화를 이용하여 가장 촉진적인 공동작업방식에 의하여 풍부한 생계를 충실히 실현할 수 있다는 가능성을 제시한 것이다. 이 말에는 질적으로나, 양적으로나, 또는 경제체제나 생활상태에서 목적설정이 너무나 다종다양한 가능성이 있음을 의미하므로 일의적(一意的)이고 자명한 명제로서 규정될 수 없기 때문에 '최고 목표' 라는 실현가능성이 성립될 수 없다는 것이다.

한편, 올바른 경제의 가치판단을 인식론적인 논증을 원용(援用)함으로서 자명하게 논증하려는 사람들도 있다. 바로 칸트 Kant, I.의 논증이 그 것이다. 이 견해는 칸트 자신이 반박할 수 없는 논거에 의하여 정당하다고 증명하고 있는데, 선험(先驗)지식을 전제로 삼고 있다.

칸트는 인간행동의 최고의 법칙에 관한 중요한 부분에 대해 다음과 같은 주장을 내세우고 있다.[85] 인간이나 이성적(理性的)인 존재물은 그 자신을 '수단' 이 아니라 '목적' 으로서 이성적 존재 속에 규정하였다. 신앙심이 깊었던 그리스도 신봉자들이 인간을 신의 의지를 실현할 도구로 보고, 인간을 신이 사용할 수단으로서 유용하다고 이해하였던 것과는 다른 주장을 하였다.

인식론적 논증에서는 그 확증하는 내용에 다른 어떤 가능성도 허용하지 않을 일의적인 것이라야 최고의 법칙으로 인식할 수 있는 것인데 비해, 칸트가 규정한 것처럼 확증한 내용에 선험적인 주장을 포함시킬 경우에는 일의적인 확증이 못되므로 논증이 성립되지 못한다고 칸트는 지적하였다.

칸트는 선험적인 주장으로서 네 가지 의무의 내용을 규정하여 인식의 기초로 포함하도록 제시하였다. 그 네 가지 의무란 생명유지와 희생(犧牲)적인 죽음, 금전반납의 의무와 보편적인 사랑과 공산주의(共産主義), 유용한 취업 의무와 부유한 축재자, 자선의 의무와 사회주의적 요구 등으로서 이러한 것들은 선험적인 주장이 아니므로 인식의 기초로 삼을 수 없게 되었다고 지적하였다.

이상으로 '올바른 경제' 는 경험지식의 원조에 의해서도, 자명한 지식의 원조에 의해서도 발견되지 못함을 고찰해 보았다. 따라서 앞으로 그 가능성을 모색해 볼 과제로 남게 된다.

3. 규범경제학의 가능성

그렇다면 과연 소위 '올바른 경제' 는 어떠한 인식하에서 정립이 가능한가? 규범경제학을 올바른 경제로 이해하는데 있어 문제가 있는가? 이러한 질문에 대답

*85 Kant, Metaphysik der Sitten, 제2편.

하기 위해 우리는 올바른 경제에 관한 개념을 보다 명료화할 필요가 있으며, 그것과 관련하여 규범경제학을 설명할 필요가 있다. 일반적으로 경제학에서 규범경제학을 구성하는 세 구성 부분으로는 첫째, 최후의 가치에 대한 통찰, 둘째, 목적을 실현하기 위한 올바른 수단의 인식, 그리고 셋째로 올바르게 행동할 의지에 대한 실행의 문제를 들 수 있다. 그러나 세 번째 구성요소는 인식 문제를 포함하지 않고 있으므로 제외하고, 두 번째 구성요소는 인식 문제이기는 하나, 역시 사실을 기술하는 문제에 속하기 때문에 제외하며, 여기서는 첫째 부분의 인식 문제만을 취급하려고 한다.

그것은 최후의 가치를 통찰한 인식방법이 존재하는가의 문제를 확정하는 일이다. 인식의 종류의 하나인 과학적 인식에 속하는 경험적 지식에서나 자명한 지식에서도 최후의 가치를 통찰할 인식방법이 있을 수 없다는 것은 이미 입증하였다. 막스 쉐러Max Scheler는 많은 영역 중에서 고유한 생활양식에 상응하는 진리를 담고 있는 고유한 영역을 인식할 수 있다는 것을 제시하였다.

진리를 인식하는 방법에는 오성에 의한 인식 Vertamdeser Kennen 과 아울러 감성과 의지에 의한 인식 Gefuehls-und-Willens Erkennen 이 있다. 그리고 존재를 인식하는 접근 방법으로는 논리적, 미학적, 사회적, 종교적, 철학적인 제(諸)기능으로 인식이 가능하다는 것을 이해할 수 있다. 그 중에서 철학적 기능은 인식의 대상이 과학적으로 증명할 수 있는 사유(思惟)가 아니라 형이상학적 개념의 진리를 인식하려고 하는 것이다.

빌헬름 분트Wilhelm Wundt는 실증주의자의 견해에 따라 개별과학에서 제공된 인식을 통합하여 형이상학의 체계를 정립하려고 노력했다.[86] 또한 지그바르트

*86 W. Wundt, Einleitung in die Philosophie, 19쪽.

Sigwart와 하인리히 마이어Heinrich Maier 같은 사상가들은 형이상학에 대하여 범주(範疇)화 되어 있고 체계화되어 있는 현실을 초월하여 발생할 수 있는 현상을 설명하는 것과 세계의 실제적 현실의 형식적 구조를 작성하는 것을 임무로 삼았다.[87] 이들은 형이상학에 대응하는 진리를 인식하려는 학자들이라고는 하지만, 형이상학의 과학적 성질을 저버리지 않고, 과학에 대한 개념을 '형이상학적인 현실철학이라고 하는 것은 결국 현실과학이다. 과학의 타당한 기준에 맞지 않는 것은 거절한다' 고 과학적인 분석의지를 언급했다.[88]

경제학에 있어 과학의 필요성을 강조하려는 이 학파들은 초월적인 사물에 대한 내용적인 진리는 경험적 지식이나 존재하는 지식의 한계를 넘어서 과학적인 가치를 받아들이지 못하므로 세계 현실의 의미 내용을 파악하려는 철학을 '개념적인 소설' 이나 '세계의 창작' 이라고 비꼬면서 거부하였다.

순수 철학에 있어 인식의 대상은 경험을 초월하는 초월적인 것이기 때문에 인식에 있어서 과학을 초월한 초월적인 것이다. 형이상학에 속하는 철학의 특성은 인식하려는 사람들이 바라는 목표로서의 절대물의 인식, 세계의 의미 추론에 의하여 규정된다. 막스 쉐러는 '철학을 유한한 인간의 인격의 핵심으로서 있을 만한 본질적인 Aktus' 라고 표현하고 있다.[89] 형이상학과 같은 의미를 가지고 있는 철학은 이와 같은 본질적인 특성 때문에 다음과 같은 인식방법의 특징을 지니게 된다. 철학적 지식은 신앙, 사람, 존경 위에서 구축된다. 이는 인간이 생활하고 있는 현실세계의 밖에 철학이 탐구하는 또 다른 본질세계가 존재한다고 인식함을 의미한다. 순수철학은 초월적인 본질적 세계의 현실성을 자명한 것으로 전제

* 87 H. Maier, Wahrheit und Wirklichkeit, 1926, 564쪽 후반.
* 88 Ibid.
* 89 Max Scheler, Vom Wesen der Philosophie in der Zeitschrift 'Summa', 1917.

하고 초감성적으로 그 본질에 대한 인식의 가능성을 믿고, 오성의 범주 하에서 논리적으로 인식할 수 있다는 것이 선험적인 형이상학의 인식론적 특징을 가지고 있다.

이러한 관점에서 철학적 인식의 특성을 다음의 세 가지로 요약하여 제시할 수 있다.

첫째, 철학적 인식은 인격과 결부되어 있다. 철학의 대상인 모든 사물에 대한 세계의 진리는 누구나 모두 발견할 수 있는 것이 아니라, 선발되거나 혜택 받은 자에게만 통찰이 가능하다. 철학적 지식은 신의 계시에 의하거나 직관이나 예감에 의하여 한정된 범위 안의 인격과 결부되어 오성의 범주에서만 파악할 수 있는 것이다.

둘째, 철학적 지식은 특유한 가르침에 의하여 전달된다. 지식을 가르치는 자가 배우는 자에게 전달하는 가르침의 형식은 행동을 보고 따르도록 설복한다. 철학적 지혜는 제시될 뿐이므로 같은 마음, 같은 기분, 같은 경향의 사람들 끼리에게만 전달될 수 있다. 그 때문에 철학적 지식은 함께 철학을 하는 사람들에만 통하는 것이지 무지한 대중에게는 전달할 수 없다. 그러므로 철학자의 제자는 좁은 범위로 한정된다. 이러한 상태를 란스베르크Paul Landsberg는 '누구에게도 말하지 말라, 오직 현자(賢者)에게만!' 이라고 지적하였다.[90]

셋째, 철학적 인식이란 무한한 절대물의 한 특정부분만을 대상으로 하고 있다. 철학적으로 인식할 절대적 사물이란 임의의 어떤 특정물이 아니라 철학자의 심상에 나타난 '사고방식의 한 전형(典刑)' 이다. 무한한 '절대적인 본질' 에 기

---

*90 Paul Landsberg, Wesen und Bedeutung der Platonischen Akademie ; Eine erkenntnissoziologische Untersuchung, 1923.

초를 두고 철학적으로 인식하도록 가르친다는 것은 가르치는 철학자의 심상에 나타난 절대적인 본질의 한 단편을 배우는 철학자의 심상에 그대로 객관적인 존재로서 재현시키도록 사고방식을 전달하는 것이다. 그러므로 철학자는 각기 달리 파악한 본질의 전형적 종류에 따라서 같은 사상(思想)의 절대적 세계의 다른 단편의 모습을 다른 말로 나타내 주고 있다.

라이프니츠Leibniz는 "하나의 동일한 도시를 보면서도 여러 다른 측면에서 본다면, 그 도시의 실체(實體)는 무한히 많은 세계로 다르게 보인다. 이 많은 세계란 그 본질적인 실체를 철학적으로 인식할 수 있는 사람에게는 객관적인 오직 하나의 본질적인 실체를 인식할 수 있겠지만, 각기 다른 입장에서 조망하는 많은 사람들에게는 시가지의 다른 겉모습의 일면만을 각기 바라본 것에 지나지 않는다"고 지적하였다.[91]

이러한 이유 때문에 철학자는 전체와 부분, 본질과 겉모양의 인식에 있어서 상대성을 인식한다. 철학적 지식은 초월적인 세계와 그 내용의 객관성을 인식의 대상으로 삼고 있으므로 피상적으로 총체의 어느 단편만을 관찰하느냐, 절대적인 총체의 객관적인 본질을 인식하느냐에 따라서 철학자의 인식 방법의 입장이 달라진다. 이에 대해 딜티히Dilthey는 이렇게 언급하고 있다: "철학에 대해서 '합목적적이고 본질적인 보편타당성'을 인식하려고 요구한다면 그것은 철학적 지식의 절대성에 대한 필연적인 상대주의를 잘못 인식한 요구일 것이다"라고 하였다. 이렇게 철학의 절대적인 총체와 부분에 대한 인식의 상대성은 본질과 겉모습의 상대성을 망각해 버린 철학의 특징을 제대로 인식하지 못한 즉, 철학의 본질 속에는 결코 있을 수 없다는 것이다.

*91 Leibniz, Monadologie, Satz 57.

규범경제학자들이 '올바른 경제'를 밝히려고 과학적으로 탐구하려는 시도를 하였으나 결국에는 '최상의 경제'를 찾아내려는 '절대적인 가치'에 기초하는 형이상학을 인식하는 길로 들어서고 말았다. 규범경제학자들은 이러한 형이상학적 가치가 객관적으로 타당하다는 것과 어떤 주관성에 의해서도 그의 존립이 위협을 받지 않는다는 것을 확정적으로 인정하게 되었다. 이에 대해 카시러E. Cassirer는 겸허한 모습으로 이렇게 표현했다: "가치란 신이 마련한 그대로 화폐를 만든 자가 주조한 것을 인간의 오성(悟性)으로 다만 그것을 보고 서로 교환할 수 있는 금화로서 사용가치와 교환가치의 객관적인 당위를 인식한다는 것을 의미한다."[92]

이러한 가치를 전제로 하는 한, 과학은 존재하지 않는다. 가치는 초월적인 것에 의거하기 때문에 가치의 철학이 있을 뿐이라고 하였다. 모든 선험적인 가치에 대해서 인간에게는 느끼고 즐기며 결국엔 사랑과 미움이 쌓이는 가치의 인식과 그러한 가치현상이 나타난다는 것이다. 이러한 가치의 인식은 모든 인식할 수 있는 지식, 사유(思惟)와는 크게 달라 유일하게 가능한 특수 기능과 행위 속에 성립되는 본래 모습 그대로의 현상(現象)인 것이다. 이러한 현상적 본체는 현실에 의존하는 것과 그 질서를 원용해서 형이상학적으로만 설명할 수 있을 뿐이다.

우리들이 철학적으로 인식한 본질적인 문제로서 규범경제학에서 고찰한 '가치판단'의 몇 가지 명제를 열거할 수 있는데 이는 다음과 같다 :

사람은 자신의 오성에 의하여 인식된 것만으로 남에게 강제할 것이 아니라, 그 사람의 인격에 결부된 총체적이고 본질적인 최상의 진실한 가치를 인식해야 한다. 철학적인 지혜의 가치는 철학적 소양이 있는 사람에게 직관되는 것이므로

---

* 92 E. Cassirer, Das Erkenntnisproblem, 1911, 58쪽.

상대적으로 같은 생각과 같은 심정을 가진 사람들끼리 그 인격의 역량에 의하여 서로 받아들여지고 전달된다. 철학적인 가치는 합리적으로 주장하려는 정당성에 의해 나타나는 것이 아니라 그 사람의 덕을 사모하고 그 가르침을 받들고자 그 사람에 대한 사적인 고려가 궁극에 달할 경우에 철학적인 가치는 최고로 나타나는 것이다. 최고의 가치를 실현하기 위하여 필요하다면 생명을 바칠 수도 있다. 그러나 가치의 정당성을 증명하기 위해서 목숨을 바친다는 것은 오성에 의하여 가치판단을 과학화하려는 좁고 낮은 인식의 범위에 머물러 있기 때문이다. 신의 계시에 따르는 종교적 진리와 종교적 교의론(教義論)을 오성에 의한 과학으로 증명하려는 무모한 짓과 마찬가지로, 형이상학적으로 기초가 구축된 경제외적인 철학적 가치를 과학적으로 평가하려는 것은 합리주의적 스콜라 학파나 계몽운동의 낡은 편견에 지나지 않는다. 초월적인 가치와 그 가치판단은 경험적 지식이나 자명한 지식의 영역밖에 있는 것이다. 오히려 철학적 또는 종교적 인식의 범위에 속한다고 인식해야 한다. 이러한 이해는 경제학에 대한 '가치판단'에 관해서도 등한시할 수 없는 문제이다.

규범경제학의 특징에 관해서 이미 문제가 되었던 것처럼, 규범경제학은 과학이 아니라 형이상학이라는 것이다. 형이상학과 과학이 일치할 수 없을 경우, 규범경제학에서도 허용할 수 없으므로 앞으로 과학적 경제학의 사고 방법을 서술할 경우에는 철학과 과학의 가치판별에 대한 인식을 보다 충분히 하여 경제학을 이해할 경우, 이러한 문제는 바로 잡을 수 있을 것이다.

7장 근대과학의 성립

실증경제학(實證經濟學: die ordnende Nationaloekonomie)은 형이상학인 규범경제학에 대립하여 과학적 경제학으로서 최초로 나타난 경제학의 한 형태이다. 다음으로 우리가 형이상학으로부터 취한 것과 같이(희망하기는!) 과학의 현상으로부터 하나의 명료한 상을 정립하고자 한다. 우리가 항상 바르게 과학이라고 부르고자 하는 근대과학은 하나의 매우 특별한, 유일무이한 그리고 역사적인 현상이며 서유럽 이외의 지역에서는 경험하지 못하였으며 새로운 시대가 시작된 이후, 처음인 근대과학이기 때문에 만약에 우리가 근대과학을 하나의 정해진 문화발전의 산물로 이해하고자 한다면, 우리는 이러한 고유의 정신적 형성을 최대로 명료하게 하여야 할 것이다. 나는 유럽사회와 그 정신의 변화에 대한 간결한 개요를 제시하고자 한다. 그 속에서 근대과학이 나타나게 되었다. 이러한 작업이 전문가에 있어서는 새로운 것이 아니기 때문에 기초에 있어서 특별한 방향전환을 필요로 하지 않는다.

1. 유럽문화의 분열

현대 유럽의 문화생활에서 가장 일반적이고 결정적으로 드러난 사실은 중세기에 이미 생활양식이나 문화의 가치가 세속화되기 시작했다는 점이다. 이것은 영원의 가치로부터 이 세계의 사물로의 시야를 이동하는 것이며 의욕과 가치의 세속화를 말하는 것이다.

이러한 세속화의 첫번째 조짐은 신에 의하여 마련된 질서로서 왕권과 승권(僧權: Regunm und Sacerdotium)에 대한 신앙의 동요로 나타났다. 이러한 동요의 징후는 이미 13세기 즉, 유럽정신의 발전에 있어서는 많은 점에 대해서 결정적인 혹은 의미에 대해서는 최초의 근대적인 세기라는 특징을 가지고 있다. 이 시대로부터 일부는 현세적인 정신의 결과로서, 또 다른 일부는 그것의 원인으로서 사람들의 생활형태에 변혁이 일어나기 시작하였다.

이러한 변혁은 먼저 타민족과의 관계에서 침략을 통해 나타나기 시작했다. 이러한 관계는 근동지방으로의 이주, 십자군과 함께 시작되었다. 이는 유럽대국의 식민지적 확장에 따라 배로 확대되었고, 또한 교통기술의 진보에 따라 이러한 변화는 일반화 되었다.

생활방식의 변혁은 더 나아가 유럽국가 국민들의 복지를 증진시키는 현상을 가져왔다. 그것은 부분적으로 기술의 발달에 의해 이루어지기도 하였고, 또 일부는 - 그것은 대부분이기도 하지만 유럽 이외의 국가에 대한 인간적 침탈에 따라서 이루어지게 된 것이다.

변혁은 마침내 유럽세계 전체의 외적 생활의 질서를 변화시켰다는 것이다. 여기서 가장 중요한 변화는 도시화가 진전되었다는 점이다. 그것에 의해서 우리가 도시문화라 부르는 것이 나타나게 되었다. 이러한 문화는 토지에 기초하여 이루어진 것이 아니라 자유인이라는 인간에 의해 지지된 문화이며-토지에 대한 소유 없이도 자유로워질 수 있었던 것은 직업적으로 영리를 목적으로 하는 생산자 및 상인의 출현으로 인해 해결되었다- 이성에 의해 움직이는 문화이다. 이것과 가장 밀접한 관계에 있는 것은 모든 생활양식이 고유의 합법성을 갖는다는 것을 보여 주었다: 이러한 변화는 생활양식에 있어 그 이상적인 목적을 규명하는 문제점을 해결하는 계기가 되었다.

이로 인해 인간은 다시 자주적이 되었다: "인간이 바라는 것이 있다면 스스로 무엇이라도 할 수 있다는 것이다(L. B. Alberti)." 모든 인간적인 행위는 그러한 행위 자체에 각각의 의미를 가져야 한다 즉, 말하고 있던 것처럼 그 근저에는 더 이상의 어떤 의미도 없다는 것이다. 인간은 다시 모든 사물의 척도가 된다.

그러나 이러한 모든 생활 활동의 세속화는 낡은 통일적인 문화의 해체를 의미한다. 이것은 과거 통일적인 문화가 한 가지의 객관적인 정신에 뿌리를 두고 있으며 그것은 유일 신에 대해 모든 인간과 사물과의 관계에서 기존질서가 유지되고 있었음을 의미하며 또한 이는 마치 하나의 태양이 홀로 세상에 빛과 열을 발사하고 있는 것과도 같았다.

이러한 기존 질서의 해체는 정신적인 면에서는 물론 정치적인 면, 사회적인 면에서도 가능하게 되었다.

정신적인 면에서는 문화의 개별적인 독립화가 이루어졌음을 의미한다 : 국가, 경제, 예술 등이다. 예를 들면, 예술에 있어서 시작되었는데-매우 서서히 처음으로 미켈란젤로 이후- 예술을 위한 예술주의(l' art-pour-l' art-Prinzip)를 실현하는 것이다. 이전에는 모든 예술이 당연히 이상에 봉사하는데 지나지 않았다. 이와 같이 형식이 내용을 압도하기 시작했다: 무엇인가 그려져 있는가가 아니고, 어떻게 그려져 있는지 만이 문제가 되었다. 그리고 이러한 경향은 모든 문화 영역에서 일반적으로 나타나게 되었다. 이름 붙여질 수 있는 것과 같이 세계의 일반적인 기교화가 시작되었다: 수단의 시대, 그 최고의 전성기를 오늘 우리가 경험하고 있는데, 의미가 없이 사용된 그러한 수단은 끝이 나고 그것의 풍요로운 그리고 예술적인 사용이 마침내 무감각하게 목적이 되어버렸다.

정치적 영역에 있어서는 봉건제도가 보이고 있던 신을 최고의 영주로서 우두머리에 두는 그러한 정치적 신분의 견고한 결합이 느슨해지는 결과를 낳았다. 이익의 관점에 따라 그리고 당지도부에 따라 도시의 민주화가 진행되었으며, 그것에 대한 반대급부로서 정통성이 없는 전제정치도 발달하였다: 결과적으로 '합리적' 인 국가의 실현이 시작되었다.

또한 사회영역에 있어서도 위계적인 신분제도도 사라졌다: 이익단체들이 직업단체를 대신하여 나타났다. 개개의 직업적 신분과 각자의 도덕적 명예를 지키기 위한 그러한 제도는 중지되었다. 이탈리아에서는 이미 중세 후반기에 각각의 전제정치 및 민주정치 이전에 '평등' 이 추구되기 시작하였다: 도시에서 귀족과 시민계급의 공동생활이 이루어져 일반적인 사회가 성립되었다. 개인, 특별히 강한 개인은 개인으로서 가치를 얻게 되었다. '근대적 명성' 이 나타나고(Jak. Burckhardt) 이는 이전에는 단체의 대표자만이 그 이름을 낼 수 있었으나 각각의 개인의 이름과도 연결되어 있음을 뜻한다: 즉, 각 개인은 이전에는 성, 직업, 교회, 수도원 등의 대표자로서만 인정되었다: 이전에는 인간은 사물(이념!)에 봉사했기 때문에 존경되어졌다: 중세시대 무명의 예술가들! 그러나 지금은 더 이상 하나의 단체에 속한 개인으로서가 아니라, 그 자신으로서 평가를 받게 되었다: 'Quasi animos a gignentibus habeamus!' (Boccaccio). 여기서 '개인주의' 에 대해 언급할 수 있을 것인데, 그러나 이는 매우 다양한 의미를 지닌 단어로서 아주 희소하게 사용하여야 할 것이다.

우리의 문제에 있어서 중요한 것은 다방면의 관심이 이러한 세속화와 개별화가 결부되어서 복잡한 세계의 특수한 사물과 관련되어 있다는 것에 눈 뜨는 것이다.

부르크하르트Burckhardt가 증명한 바와 같이, 르네상스 시대에는 개성적인 것, 초상화, 전기, 심리학에 흥미를 가지게 되었다 : 이것은 "인간의 발전이다!" 서로 다른 형태의 현상, 다양성, 발현의 특수성 : 이(異)국민과 그들의 문화, 과거, 현재의 경과(신문!), 지방성, 동식물계, 예술품(수집!) 등에 대해서도 흥미를 가지게 된 것이다.

이와 같은 문화예술에 대한 각성이나 인식하는 주체의 현실에 위치한 지위가 받는 변화에 매우 밀접한 관계가 있다. 왜냐하면 모든 것이 변화하는 것처럼, 이러한 지위도 변화시키기 때문이다. 인식하는 주체는 그 사회적 속성에 따라 사람들의 현실적인 사회에서의 지위도 변화되기 시작했다. 신을 받들던 교주나 승려 대신에 문학자, 저술가, 교수, 정치가, 상인들의 온갖 종류의 속인(俗人)들이 기세를 부리며 나타났다. 그들이 세계를 관찰하는 방법도 각기 다르게 나타났다. 이러한 변화 가운데 하나가 바로 우리가 계속 사용할 근대 '과학' 이 성립되었다는 것이다.

2. 근대과학의 본질

과거 신의 말씀으로 알게 된 계시라는 지식이 이성과 경험의 바탕 위에 놓이게 되자 지식구조는 세속화되기 시작하였다. 딜티히Dilthey, Wilh.는 "지식구조(構造)의 수단으로서 종교적 이념과 현실 사이의 유대는 단절되었다"고 하였다. 지식은 종교에 잇따라 새로운 문화영역으로서 철학, 예술, 과학으로서 독립하게 되었다. 그러나 인간의 이성(理性)은 아직 세속화된 그런 지식의 권위를 인정하지 않고 있다. 이탈리아 철학자며 당시 수도승(修道僧)인 깜파넬라Campanella, Tommaso(1568~1639)는 "아리스토텔레스Aristoteles가 말한 것은 모두 틀렸다"고 지적함으로써, 아리스토텔레스 사후, 새로운 시대가 밝아 오고 있음을 갈파했다.

또한 지식의 목적도 세속화되었다. 신을 공경하던 시대에는 지식은 신에게 봉사하고 모든 사물의 질서 속에서 신의 위대함과 선량함을 인식하기 위한 목적으로 사용되었을 뿐이었다. 그런 지식이 지금에 와서는 사람들의 지상의 가치추구를 위해서 사용되는 도구로 인식하게 되었다. 그래서 지식의 가치는 이론적인 성질과 실천적인 성질의 두 가지 성질의 대상으로 파악하게 되었다. 과학자의 이론적 흥미는 현실세계의 온갖 다양성에 흥미를 두게 되었다. 쉐러가 '교양지식' 이라고 이름 붙인 것과 같이, 지식은 근대과학의 본질적인 구성 부분을 이루는 교양지식이 되었다.

근대과학은 틀림없이 실천적인 흥미, 지배하려는 욕망과 니체Nietzsche, F.가 말하는 '권력에의 의지' 에서 발달하였다. 니이체는 과학의 중심을 이루는 지식에 열정적인 사랑을 기울이면서 지식은 자연과 사람과 사회에 대하여 지배적인 역할을 한다고 설명하고 이러한 지식을 '일과 능력에 따른 지식 Arbeits-order Leistungswissen' 이라는 이름까지도 붙였다.

지식을 실천적 목적으로 유용하게 사용하는 실용주의적 특징은 베이컨Bacon과 데카르트Descartes의 과학적인 정신 태도에서도 뚜렷이 나타났다. 영국의 르네상스기의 대표적인 경험론 철학의 창시자인 베이컨(1561~1626)은 스콜라 학파의 편견을 배척하고, 새로운 과학과 기술의 인식 방법을 제창하면서 고대의 사변적 철학을 경멸하였다. 그는 "그리스인의 지혜가, 그렇게도 오랜 세월 기간에도 인간의 생활을 안락하게 하거나 개선하는데 보탬이 된 시도는 거의 하나도 없었다"고 비난하였다.[93]

프랑스의 근세철학의 개척자로서 해석 기하학을 창시한 데카르트(1596~1650)는 '나는 생각한다, 그러므로 나는 존재한다'라는 명제를 남겼다. 수학적인 방법에 의해 지식을 직접 감각적으로 인식하여 진리로 연역하려고 한 그는 역시 자신의 철학에 대해서도 일반적인 선으로서 인간에게 유용하게 사용할 수 있는 것으로 생각하였다. 그의 말을 인용하면 다음과 같다. "인간은 사유(思惟)의 방법에 의하여 인생에 매우 유용한 지식에 도달할 수 있다. 학교에서 배우는 순리적인 철학 대신에 그 지식 속에 인간이 경험한 것을 발견할 수 있다. 이런 경험에 의하여 식업기술을 분명하게 알게 되는 동시에, 인간을 둘러싼 모든 물체의 세력과 운동의 법칙 및 그에 따른 고유한 사용방법을 알아서 적절하게 사용할 수 있다. 그래서 우리들은 자연의 주인으로서 그의 소유자가 될 수 있는 것이다."[94]

과학자가 세계에 대하여 갖는 흥미는 철학자가 세계에 대한 애정으로 갖는 흥미와는 달리 일정한 거리를 두고 냉정하게 대하는 것이 적합하다. 니체 Nietzsche, Friedrich Wilhelm(1884~1900)는 '차가운 인식의 중심 요점', '과학적인 인간의 인적 무관심', 또는 인간 최고의 가능성을 '초인의 사상'이란 말을 자주 사용하여 실존주의에 바탕을 둔 철학을 전개하였다. 그가 다음과 같이 말한 것은 확실히 맞는 말이다. 인식의 방법론으로서 지식을 발견하려는 연구는 도덕적

---

*93 Francis Bacon, Neues Organon, 제1권, 71쪽 후반.

*94 R. Descartes, Discours de la methode, Vle partie, E. Gilson편, 1925, 61-62쪽.

편견이 극복될 수 있을 경우에 비로소 달성될 수 있다. 그래야만 도덕적 편견에 승리할 수 있다. 그 때문에 과학적 인간은 가치판단을 내리는 방법을 별로 사용하지 않는다. 지식을 탐구하는데 있어 웃거나 슬퍼하는 감정을 떠나서 연구하는 자세가 필요하며 아무리 감정이 뜨겁게 불타올라도 차갑게 진리를 알아내는 것에만 몰두하는 것이 지식을 탐구하는 자세다. 철학이 사랑, 신앙, 경건 등으로 구축되듯이 과학은 냉정, 비판, 불신 등에 의해서 해결되어야 하는 것이다. 이런 경우, 불신이란 과학의 왕국에서는 지식을 찾아내는데 최고의 덕으로 간주된다. 그러나 과학에서 일어나는 지식의 세속화는 급기야 인식대상의 한계 속에서 그 모습을 드러낸다. 이전에는 현상계의 질서로서 구성되었던 형이상학적인 연관 속에서 그 다양성과 자율성을 지녔던 사물이 인간이 상대하는 현상계의 대상이었다. 과학에서 얻어낸 지식으로 인간의 경험이 깊어짐에 따라 이 모든 현상계 사물에 나타나는 '규칙성' 을 발견하는 일에 연구자의 관심이 쏠리게 되었다.

근대 과학적 지식의 규칙성이 중요하게 평가되는 새로운 시대를 맞아 처음으로 개별적 지식에 대한 인식을 전체적으로 통합하기 위한 통계적 방법에 대한 이론적 흥미를 갖게 되었다. 고대나 중세의 사상가들에 있어서 그러한 가치에 대해서는 추호의 이해도 갖지 못했다. 아리스토텔레스 Aristoteles에 있어서는 단순한 개념으로서 인식되었으나, 이러한 단순한 사실적인 수(數)의 관계일수록 이 단순한 개념에 대하여 피상적이고 관계가 전혀 없는 것으로 보아왔다. 수적인 개념의 인식은 그 개념이 얼마나 자주 실현되는 가를 우리들이 아는 것으로서는 아무 것도 얻어낼 것은 없다. 또한 개별적인 사물의 우연적인 수(數)는 그 질적인 차이에 대하여 하등의 내면적인 관계를 알아낼 수도 없다.

우리들이 인식할 수 있게 나타난 현상들이 사실상 어떻게 존속하게 된 것인가를 충분히 정밀하게 파악하고, 이 사실상의 '존속해야 할 필연성' 을 통찰하는 것이 우리들의 임무라는 이해를 통해 처음으로 수(數)에 관해 과학적인 가치를 부여하여 새롭게 인식하게 되는 것이다.

근대 독일의 학자들에 의하여 초감각적인 철학과 감각적인 과학의 양 영역에서 '타당한 것 Geltungsmaessige' 을 찾아내려는 노력은 결국, '제3의 관념으로 타당한 세계 das Reich der idealen Geltungen' 라고 이름 붙여질 정도로 혼합 정신적인 영역을 고찰하게 되었다.

과학의 지배영역에서나 철학의 세력범위에서도 다함께 정당하다고 생각되는 인간정신을 인식하려는 노력에서 철학과 과학의 양면에서 비감각적인 왕국을 '관념적으로 타당한 제3의 세계' 라고 명명하게 된 것이다. 그것은 공리학적(公理學的)인 구성부분과 형이상학적인 구성부분으로 성립되어 있으므로 공리학적인 부분에서는 과학에 의해 설명되고, 형이상학적인 어떤 부분에 있어서는 철학에 의해 설명되어진다.

과학이 형이상학적인 문제를 취급하지 않으려 할 경우에도 '타당한 것' 의 영역에 연구범위가 미치는 경우가 있다. 과학에서 타당한 것을 취급하는 일이 정당시되려면 '이상적으로 타당성이 있는 것' 에 있어서 정신이 경험계를 잘 이해하려는 목적에서 만들어진 정신적인 '가상(假想)' 이라고만 인정해 주면 된다. 이러한 타당성의 범위에 관한 것은 특수한 정신의 기교(技巧)에 지나지 않기 때문이다. 그런 기교를 연구한다는 것은 철학적인 곧, 형이상학적 인식과는 전연 관계가 없는 것이다. 이와 같이 타당한 범주인 논리학의 범주에 관한 것을 경험과학적 의미에서 엄밀히 과학적으로 검토해야 한다고 주장하려면 실용주의에 의하여 연구할 필요는 없다. 종전에는 과학적 인식론과 논리학에 근거하여 타당한 세계를 인정하여 분석하는 일이 있을 뿐이므로, 그것이 인식과 관계가 없다는 것이 드리쉬H. Driesch의 일관된 논리이다.[95] 그러나 과학적 연구자가 타당성 있는 범위에 대한 해결방법으로서 비감각적이고 초감각적인 것으로부터 현실적인 요구를 배제하고, 철학적인 타당성에서 벗어나게 할 '마치 –처럼 Als ob' 방식[96]을 과학적 연구의 불가결의 요건으로 삼았다. 이를 계기로 과학적 연구는 'Als ob' 방식을 치밀하고 완전하게 하여 'Als ob' 분석방법을 통해 과학의 본성을 탐구하는 유명론(唯名論: Nominalismus)의 결과를 초래하였다. 유명론(唯名論)이란 과학에 있어서 현실적으로 쓰이는 보편적 개념은 이름만을 추상한 것이기 때문에 실체의 객관적인 존재의 타당성을 부인하고, 실제로 존재하는 것은 개별적인 물체에 추상적으로 이름을 붙인 것 뿐이라고 하는 주장이다. 개별적인 사물에 추상적으로 이름을 붙이는데 있어 숨어 있는 본질적인 실체를 탐구하는 것이 순수한 과학이라는 견해가 유명론(唯名論)에 근거하여 설명된 과학에 관한 개념이다.

유럽정신이 중세기에 이러한 유명(唯名)주의 방향으로 변화하여 낡은 속박으로부터의 해방과 다양하게 존재할 수 있는 인간성과 결부되었다. 더 나아가 유명론적 사고방식이 과학을 정립하는데도 도움이 된다고 생각한 것은 근대과학의 성격상 특수한 특성에 대한 이해를 깊게 하는데도 필요한 개념으로 이해했기 때문이다.[97] 고대를 통해서 또한 중세에 들어서도 개인은 오랫동안 우주적인 자연과 크게 결합되어 있었으며, 마지막에도 그 공동성에 둘러싸여 결부되어 있었다.

---

*95 H. Driesch, Ordnungslehre, 1912, 167쪽.

*96 역주 영어로는 'As-if' 방식이라고도 불리는데, 이는 실제로 존재하지는 않으나, 마치 존재하는 것으로 가정하여, 이론을 전개하는 방식으로, 독일에서 시장을 분석할 때, 예를 들면 실제로 완전경쟁시장은 존재하지 않으나, 마치도 완전경쟁시장이 존재한다는 가정 하에 이론을 전개하는 경우를 보는데, 이를 'Als-ob' 방식에 의한 분석이라고 한다. 여기서는 한국어로 번역하여 이해하는 것보다 원어(독일어)를 그대로 표기하여 이해하는 것이 적절하다고 판단되어, 본 번역에서는 원어를 계속 사용하였다.

따라서 학문적인 관심도 각 개개의 사실을 검토하는데 있지 못하고 전체적인 연구에 집중하게 되었다. 각 개인이 자기의 인격의 가치를 나타낼 중요성을 인식하지 않거나 설명할 대상의 가치를 인정하지 않을 경우에는 과학적인 문제가 되지 못한다. 이런 경우 'Als ob'의 원칙의 응용에는 한계가 있다. 왜냐하면 '타당하다'는 기초가 연구에 구축될 경우, 실제로 존재함을 의미하는 생명을 부여할 가치는 초감각적으로 제시되기 때문이다.

다음으로는 과학의 한 부분으로서의 경제학의 성립을 알아보고자 한다.

지식을 새롭게 인식하는 자는 지식의 단일성과 통일성이 해체되어 다양하게 세분화되고 있음을 착안하게 된다. 즉, 자연과학에 잇따라 모든 자연과학과 모든 문화과학[98]이 개별적인 영역으로 세분화됨을 볼 수 있다. 국가, 법률, 예술, 경제 등에 관한 학문과 종교에 관한 과학도 발생한다. 이러한 과학의 개별화 경향은 새롭게 나타난 여러 종류의 과학이 제각기 부문별로 나누어져 고고학, 풍수지리설, 지리학, 역사편찬에 관한 학문 등으로 발전하게 되었다. 과학의 이러한 세분화되는 경향은 동일대상에 대하여 별개의 문제로 취급되는 부문별로 여러 분야의 과학이 성립됨을 가능하게 하였다. 이러한 구체적인 대상의 분해 및 부분을 특수한 여러 과학의 대상으로서 설명하는 지식은 구체어(具体語)로서가 아니라, 결국에는 운동이나 화합(化合)이라는 '추상어(抽象語)'를 대상으로 갖는 물리학과 화학과 같은 정밀과학에 도달하게 된다.

* 97 이에 관한 보다 상세한 설명은 Dilthey, WW. Bd.II; Karl Pribram, Die Entstehung der individualistischen Sozialphilosophie, 1912, 43쪽 후반 ; P. Hofmann, Die antithetische Struktur des Bewusstseins, 1914, 346쪽 후반을 참조할 것.

* 98 역주 원문에서는 Kulturwissenschaften으로 표기되어, 문화과학으로 본문에서는 그대로 직역하여 문화과학으로 표현하였으나, 내용상으로 보면, 오늘날의 인문,사회과학으로 이해하는 것이 타당하다고 본다.

기존의 과학이 이렇게 구체적인 지식으로 세분화되는 경향에 대해 에디스 란드만Edith Landmann은 다음과 같이 기술하였다:[99]

“이 같은 발전은 지식이 물량화(物量化)되고 있음을 의미하며, 아는 사람의 입장에서 보면 이는 지식의 비인격화를 의미한다. 그리스의 철학자는 그 자신이 대학이었다. 그렇기 때문에 그리스인은 따로 대학을 세우지 않았다. 근대의 미술학교나 대학교란 고대의 철학자가 통괄했던 예술이나 과학 및 철학이 분리되어 통일된 지식이 무너졌다는 증거로 나타난 것이다. 과학과 철학이 각 학과로 분리되고 그 속에서 배우는 인간은 지식과 기술의 진보와 함께 점차 중요성이 줄어들어졌다. 이러한 과정을 지식의 정신이탈 및 영성(靈性)의 상실이라고도 말할 수 있다.”

많은 전체적인 지식체계가 각개의 구성분자로 해체된 사실은 복잡한 수공업에 의한 노동을 근대공업의 부분설비에 따라서 세분화한 것과 동시에 병행하여 나타났다. 즉, 생산의 영역에서도 역시 경영의 ‘정신이탈’과 동시에 ‘영성의 상실’을 관찰할 수 있다.

과학적 정신이 기존의 인식 세계에 침입함과 동시에 가져온 가장 중요한 혁신으로서는 지식의 민주화를 들 수 있다. 그 결과, 철학과 과학 사이에 근본적인 대립이 나타나기 시작하였다.

철학에는 유일한 세계가 존재해 있고, 각개의 철학자가 그 세계의 부왕(副王)으로서 전제적인 힘을 가지고 지배하고 있다. 그러나 과학에는 유일한 왕국(세계)이라는 것이 없다. 지식이라는 구역이 있을 뿐인데, 그것이 각 개별적인 과학

* 99 Edith Landmann, Die Transtendenz des Erkennens, 1923.

이고, 그의 정체(政体)는 민주주의 공화국이다. 철학이 같은 뜻을 가진 당파에 속하는 사람들의 학문에 관한 것이라면, 과학은 이성적인 모든 많은 사람들이 연구하는 학문으로 비유할 수 있다. 과학은 그 결과의 보편타당성을 추구하는 것을 가장 중요한 특징으로 삼는다. 과학은 정상적인 사람이면 누구나 모든 이성적인 사람에 대하여 타당성을 갖는 인식을 얻으려고 한다. 즉, 과학은 신앙과 주의(主義), 가치와 노력의 잡다한 가운데에서 자신을 드러낼 구역을 한정하려고 한다.

과학적 진리는 누구에게나 타당하지 않으면 안 된다. 과학은 모든 건전한 개인, 모든 국민, 모든 민족에게 다같이 영혼의 정신적인 진리의 재산을 부여하게 된다. 이러한 목적을 달성하기 위하여 과학적 인식은 주위 세계의 존재와 내용을 환원(還元)시키는 역할을 하게 된다.

이에 대해 쉐러는 다음과 같이 언급하고 있다. "존재한다는 것은 바로 이와 같이 일반적으로 존재하는 것과 관련하여 다음과 같이 인식하고 사유해야 한다. 존재하는 것은 그가 발휘할 수 있는 최대한의 능력범위 안에서 개인이나 민족 또는 국민과 어떠한 연대성도 배제하고, 다만 인간적인 조직 일반이나 또는 모든 인간의 동일한 것에 대하여 존재적 관련을 갖는 것이다."

과학적 진리는 또한 이러한 보편 타당성의 요청과 함께 보편 전달성 Allgemeinuebertragbarkeit의 요구가 부여되어 있다. 곧, 과학적 인식의 결과는 완전히 객관화 할 수 있는 것이고, 인식하는 자의 인격에서 해방될 수 있어야 한다. 증명될 수 있고, 되어야 하며, 또한 증명을 강제할 수도 있어야 한다. 과학적 인식의 보급은 철학에서와 같이 인격의 힘에 의하여 일어나는 것이 아니라 그 논증의 증명력에 의하여 이루어진다. 논증할 수 없는 것은 과학적 인식으로서 통용되지 못한다. '새로운 시대는 증명할 수 있는 것이나 입증할 수 있는 것만을 믿고,

경우에 따라서 맞다고 생각하는 대신, 어떤 경우에라도 진리라는 것을 강구해 놓는 것을 새시대의 덕으로 삼게 되었다' 고 란드만은 피력했다.

보편 타당성과 보편 전달성이란 과학에 있어서 필수 불가결한 요소이므로 필요하다면 그 진리 내용의 인식을 단념할 경우도 있다. 그러나 과학은 목적을 달성하기 위하여 두 가지 인식방법, 곧 그 표지(標識)가 일정한 경험적 지식과 자명한 지식의 한계 내에 머물러 있어야 한다. 보편 타당성이 일반적 이해라는 개념과 혼동되어서는 안 된다는 것은 자명한 일이다. 예를 들면, 아인슈타인Einstein, Albert의 이론은 일반적인 이해의 것이 아니다. 그것은 역시 보편 타당성을 요구한 이론이며 그것은 모든 것에 호소하는 것이다.

나는 이미 전문적인 여러 과학을 운운하는 것이 정당하다는 것을 단정하였다. 이에 반해서 사람들이 철학과 구별하기 위하여 과학을 실증적 과학으로 부르는 것은 잘못된 것이다. 과학에 실증적이란 중복된 형용사를 붙이지 말아야 한다. 실증성은 과학의 본질에 속한 것이기 때문이다. 비합리적, 디오니소스적인,[100] 낭만주의적 과학이란 형용사가 모순된 것이다. 다만 형식적 과학과 현실적 또는 경험적 과학의 구별만이 있을 뿐이다.

3. 독립된 경제학의 성립

새로운 시대와 함께 표면화된 여러 분야의 과학 중에는 인간의 경제생활을 과학으로서 입증한 경제학이 있었다. 경제학 성립의 근거는 분명하다. 그것은 우선 일반적으로 정신적인 상태에 의하여 주어졌다. 유럽에서 인간성과 관련지어 수

* 100 역주 디오니소스 dionysos를 그대로 한글로 표현하였는데, 굳이 우리말로 번역한다면, '격정적인' 또는 '도취한' 의 의미를 내포하고 있다고 볼 수 있다.

행한 위대한 세속화의 과정은 경제생활의 문제와 위치까지도 결정적으로 바꾸어 놓지 않으면 안 되었다. 물질적인 재화(財貨)는 더욱 높이 평가되어 그와 함께 부(富)를 생산하는 문제에 대한 흥미도 증가하였다.

독립된 경제학이 성립되는 근거로서 당시 시대적인 상황도 한 몫을 해 냈다. 당시 유럽은 근대 자본주의가 생성되고 발전화되기 시작한 세기였다. 새로운 형태의 경제 조직이 나타나고, 바로 강제적으로 해결을 요구하는 많은 경제적 문제가 제기되었다. 모든 생활형식에 있어서 과거와는 달리 비인격화와 비구체화가 증가되었다. 물량화(物量化)에 대한 관심 또한 고조되면서 영(靈)적인 문제에 대한 관심의 소홀과 모든 경제과정에 대한 인간의 간섭이 생활을 복잡하게 하였다. 따라서 인간생활의 전망이 불확실해졌으며 어떻게 해야 할 것인지를 결정하는 문제도 곤란하게 되었다. 게다가 노동 및 노동자의 문제도 제기되었다. 초기에는 노동문제가 그 내용에 있어 충분할 정도로 강도 높게 자본주의적 형태에서 그 대상이 드러나지 않았으나 나중에는 노예적 노동을 하는 인간이 국가로부터 다 같은 평등한 인간으로 간주되기를 요구하게 이르렀다.

기술의 혁신은 모든 기존의 경제질서를 새롭게 형성하는 계기를 만들었으며, 이로 인해 많은 문제가 해결되기도 하고 문제가 발생하기도 하였다. 미국으로부터의 귀금속의 수입은 물가를 치솟게 하였다. 전쟁이나 혁명은 부의 보급원(源)을 고갈시키고 국고(國庫)를 비우는 결과를 초래하기도 하였다. 근대국가의 발달에는 자국으로 화폐가 유입되는 것을 유도하는 것이 필요하였다. 이러한 어려운 문제가 자본주의의 발전과 함께 새롭게 등장한 것이다.

새롭게 독립되어 나타난 경제생활을 설명하는 과학으로서 경제학의 최초의 시도는 중상주의(重商主義)의 여러 저작(著作)에서 찾아 볼 수 있다. 그것은 인식

방법이 혼란스러웠던 당시로서는 다음의 몇 가지 사항들이 경제에 있어 새로운 관심사로 떠올랐다:

① 상당 부분의 규범경제학

② 광범위한 실제적 학문으로서의 정부의 세출에 관한 경제 사상의 관찰

③ 이해경제학의 새로운 경향 등이 18세기 중엽부터 경제학의 새로운 방법으로서 소위 정밀한 자연과학적 사고방법을 빌려 새로운 경제학의 성립에 전용(轉用)하게 되었다. 이로부터 실증 경제학의 시대가 시작되었다.

8장 자연과학의 본질

1. 자연과학적 사유의 특질 및 정밀한 자연과학의 방법

새 시대에 들어서면서 여러 과학 중에서 자연과학으로서의 물리학이 처음으로 완성되었다. 물리학은 자연과학이기 때문에 인식하는 최고의 목적은 인식한 결과의 보편타당한 자연과학의 인식방법에 의존하기 때문에 종래의 마법적이고 신학적이며 형이상학적인 관찰방법은 차례로 배제하게 되었다. 그 내용을 살펴보면 다음과 같다:

① 자연과학적인 사고는 자연을 생명체로 간주한 마법적인 자연관을 배제하기에 이르렀다. 유럽민족도 처음에는 자연에 생명이 있는 것으로 생각했다. 까르다누스Cardanus와 기오르다노 부르노Giordano Bruno를 포함한 16세기의 이탈리아인의 공상적 물질생명설은 천체와 자연의 산, 나무, 물, 돌 등의 속에는 그것들을 움직이는 정령(精靈) 또는 정기(精氣)가 깃든 것으로 생각했었다. 데카르트는 우주에는 이제야 마법적인 도깨비들이 숨을 장소가 없어졌다고 자연에서 마법적인 자연관을 추방시켰다.

② 자연과학적 사고는 신이 마련한 자연의 질서로 간주한 신학적인 자연관을 배제시켰다. 신이 자연 속에 자연의 본질에 해당하는 법칙을 삽입시켰다는 신앙에서 그리스

도의 자연법은 자연 법칙의 힘은 신의 법칙에서 나온 것으로 간주하여 스콜라 철학은 다음과 같이 가르쳤다. "자연법이란 신에 의하여 우리들에게 주어진 예지의 빛에 지나지 않는다. 이 예지의 빛으로 우리들은 무엇을 할 것인가와 무엇을 해서는 안될 것인가를 인지라는 것이다. 16~18세기의 대사상가들도 신의 법칙의 두 구성부분인 자연률과 도덕률을 자연적 법칙과 도덕적 법칙으로서 받들어 왔다."[101] 이와 같이 자연의 신성을 믿어 왔던 자연의 신학적 관찰의 경향도 결국 자연과학적 사고(思考)에 의해 신이 이루었다는 세계 질서와 신의 정신을 배제시켰다.

③ 자연과학적 사고는 형이상학적인 자연관을 배제시켰다. 즉, 경험과 분명한 논증의 범위를 넘어서는 자연의 해석은 인정받지 못하고 배제되었다. 스콜라 철학의 형이상학적 실체나 쉐링이나 헤겔에 의해 성립된 자연은 정신이나 의식이라고 한 견해나, 괴테의 현상의 근저에 있는 본체를 인식하는 것을 의미하는 형상 본체론 등의 의견은 과학으로서 보편타당성을 인정받지 못했다. 자연과학은 이와 같이 원인과 힘 그리고 실체적 개념까지도 제거하고, 그 대신에 원자와 에너지, 원소 그리고 전기 등의 인지가 가능한 물질로 바꾸어 놓았다. 이에 관해 슈릭 Moritz Schlick은 다음과 같이 표현하고 있다. "우리들은 어디서나 변화되고 있는 상태만 볼 수 있다. 상태가 늘 고정되어 그대로 유지되는 실체물은 어디에도 없다. 근대의 물리학은 물질의 물리학이 아니고 범위의 물리학이다. 범위란 공간에 있는 모든 상태의 총계에 불과하다. 물질은 이런 모든 상태의 복합체에 불과하다."

자연과학적 사고에서는 자연법칙을 신이 정한 것으로 간주한 그런 본질관을 제거하는 것이 탈형이상학화(脫形而上學化)의 과정이라고 말했다.

자연과학적 사고방법으로 자연의 현상을 기록하고 계산할 수 있는 사실의 단편이나 부분으로 인식하기 위하여 다음과 같은 의식적인 관찰기법을 사용한다.

① **요소화:** 자연현상을 고찰하는 대상에 있어 천체에 대해서도 단순한 사실로서 대상들을 극소 부분으로 분할하여 화학자는 원소의 개념에 도달했고,

*101 Otto Liebmann의 Gedanken und Tatsachen, 1882-1899, 149쪽 후반을 참조할 것.

생물학자는 세포의 개념에 이르러 그 기본현상을 고찰하게 되었다.[102] 데카르트도 불의 성질을 파악하기 위해서는 그 부분인 열과 빛의 운동을 고찰하면 된다고 말했고, 뉴턴Newton, I.은 빛에 관한 학설을 전개하기도 했다. 근대 물리학은 최고의 이상으로서 원자적 원리를 물리학적인 현상에 적용하게 되었고, 에너지량에 시간 수를 곱한 물리학적인 수치를 요소화 하는 정량설(定量說)을 내놓았다.[103]

요소화의 과정은 그 인식론적 내용에 의거하여 정확하게는 다음과 같이 나타난다. 어떤 대상을 인식한다거나 설명한다는 것은 자연과학에 있어서는 어떤 자연현상에서 다시 나타나는 같은 성질이나 표지(標識)가 발견될 경우, 이 두 현상은 서로 다른 것이 아니고 하나의 같은 현상으로 간주한다. 예컨대, 빛의 전파에로의 환원, 화학적인 현상의 전기적인 현상으로의 환원, 음향의 전기 진동에로의 환원에서와 같이 다른 자연현상에서도 같은 성질의 것으로 '환원(還元)' 됨을 찾아냈다고 말한다. 어떠한 인식에 있어서도 설명하는 원리로서 유용한 보편적인 보다 높은, 보다 위의, 보다 포괄적인 지식이 필요하다.[104] 자연현상을 인식하는 데 있어 그의 각 단계에서 진전시켜 나가려면 인식의 기초가 되는 최후의 정량화 작업이 필요하다.

② **정량화:** 현상을 요소화 하는 것은 자연현상을 정량화(定量化)하기 위해서 인식할 목적을 달성시키는 수단이다. 이것은 모든 자연현상에 대한 인식에서 추구하는 목적이다. 현실세계에서 인식과의 연관은 질적인 제규정이 양

---

*102 H. Poincare, Wissenschaft und Methode, 1914, 9쪽.
*103 A. E. Haas, Das Naturbild der modernen Physik, 제2판, 1924, 52쪽.
*104 M. Schlick, op. cit., 400쪽 후반.

적인 제규정으로 환원될 경우에만 현상의 양적 요소를 인식할 자연인식의 수단으로서의 원칙이 되는 것이다.[105] 자연과학은 성립된 이후 정량화 시킬 수 있다는 인식에서 출발하였다. 사람들의 인식 정도는 그 구체적인 양(量)에 대한 접근이고, 그리고 이러한 양을 인식하기 위하여 노력하였다. 갈릴레이Galilei의 근본원칙을 살펴보면 다음과 같다. "측량할 수 있는 것은 모두 계측하여야 한다. 아직 계측하지 못한 것은 계측이 가능하도록 시도하여야 한다." 사람들은 정량화하기 위해서 계산하기를 바란다. 그러나 가측성(可測性)이란 수의 계열을 배열하고 그리고 계산에 의해 정량을 파악하는 것을 의미한다. 계산과 측량을 위해서는 질을 문제 삼지 않고 수치만을 사용한다.

③ **수학화:** 자연과학적 인식을 성립시키려면 정량의 수치가 확실하게 인식되어야 한다. 현상이 양적으로 확정될 수 있으면 수학화가 가능하다. 수학화는 1600년경 비에타Vieta에 의하여 다기상징적인 분석으로 사용된 후 기초가 다져지면서부터 급속히 중요성이 더해졌다. 그것은 하나의 '보편학적인 우주 mathesis universalis'를 꿈꾼 데카르트에 의해 기하학 위에서 발전되었고, 뉴턴 및 라이프니츠Leibniz가 구축한 미분·적분을 사용하여 분석학 및 이론 물리학으로 확대되어 발전하였다.[106]

---

* 105 Herm. Weyl, Philosophie der Mathematik und Naturwissenschaften im Handbuch der Philosophie 2, 1927, 100쪽.
* 106 H. Dingler, Zusammenbruch der Wissenschaft, 1926, 47쪽 후반 ; Alfr. Heubaum, Geschichte des deutschen Bildungswesens I, 1905, 193쪽 후반 ; Vaihinger in seinem Kant-Kommentar I,240쪽후반 ; P.Menzer, Kants Lehre von der Entwicklung, 1911, 214쪽 후반 ; E. Cassirer, op. cit.,; Th.Surany-Uger, op. cit.,253쪽, 243쪽 후반, 252쪽 후반.

인간들은 점점 자연을 관찰하는 모든 범위에서 상징적인 분석형식의 법칙을 세우는 방법을 배웠다. 그래서 지금은 사람들이 이러한 공식들을 이용하여 물리학적 영역의 대부분에 대해서 지배적인 방정식 체계를 도출할 수 있게 되었다. 수학화는 다음과 같은 두 가지의 목적을 추구한다. 그것은 계산에 의한 단정(斷定)을 보다 정밀하게 하려고 수학적인 공식으로 표시하게 된다. 그리고 또한 자연과학적 인식의 궁극적 목적인 보편타당성을 충족할 수 있게 수학화를 추구하는 것이다.

측정하고 계산할 수 있게 되었다는 단순한 사실은 개념의 계열을 세워서 정돈해야 한다. 이러한 개념을 합리적이고 순수한 형식적인 계열로 정돈하려면 다음과 같은 질서원리를 사용해야 한다 :

① **일반개념:** 이는 한 종류의 변하지 않는 표지(標識)를 요약했거나 또는 추상에 의하여 얻어졌다는 의미에서 일반적 개념이라 정의되고, 이러한 특징을 가진 계열별 사실을 정돈할 경우에 쓰인다. 자연과학적 보편개념은 엄밀히 따지면 명목적인 특질을 띠고 있다. 일반개념은 자연과학의 형성과 동시에 처음부터 사용되어 근대 자연과학의 가장 중요한 질서원리로 간주된다.

② **구조개념:** 일반개념의 특수한 종류로서 구조개념(構造概念)이 있다. 구조개념에 의한 계열현상은 공간적으로 일정한 형태로 정돈된다. 이 구조개념은 물리학 뿐만 아니라 , 광물학, 화학 등에도 적용되어 케쿠레Kekule에 의한 구성식(構成式)의 정립이래, 이 구조개념으로서의 형태가 표시된다. 이 구조형태는 현상의 양적면 만을 고려하므로 전체는 아니다. 쾰러 베르트하이머 Koehler Wertheimer는 그의 공식을 '물리적 수치간의 관계'라고 이름 붙였다.

이러한 구조개념에 의한 형태는 수학화 될 수 있다. 쾰러의 의견에 따르면 물리학에 있어서는 이론적 임무가 부분적으로는 미분방정식 · 적분방정식으로 또한 동시에 대수학 방정식의 체계로 정리된다.[107] 따라서 어디서나 수학화 될 수 있는 형태가 있다고 하였다. 구조개념은 자연과학에서의 질서원리로서 약 30년이래 비로소 일반적인 효력이 나타나기 시작했다.

③ **법칙개념:** 자연과학자들은 자연적인 현상의 경과를 관찰하여 만든 규칙성에 대하여 공식을 세우고, 시간이 경과함에 따라 일어나는 과정을 관찰하여 일정한 수치의 질서를 법칙개념으로 정돈하였다. 모든 자연과정은 운동이나 운동을 검토하는 대상으로 삼는다. 갈릴레이는 이렇게 발표하였다. "자연법칙은 그 본질에 따르면 영원히 같은 변화된 형태의 운동하는 과정을 시간적으로 연결시키는 규칙이다. 그 속에서 사람이 운동의 규칙성을 결정할 범위를 '힘의 영역' 이라고 부른다."

정밀과학 중에서도 물리학의 궁극적인 목적은 법칙을 결정하는 것과 공식을 정립하는 것이다. 그 가운데에서 운동에 대한 일정한 규칙성이 결정되는 것이다. 다른 자연과학에서도 외적으로 파악된 자연현상을 질서 있게 정돈하여 원칙적으로는 물리학과 같은 방식으로 처리한다. 그럴 경우 그들의 이상은 여전히 물리적 제과학의 특징인 '정밀성' 을 인식하는데 있다.

2. 자연과학적 사유의 확장

실험심리학 Experimentalpsychologie의 이론적 기초는 연상(聯想)심리학

* 107 W. Koehler, Die physikalischen Gestalten, 1924, 117쪽.

Assoziationspsychologie에 의하여 제공된다. 연상심리학은 성립에 있어서 뉴턴의 학설에서도 도움을 받았으나, 뉴턴의 모국인 영국에서 발달하였다. 연상심리학은 흄Hume과 호트리Hartley에 의하여 기초가 완성되었고, 제임스 밀Mill, James에 의하여 포괄적으로 기술되었으며, 그의 아들인 죤 스튜어트 밀Mill, John Stuart(1806~1873)에 의하여 체계가 완성되었다. 죤 슈트아트 밀은 영국의 철학자로서 경험론을 연수하여 과학적 귀납법을 확립한 「논리학 Logik」을 저술하였다.[108] 밀의 연상심리학을 딜티히가 '설명적 심리학' 이라고 이름 붙였던 것 같이 밀은 자연과학적 방법에 의하여 심리적 요소인 사유(思惟)로부터 '감각' 운동을 관찰하여 '관념(觀念)과 연합하는 법칙' 을 정립하였다. 관념은 인식하려는 대상에 대한 심적 형상으로서 제2차적 정신상태이다. 관념은 사람의 한 심적인 현상에 의하여 다른 관념을 상기시키는 소위 '관념 연합의 법칙' 에 따라서 연상(聯想)작용이 일어난다고 하였다.[109] 관념구성의 과정은 물리적 과정보다도 화학적 과정에 대응한다고 보고 그 때문에 '심리적 화학' 이라고도 불렀다.

단순한 제관념 또는 감정이 합성하면 내부적인 지각에 있어서는 단일하면서도, 질적으로는 전혀 다른 상태를 조성한다. 그래서 연상 심리학은 다른 자연과정을 모방해서 일종의 기구(機構)적인 사유 운동을 관찰하여 마음의 상태를 설명하는 것이다.

기본적으로 심리학은 성격의 구성법칙을 이해하도록 설명하는 과학으로서의 '성격학 Ethologie' [110]에 의하여 보완되었다. 성격을 구성하는 법칙은 파생적인

* 108 역주 이 밖에도 밀은 경제학자로서 고전경제학을 집대성하여 「경제학 원리」를 저술하였다. 동 저서에서 밀은 생산과 분배의 원리를 밝혔으며, 또한 공리주의 사상가로서 「공리주의」와 「자유론」을 저술하기도 하였다.
* 109 J. S. Mill, Logik, 독일어판, 제3판, 1868, 459쪽.
* 110 역주 이것은 인간의 지속적인 특성을 나타내는 성격, 품성, 품격을 분석하는 학문이라는 뜻이며, 일시적인 정신의 움직임을 나타내는 Pathos 와 반대되는 개념으로 쓰인다.

정신의 일반적 법칙에서 나온다. 주어진 환경의 계열에 의하여 성격구성에 미치는 영향을 고찰하여 일반법칙에서 연역하여 성격구성의 법칙을 얻어낼 수 있다.[111] 심리학과 성격학의 상호관계를 밀은 다음과 같이 설명한다. "심리학은 정신의 단순한 법칙을 일반적으로 규정하고, 성격학은 여러 환경들의 복잡한 편성에서의 법칙의 작용을 설명한다. 성격학의 제원리는 정신과학의 공리적 역할을 수행한다. 성격학은 단순한 관찰에서 나온 경험적 법칙과도 다르고, 궁극적으로 도출해 내는 일반적 법칙과도 다르다. 성격학은 따라서 일종의 환경에 영향을 받는 소위 환경설이므로 국민적인 어떤 집합된 성격의 구성 및 개인적 성격의 구성을 포함한다.[112] 성격학은 제정신과학에 있어서 교량적 역할을 하고, 또한 문화현상을 자연과학적 방법에 의하여 마음의 생활의 법칙으로 환원하려고 노력하는 사회학과 역사학의 토대를 구축하기도 한다. 인류의 실천적 지식을 구성하는 일상경험의 진리는 모두 그것이 진리인 한, 일반적인 심리학적 법칙의 결론이나 또는 결과라야 한다."[113]

정신과학으로 역사학의 기초를 닦으려 한 철학자는 빌헬름 분트Wundt, Wilhelm이다. 그는 그의 저서 「민족심리학 Voelkerpsychologie」에서 인류의 심리학적 발달사를 저술하려고 노력하였다. 이 심리학적 발달사는 인간의 역사 변천과 함께 이루어진 생활과 그 변천의 지배적인 동기를 발견하고, 정립한 정신생활의 보편타당한 법칙에서 이해하지 않으면 안 된다.[114] 역학(力學)의 원리에 상당하는 심리학적인 기본법칙으로부터 도출된 이 정신생활의 보편타당한 법칙은 자연법

* 111 J. S. Mill, op. cit., 478쪽.
* 112 Ibid., 479쪽.
* 113 Ibid., 468쪽.
* 114 W. Wundt, Elemente der Voelkerpsychologie, 1912, 515쪽.

칙의 성질에 따라서 정해진 법칙이고 그 속에는 인간의 행위(경제생활)가 순수하게 외적으로 질서 지워져 있다. 그것은 ① 사회적 성과에 관한 법칙, ② 사회적 관계에 관한 법칙, ③ 사회적 대비의 법칙이다. ①의 법칙은 화학적인 법칙이고, ②와 ③은 역학적인 법칙에 해당된다.[115]

분트는 특별한 애정을 가지고 그의 법칙에 대한 실례를 경제학의 영역에서 취급하고 있으므로 우리들은 다음 장에서 과학에의 자연과학적 사고방법의 응용을 고찰하면서 그 자연과학적 특징을 알 수 있을 것이다.

3. 자연과학적 사유의 인식가치

근대의 자연과학이 추구하는 인식은 사물의 외적인 '파악 Begreifen' 에 있고 외부에서의 부분적인 인식이다. 자연과학에서는 현상의 특성에 대하여 다양한 전체를 대신해서 한 가지의 표지(標識)를 측정하고, 한 부분의 수치에 국한해서 형식적인 한 부분만을 인식한다. 따라서 자연과학은 본질적인 인식을 단념한다고도 할 수 있다. 그러나 사물의 본질에 대하여 바른 개념을 갖지 않으면 안 된다.

쾰러가 언급한 것처럼, 외적으로 드러난 한 부분을 가지고 그것을 '물리적인 수치와의 관계' 로 나타낸 구조법칙(構造法則)을 현상 속의 성질을 나타내는 본질적인 법칙이라고 부르는 것은 허용되지 않는다.[116] 마찬가지로 후설Husserl, E.의 주장에서도 나타나 있듯이, 외부에 보여 지는 특질을 물질적인 사물의 본질이라고 인

* 115 W. Wundt, Logik III, 430쪽 후반과 650쪽 후반.
* 116 W. Koehler, op. cit., 86쪽.

식하는 것도 허용되지 않는다. 왜냐하면 외부에 보여 지는 특질이라는 것은 사물의 여러 특질 중의 하나로서 한 부분에 지나지 않기 때문이다.[117] 사물의 본질을 생각할 때 그 사물의 전체성을 대표하는 성질을 이해해야 한다. 그 사물이 본래부터 갖고 있던 질적인 특성, 근거, 목적 등을 본질이란 개념에서 제외해서는 안 된다. 즉, 사물이 본래 갖고 있는 본질에 대한 필연성을 부여해야 될 것이다.

이와 관련하여 지그바르트Sigwart는 “그 사물 자체가 어떤 특질을 갖지 않을 수 없는 필연성을 포함하는 한, 그 사물의 같은 특징의 일원(一元)으로서 사물의 시간적, 공간적인 현실을 초월한 현상에서의 동일한 성질의 본체 개념을 그 사물의 본질로 규정할 수 있다”고 하였다.[118] 이 같은 개념의 규정은 헤겔의 ‘있는 것’과 ‘있었던 것’과의 본래부터 갖는 연관된 성질을 설명한 내용과 마찬가지로 본질은 현상 속의 포함된 성질로서 전체적이고 불변의 본체를 의미한다.

본질을 규정할 경우 그것은 완전하고 명백해야 한다. 본질은 필연적 요구를 포함하여 존재한다. 필연적 존재는 사물이 구성되는 구조적 관계에서나 사물 속에 존립하는 관계에 의하여 본질이 존재할 기초가 구축된다.

구조적인 관계는 한 대상의 개별적인 구성부분을 통일된 정신적 핵심으로 환원시키는 것을 의미하고, 관계란 대상의 보다 큰 전체에의 편입을 의미한다. 자연과학은 사물의 다양한 특질이나 존재의 근거 또는 필연성의 요구를 인식하려고 하지는 않는다. 엄밀한 의미에서 자연법칙은 극소법칙의 필연성을 결여하고 있다. 자연법칙도 보편적 법칙으로서는 귀납적으로 얻게 된 가설에 불과하고, 그 가설에서 연역적으로 도출된 것은 그 가설적 성질을 나누어 가지게 되는 것이다.

---

* 117 E. Husserl, Ideen zu einer reinen Phaenomenologie usw.
* 118 Sigwart, Logik I, 269쪽 후반.

자연적인 필연성이란 경험에서 얻어낼 수 없다. 경험은 무엇이 어떻게 있는가를 알려주기는 하나 결코 그렇게 되는 수밖에 없는 필연성이나 꼭 그렇게 되어야 할 성질을 가르쳐 주지는 않는다. 경험에서는 대체로 필연적인 상태와 더불어 동시에 보편적인 상태가 잇따르는 것이 사실이다. 모든 경험적인 귀납에 의하여 얻어진 인식은 비슷한 불확실한 것만을 갖게 된다. 자연법칙에서 가장 예외가 없다는 '만유인력의 법칙' 에서조차 경험적 과학에서 인식한 법칙이므로 선험적인 본질적 법칙이 될 수 없다고 즉, 모든 경우에 가능할 법칙의 보편성을 보증할 수 없다는 주장이 나오기도 했다. 경험과학에서 얻어낸 자연법칙이라는 것은 자연현상의 모든 경우에 필연적으로 공존할 수도 있으나 경우에 따라서는 본질적인 필연성이 결여되어 개연성이나 우연성이 잇따라 일어날 수도 있다.

니체는 경험과학에서 자연법칙의 필연성이 결여되는 이유를 다음과 같이 주장하였다. "평균적 보편성에는 예외 없는 규칙은 없다. 귀납법에 의한 분석은 법칙의 타당성을 분명하게 하지 못하고, 다만 다소 타당성 있는 개연성의 기초를 다질 뿐이다. 개연성에 의해 어떤 현상을 수긍한다는 것은 개연성이므로 법칙은 아니다. 따라서 귀납의 보편성은 결코 순수하거나 무조건의 법칙적 타당성이 있는 것이 아니고, 물적인 현상의 필연성도 우연성에 뒤따른 것일 뿐이다. 물리학적 법칙을 갖는 자연은 사실로서 존재한다. 경험적 과학의 의미에서의 법칙은 선험적 법칙으로서의 본질적인 법칙은 아니다. 왜냐하면 경험적 필연성은 본질적 필연성이 아니기 때문이다."[119]

자연의 법칙성을 부정하고 모든 확실성을 개연성으로 환원하여 통계적 분석을 뒷받침하여 본질적인 법칙이 가능하도록 시도한 경제학자로 제번스 Jevons,

* 119 E. Husserl, Logische Untersuchungen, 62쪽, 148쪽 후반, 240쪽, 290쪽.

William Stanley(1835~82)를 들 수 있다. 그는 영국의 경제학자로서 한계효용이론을 확립하였다. 제번스에 의하면 "내가 확신하는 것은 논리학적인 탐색을 거치기 전에는 법칙의 왕국은 입증되지 않은 가설이고, 자연의 획일성이라 할지라도 이는 애매한 표현이며 어떤 하나의 과학적 추론의 확실성이란 큰 범위에 이르기까지 그릇된 추상임을 입증할 수 있다는 것이다. 지금은 자연과학자 자신도 그들의 법칙의 제약성으로 인해 이러한 자명한 결론을 이해하기에 이르렀다."[120]

뽀잉까레Poincare, H.에 따르면 자연법칙은 다음의 것을 의미한다. "만약 이런 모든 조건이 충족되면 이 법칙에 따른 사건이 일어난다는 것은 진실일 것이다."[121] 또한 에크너Exner, F.에 따르면 "자연법칙은 다수의 소우주적 사상의 진실한 평균적인 결론의 표현에 지나지 않는다."[122] 네른스트Nernst, W.는 자연법칙이라는 과중(過重)한 요구를 다음과 같이 기술하였다. "우리들의 자연법칙은 모두 본질적으로 통계적 성질을 띠고 있으나 다만 정밀한 통계적인 중간가치를 제공하는데 불과하다."[123]

라이켄바흐Reichenbach, Hans는 이를 다음과 같이 설명한다. "우리들은 엄밀한 법칙을 직접 자연에서 찾아내지 못한다. 자연에 대한 단정은 어느 것이나 제한된 정밀한 개연성의 요구에 의해서만 해낼 수 있다. 따라서 모든 법칙은 자연인식의 근사한 성질이 전제가 되는 것이다."[124] 볼츠만Boltzmann과 플랑크Planck, Max에 의해서는 약간의 오해하기 쉬운 통계적 합칙성을 띤 표현으로 본질적인 법칙을 설명하고 있다. 플랑크는 그 밖에 필연성의 요구를 갖춘 순수한 합칙성을 본질적

* 120 W. S. Jevons, The Principles of Science, 1900, XI쪽.
* 121 H. Poincare, Der Wert der Wissenschaft, 제3판, 1921, 187쪽.
* 122 F. Exner, Vorlesungen ueber die physikalischen Grundlagen der Naturwissenschaften, 1919, 691쪽.
* 123 W. Nernst, Gueltigkeitsbereich der Naturgesetze, 1921.
* 124 Hans Reichenbach, Das Kausalproblem in der gegenwaertigen Physik, in : 응용화학 학술지, 제42집, 1929.

법칙의 범위 내에서 종적인 법칙으로 인정하려고 했다.[125]

이는 형이상학의 과거에서부터 발달되지 못한 한 부분의 위축된 흔적이라고 볼 수 있다. 이는 올바른 본질적인 법칙을 제대로 설명하기 위해 대응되는 충분한 논리라고 볼 수 없다.

이러한 주장은 통계에 근거하거나 동태(動態)적인 합칙성이 아닐 뿐만 아니라 또한 인과적이라고 볼 수도 없다. 이는 다만 합칙성으로서의 필연성과 개연성의 대립으로 인식하려는 것이다. 그러므로 이런 경우, 자연의 본질은 과학에 있어서 인지할 수 없다는 것은 틀림없다. 우리들은 최근 수십 년 동안 계속되는 새로운 발견을 통해 다만 이러한 본질에 한 걸음 접근한 것으로 생각할 따름이다.

사람들은 당분간 '원자 속에는 음전기를 띤 전자가 돌고 있다. 빛은 전파이다. 선의 방사는 간헐적으로 행해지고 있다는 것' 을 알고 있다. 새로운 발견은 새로운 놀라운 개방을 의미할 따름이다. 사람들은 자연의 본질에 대해서는 아무 것도 모르면서도 자연현상의 큰 부분들은 통계적으로 계산해 낼 수 있게 되었다. 이를 통해 근대 자연과학의 의미를 이해하게 된 것이다. 사람들은 무한히 작은 것 뿐만 아니라 무한대에 이르는 것도 측정하여 숫자로 분석하게 되었다.

뉴턴은 자연과학자의 연구에 있어서 바른 자세를 다음과 같이 단정하였다. "지금까지 나는 하늘의 현상을 중력에 의하여 설명하였다. 그러나 나는 중력의 원인을 설명하지 않았다. 어떤 원인으로, 어떻게 해서 중력이 발생한다는 것은 알았으나 그 중력의 특성의 근거를 현상에서 도출할 수 없었다. 그리고 나는 가설을 세우지 못했다. 중력이 현실에 존재한다는 것과 그것이 설명한 법칙에 따라서 작용하는 것만으로 충분하다고 생각했다. 나는 중력이 물체에서 본질적이란

---

* 125 M. Planck, Dynamische und statistische Gesetzmaessigkeit, 1914.

것은 조금도 주장하지 않았다. 독자는 내가 어디에서 작용하는 방법이나 또는 작용하는 물리적 원인을 정의하고 있다던가, 중심력이 생겨서 물체를 잡아당긴다고 말해도 사실상 물리적인 힘이 있다고 생각하지 않게 주의하기 바란다."[126]

이를 뒷받침하는 마이어Mayer, Rob.의 주장은 다음과 같다. "나는 하나의 물질 또는 하나의 사물의 내적 본질의 일반을 알지 못하는 것과 같이 내적 본질에 있어서의 열이 무엇인지, 전기란 무엇인지를 모른다. 그러나 나는 많은 현상의 연관성을 종래의 사람들이 보아 온 것 보다는 훨씬 분명하게 보고 있다는 것은 알고 있다."[127]

키르히호프Kirchhoff, P.는 다음과 언급하고 있다. "이러한 이유 때문에 나는 자연 속에서 진행하는 운동을 기술하는 것을 임무로 삼는다."[128]

또한 라이켄바흐Reichenbach, Hans는 이렇게 말하고 있다. "그 때문에 자연과학에서의 진리란 사물과의 일치를 의미하는 것이 아니라 그것은 불가능한 요구일 것이고, 이 개념체계 중의 내부적인 비모순성을 발견하는 것을 의미한다."[129]

이러한 자연과학에 있어 유명(唯名)주의의 열렬한 대표학자들은 프랑스의 새로운 자연과학자들이다. 그들은 아마도 보우트로Boutroux, E. 및 베르그송Bergson에 의해 영향을 받았다.[130]

---

*126 I. Newton, Scholium generale am Schusse der Principia ; in der Ausgabe: Philosophiae naturalis principia mathematica, 1726, 380쪽, 389쪽.

*127 Rob. Mayer, Kleinere Schriften und Briefe, 1893, 180-181쪽.

*128 P. Kirchhoff, Vorlesungen ueber Mechanik, 1876.

*129 Hans Reichenbach, Der gegenwaertige Stand der Relativitaets-Diskussion im Logos, Bd.X, 1922, 348쪽.

*130 E. Boutroux, De la contingence des lois de la nature, 1874 와 L'idee de la loi naturelle dans la Science et la philosophie contemporaine, 독일어판, 1907 : H. Poincare, Science et Hypothese, 1902와 Valeur de la Science, 1905 및 Science et Methode, 1912 : Pierre Duhram, La theorie physique, 1906와 Le systeme du monde, 5 Vol. 1913 및 Le Roy and Jourdan, Franzoesischer Brief in 'Probleme der Weltanschauung',1927, 479쪽, 491쪽 등을 참조할 것.

자연과학은 본질을 인식하는 것을 단념함으로써 그 대신 소중한 이익을 얻었다. 그것은 동일하게 반복되는 합칙성에 대하여 다음과 같이 이해하게 되었다는 것을 의미한다.

① **계산의 가능성 :** 계산의 가능성은 규칙에 따르거나 또는 필연성이 지켜지거나 인과법칙이 현상에 반영되는 것에 있는 것이 아니라 동일한 경우의 반복 속에 있는 것이다.[131]

② **포괄적인 방법을 통한 정확성의 예측**

③ **보편타당성 :** 이것은 자연과학의 가장 주요한 목적이었다. 자연과학은 가장 내부의 본질을 인식하려고 보편타당성을 파악하는 것을 목적으로 삼았다. 그러나 경험적인 자연과학에서 본질을 인식한다는 것은 원래 본질이란 경험적인 현상을 초월한 형이상학의 가치이기 때문에 수량적인 논증으로 밝히는 것이 아니라는 것을 알아서 다만 본질은 마음속에 새겨서 간직할 일이라고 하였다. 즉 '본질을 인식하는 것을 단념한다' 는 것이란 경험적인 논증에서 본질이 밝혀지는 것이 아니라는 것을 의미하는 말이다.

칸트도 근본에 있어서는 합칙성을 통찰하는 것 이외에는 아무 것도 입증하려고 하지 않았다. 그의 입장은 자연과학에 있어서 '이것만이 유일한 올바른 법칙' 이라는 것을 밝히는 것이었다.

칸트의 고전적 형식의 사고방법에 의해 자기 의견을 다음과 같이 제시했는데, "자연과학의 합칙성으로서 근원적인 자연력은 화학적인 근본성질로서 순수하고

---

* 131 니체 전집, 제15집, 320쪽.

본질적으로 신비한 질적인 현상이다." 이에 대해 쇼펜하우어Schopenhauer, A.는 다음과 같이 반박하고 있다 : "그것 이상 물리적으로 설명은 할 수 없고, 형이상학적인 현상을 초월한 설명을 할 수 있을 뿐이다."[132]

"병리학은 원인과 작용하는 법칙에 따르면 이 일정한 물질의 상태를 다른 상태로 나타내는 학문이다. 따라서 병리학은 그것을 설명하고, 설명할 임무를 수행한다. 그러나 그 현상 안의 본질은 병리학으로 해명되지 않는다. 이것은 자연력으로 불리우고 병리학적인 설명의 범위밖에 있는 것이다. 이렇게 나타나는 자연력은 그의 법칙으로 일어나는 현상의 내적 본질로서 어떤 현상에 있어서도 영구히 비밀로 존재하여 그 인과관계는 알 수 없는 상태에 머문다."[133], 또한 "동물이 움직인다는 것과 함께 돌이 땅에 떨어지는 것도 우리로서는 설명하기 어렵다."[134]

* 132 A. Schopenhauer, Von der vierfachen Wurzel usw, 제2판, 45쪽.
* 133 Ibid., 148쪽.
* 134 A. Schoppenhauer, Welt als Wille und Vorstellung, 제5판, 116쪽.

9장 자연과학적 사고의 경제학에의 응용

1. 실증경제학의 과학적 입장

자연과학적 사고방법을 경제학에 응용시키는 경우에, 경제학은 '실증경제학 die ordnende Nationaloekonomie'[135]이라고 이름 붙이고자 한다. 이론경제학의 대부분은 실증경제학을 대표하는 학자들에 의해 정립되었다. 그들은 실증경제학의 특질을 의식했던 것도 아니고, 더구나 순수한 실증경제학을 가르친 일도 별로 많지 않았다. 대부분은 실증경제학을 규범경제학이나, 이해경제학으로서 이해했거나, 또는 이 양자의 특질을 섞어서 의식하는 등으로 경제학을 전개하였다. 실제로 실증경제학 사상에 대하여 완전한 방법상의 명확성을 의식하여 실증경제학을 정립한 학자는 그리 많지 않았다.

우리들은 가장 명확하고 비교적 순수한 체계를 세워서 자연과학적 분석방법을 통해 경제학의 방법론을 제시한 여러 권의 저서에서 실증경제학을 찾아볼 수

---

*135 역주 동저서에서 좀바르트는 자연과학적 방법론에 의해 형성되어지는 경제학을 die ordnende Nationaloekonomie로 정의하고 있는데, 여기서 ordnend는 자연적인 질서가 정돈된, 정리된 또는 배열되었음을 뜻한다. 이는 경제현상이 자연현상과 마찬가지로 정리되고 배열되어 실제로 증명할 수 있다는 것을 전제로 한다. 이러한 관점에서 현대경제학 체계와 연관지어 볼 때, die ordnende Nationaloekonomie는 내용의 특성상 실증경제학으로 번역하는 것이 타당하다고 본다.

있다. 이러한 연구자 중에는 고전학파의 대표적 이론가로서 실증경제학을 완성한 존 스튜어트 밀과 까르네J. E. Cairnes, 칼 멩거Carl Menger 등을 들 수 있다. 이들의 유명한 저서를 소개하면 다음과 같다 :

① 밀의 일부 미확정적인 문제에 관한 논문: 1884년, 1874년(제2판)[136]

② 까르네의 경제학의 성질과 논리적 방법: 1856년, 1888년(제3판)

③ 멩거의 사회과학, 특히 경제학 방법에 관한 고찰: 1883년 등이다.

눈에 드러나게 자연과학적 태도를 갖고 경제학을 정립한 학자들은 크게 3대 학파로 구별해 볼 수 있다.

먼저 객관주의 학파를 들 수 있다. 그들은 경제적 사상(事象)을 객관적인 수치로 표현하였는데, 예를 들면 화폐량, 재화량, 노동량 등에 대하여 설명한다. 이러한 객관주의 학파에는 중농주의(重農主義)학파, 영국의 고전학파, 그리고 그의 추종자들, 사회주의적 이론가들, 칼 로드베르투스Karl Rodbertus 및 칼 마르크스Karl Marx도 이에 속한다고 볼 수 있다.

다음으로는 주관주의 학파를 들 수 있다. 그들은 경제적 현상을 단순히 심리학적 사실로 환원하여 설명하고자 했다. 이들은 바로 한계효용설을 지지하고 이 학설에 근거하여 경제학을 정립한 사람들이다. 이중 특출한 학자로는 제번스Jevons, W. S. 멩거Menger, Carl, 마샬Marshall, Alfred, 클라크Clark, John Bates 등을 들 수 있다.

마지막으로 관계주의 학파를 들 수 있다. 그들은 경제생활의 여러 과정들을

* 136 이 논문의 핵심적인 장(章)들은 이미 1830년에 발표되었다. 그 중 논리학에 관한 부분은 괄목할 만하다.

실질적으로 파악하는 것을 단념하고, 인과나 근원을 따지는 분석방법 대신으로 관계론이나 균형론으로 바꾸어 놓으려 하였다. 그들은 경제학을 설명하기 위해 특별히 수학적 기법을 사용하였는데, 이 때문에 그들은 수학파로 알려졌다. 이러한 수학파 중에는 꾸르노Cournot, A. A.에 의해 이론적 기초[137]가 정립되었고 이를 바탕으로 뛰어나게 수학적인 방법에 의해 경제현상을 설명한 대표적 경제학자들로는 왈라스Walras, 파레토Pareto, 에즈워스Edgeworth, 슘페터Schumpeter 및 바로네Barone 등을 들 수 있다.

이러한 실증경제학을 대표하는 학자들의 경제학에 대한 공통된 가치관을 살펴보면 다음과 같다.

첫째, 실증경제학자는 과학적 분석방법을 통해 경제현상을 연구하였다. 그들은 모든 것을 인식하려고 하였고, 연구 성과의 보편타당성을 정립하려고 노력한다. 그들은 분석에 있어 형이상학적인 요소를 배제하였을 뿐만 아니라, 주관적인 가치판단도 반대하며 경제학을 연구한다.

둘째, 실증경제학자는 자연의 인식방법론을 사회적, 문화적, 경제적인 현상을 인식하는데 응용할 수 있다고 믿고 경제학을 정립하려고 노력하였다. 이와 관련하여 멩거는 이렇게 언급하였다. "이론적 자연과학과 이론적 사회과학과의 대립은 오직 현상의 대립일 뿐이다. 그러나 현상계의 양 과학의 범위는 모두가 이론적 연구를 함에 있어 그 정밀함이 현실적으로 허용이 가능하므로 결코 방법상의 대립은 아니다."[138]

---

*137 수학적 분석방법의 이론적 기초를 제공한 꾸르노의 대표적 저서로 Recherches sur les principles mathematitiques de la theorie des richesses, 1838를 들 수 있다.

*138 Carl Menger, Untersuchungen usw, 39쪽.

셋째, 실증경제학자는 자연과학을 보다 완전한 과학으로 생각하고 있었다. 그 중에서도 정밀 자연과학은 가장 완전한 과학으로서 이의 분석방법을 경제학에 적용하면 보다 완전한 경제학이 정립될 수 있다는 견해를 가지고 있었다. 완전한 과학이 과학의 이상인 만큼 경제학의 이론도 이러한 과학적 이상을 추구하려는 완전한 과학의 한 부분으로 성립시키려는 것이다. 다음과 같이 실증경제학의 뛰어난 대표학자들의 중요한 견해에서 경제학은 정밀과학으로 전환됨을 인지할 수 있다.

중농주의학파에 의한 경제표(經濟表: Tableau economique)의 교묘한 발명 이후 경제학은 정밀 과학이 되었다. 그의 모든 점이 기하학이나 대수학의 증명에서와 같이 엄밀하고 확실한 증명이 가능하게 되었다.[139]

중농주의학파의 한 사람인 미라보Mirabeau는 "경제표는 정확하고 정밀한 계산을 도출하려고 발명된 산술의 제1규칙이고, 이는 '너의 얼굴에 땀을 흘려 빵을 먹어라' 는 신의 명령의 끊임없는 실행이다."라고 표현하였다.

르 뜨로네Le Trosne는 "측정할 수 있는 사물 위에 습득된 경제학은 정밀과학답게 계산해 낼 수 있다."등으로 정밀과학으로서 경제학을 강조하였다.

또한 밀은 "경제학이 속하고 있는 사회과학은 복잡한 물리학적인 제과학을 본따서 성립된 연역적(演繹的)인 과학이다. 따라서 경제학의 인식방법은 구상적인 연역적 방법에 따른다. 천문학이 가장 완전하고 물리학은 얼마간 완전성이 모자란 실례를 제공한다. 대상에 따라서 요구되고 있는 주의와 적응을 하면서 그를 통한 응용은 생리학을 개조하기 시작한다"[140]라고 경제학을 비유하였다.

* 139 Ewald Schams의 저서 507쪽을 참조할 것.
* 140 J. S. Mill, Logik 2, 512쪽.

실증경제학의 중요성에 대한 까르네의 표현을 인용하면, "경제학은 외적 경험에 의거하는 실증적인 과학이고, 일반적 명제에 연역하는 한, 가설적 과학이다. 그러므로 경제학은 역학, 천문학, 전기과학 및 연역단계에 도달하는 모든 과학과 같은 과학에 속한다"고 한다.[141]

맥르오드Macleod는 "경제학은 역학 또는 광학 또는 어떤 다른 물리학과도 마찬가지로 위대한 논증적인 과학이다."[142] 또한 꾸르노는 "인간 사회의 적극적 발전이 현저한 부분에 있어서 물리적 현상을 지배하는 법칙과 비슷한 수학적 법칙의 지배하에 인간사회가 놓이게 되었다. 이 인간사회에는 일종의 가치의 역학이 있다. 이 가치의 역학은 운동을 취급하고 운동을 만들어 내는 세력의 추상을 취급하는 소위 역학과 비슷한 것이다."[143] 라고 비유하여 표현하였다.

파레토는 또한 "경제학을 물리학에서 본 것 같은 관계의 사실로서 결론을 도출하려고 한다. 모든 자연과학은 그 연구를 논리적이고 실험적인 방향으로 진전시킨다. 그리고 우리들의 의도가 이 같은 양식으로 사회과학을 연구하려는 것을 우리들은 선언하지 않으면 안 된다."[144]고 표현하였다.

슘페터는 "과학적인 세계에는 인간이 관여할 틈이 많이 벌어져 있다. 그 틈새로 인간이 관여한 과학적인 탐구결과가 보잘 것 없다고 하더라도 정밀한 방법으로 탐구한다는 사실이 매우 중요하다. 순수경제학의 최고의 흥미는 정밀한 사유(思惟)영역을 넘어서 확장할 수 있다는 점에 있다.", "경제학은 다른 지식영역보다도 정밀한 자연과학과 인연이 깊다.", "모든 정밀한 과학은 동질일 뿐만 아니

---

*141 J. E. Cairnes, The Character and logical method of Political Economy, 1888, 47쪽.

*142 McLeod, The Principles of econom. philosophy, 제2판, 1872, 122쪽 후반.

*143 A. A. Cournot, Traite de l'enchainement des idees fondamentales dans les sciences et dans l'histoire, 1861, 신판, 1923, 485쪽 후반.

*144 V. Pareto, Traite de Sociologie, Vol. 2, 1917, 68쪽, 486쪽을 참조.

라 하나의 정밀과학으로서 같은 사유방법을 사용할 수 있을 것이다."[145] 등으로 표현하였다.

이와 같은 다양한 경제학 분석방법에 대한 근본적인 해석에 따르면 자연과학적 분석을 선호하는 경제학자에 있어서의 최고의 목적은 '실제 상태의 경우' 에 전개될 질서를 찾아보는 법칙을 발견하는 것이다. 학자들은 이렇게 해서 발견된 법칙을 이론 또는 이론적으로 인식하려는 것이다. 우리들은 구체적인 사실을 '사실의 공존(共存) 또는 계기(繼起)' 의 일정한 규칙성(법칙)을 특수한 경우로서 관찰할 때, 어떤 구체적 사실의 이론적 논리를 얻어낼 수 있다. 바꾸어 말하면 우리들은 실제상태에서 사실로 나타나는 법칙의 증거를 찾아보는 방법을 배움으로써 사실의 존재목적과 존재 및 본성을 설명할 수 있는 이론을 도출해 내게 되는 것이다.[146]

자연과학적 법칙개념을 경제학에 도입한 최초의 사람으로는 내가 아는 한에 있어서는 세이Say, Jean-Baptiste이다. 그의 저서에서 다음과 같은 서문을 읽을 수 있다 :

"일반적 사실은 실제로는 특수한 사실의 관찰이 이루어진 다음에라야만 잘 알 수 있다. 우리들은 잘 관찰하고 잘 확인한 사실에 대하여 증인이 될 만하게 특수한 사실을 선택할 수 있다. 이렇게 잘 관찰하고 확인할 때 그 결과는 동일한 논증이 나온다. 곧, 논증이 동일한 결과를 지시한다. 이 결과를 보편적인 법칙으로 삼는 근거는 동일한 논증결과가 나오기 때문이다."[147]

* 145 J. Schumpeter, Das Wesen und der Hauptinhalt der theoretischen Nationaloekonomie, 1908, 563쪽, 613쪽, 533쪽.
* 146 C. Menger, op. cit., 17쪽.
* 147 J. B. Say, Traite d' economie politique, 제6판, 1841, 7쪽.

이래서 보편적 법칙은 보편적 사실에 근거하고 있다. 곧 사람들이 경험에서 도출하여 규칙적으로 다시 일어나게 할 수 있는 사실은 정확한 자연법칙인 것이다. 그로부터 경제학의 모든 이론가나 모든 전문적인 방법론 학자는 법칙을 발견하는 것을 과학의 가장 귀중한 사명이고 종국적인 공헌이라고 말해 왔다.

앞에서 이미 확인한 것처럼 밀, 까르네, 제번스, 마르크스 , 멩거, 파레토, 바로네, 오펜하이머 등의 학자들로부터 자연법칙의 개념에 대하여 일치된 의견을 들을 수 있게 되었다. 그것은 자연과학적 분석방법을 통한 자연법칙을 경제학의 분석방법으로서 적용시킬 수 있다는 의견이다.

2. 자연과학적 경제학의 방법

자연과학의 분석방법을 충분히 이해한 후에야, 자연과학적 경제학의 방법을 이해하기가 쉬울 것이다. 왜냐하면 경제학 분석방법의 하나로 자연과학의 방법을 충실하게 모방했기 때문이다.

자연과학적 방법을 통해 첫째로 나타난 것은 경제학에 계산과 측정이 가능한 사실로서의 수치를 얻어냈다는 것이다. 많은 경제학자들은 경제학 방법론의 첫 번째 사명으로 수량적 개념을 명백히 인정하였다. 나는 헤르만Hermann, F. B. von이 경제과학에 관해서 부여한 개념규정을 상기하고 있다. 그는 경제과학을 기술과 구별하기 위하여 양적인 학문이라고 하였다.[148] 오펜하이머는 인간의 집합된 행위를 양적인 표현을 통해 법칙적으로 설명할 수 있는 것을 경제학의 최고의 목적으로 삼았다.[149] 파레토는 이 부분과 관련해서 다음과 같이 언급했다.

---

*148 F. B. von Hermann, Staatswissenschaftliche Untersuchungen, 1832.

*149 F. Oppenheimer, Theorie der reinen und politischen Oekonomie, 1912, 63-64쪽.

"사람이 사물에 대하여 취하는 표현이 현실에 접근할수록 표현은 더욱 양적으로 밝히는 경향을 띠게 된다. 과학은 완성됨에 따라서 양적인 수치를 드러내는 경향이 있다고 사람들은 말한다. 오랫동안 경제학은 거의 질적으로 표현되었으나 이제는 순수경제학에 이르러 양적인 표현이 가능하게 되었다."[150] 이미 제번스도 이와 비슷한 형태의 표현을 했다. 우리들은 그를 양적인 이론가라고 말할 수 있다. "모든 과학이 진보함에 따라서 차츰 양적으로 된다는 것은 거의 의심할 여지가 없다. 경제학이 적어도 과학답게 되려면 수학적 과학이 되어야 함은 명백하다. 과학이 양을 취급하므로 수학적이라야 한다는 것이다."[151] 경제이론은 재화와 노동과 관련지어 설명하는 것이 아니라 순수한 수치를 취급하는데 치중하여야 한다.[152]

지금은 근대 유통경제에 의해 점차 확대되면서 이런 '수치' 또는 '순수한 양'을 주로 화폐라는 양으로 표현하고 있다. 그리고 이러한 과학적 부기(簿記)에서는 생활자체가 빈틈없는 양적인 체계를 통해 표현된다. 그러나 이론경제학에 대한 명예욕은 실천에 의하여 제공된 수치의 가공보다도 훨씬 높은 목적에 두고 있었다. 사람들은 모든 경제현상을 가격이라는 수치로 설명하려는 보편성을 찾아내려고 정밀한 연구를 하게 되었다. 그래서 멩거는 최후의 수치적 요소로 환원하는 연구를 '정확성(정밀)'이라고 불렀다.[153] 경제현상의 이론적 이해는 정밀한 방법에 의하여 그 경제현상이 어떻게 발생하여 개별적, 수치적 요소로 환원되는 것과 경제현상이 환원됨에 따라서 개별적 요소로서 성립되는 법칙의 연구에 의

* 150 V. Pareto, Traite de Sociologie, 144쪽.
* 151 W. S. Jevons, The Principles of Science, 1900, 273쪽 과 The Theory of Political Economy, 제4판, 1911, 3쪽.
* 152 Ernst Schuster, Das Einkommen, 1926.
* 153 C. Menger, op. cit., 182쪽.

하여 경제현상을 이론적으로 이해할 수 있게 되었다.

계속해서 분자나 원소에서 원자나 전자를 생각하는 자연과학자와 같이 경제현상을 정밀하게 생각하는 학자들이 늘어났다. 온갖 자연과학적 방법으로 연구를 하면 경제에서 일정한 법칙을 찾아낼 수 있다고 생각하게 된 것이다. 이들의 분석하는 방법에 따라 '주관주의학파'와 '객관주의학파'의 논자들로 나누어진다.

주관주의학파 논자들은 근본에 있어서 연상(聯想) 심리학의 학설을 이용하였다. 밀이 주관주의학파들의 입장의 기초를 제공해 주었다. 그는 스스로 경제학을 '도덕적, 심리학적 과학'으로 이름 붙이고, 경제학은 인간의 영적 생활의 일반적 법칙 위에 세워져야 한다고 말했다.[154]

분트도 이와 마찬가지로 가르쳤다. "이 같은 기초적인 경제법칙이 인간심리의 보편적이고 타당한 심리에 그 근원을 두고 있었던 사실이야말로 모든 사회적 법칙의 타당성에 대한 마지막에 근거하고 있기 때문이라고 말할 수 있다."[155]

이 같이 심리학자나 심리학자적 접근방법을 따르는 경제학자가 '단순한 사실'인 수치를 찾아서 인간의 심리를 파악하다가 알아낸 것은 여러 종류의 '감각'과 '본능'이었다. 바로 이기심이라는 본능이 '부(富)에 대한 욕구'로서 발현되어 경제적 특징을 나타내는 '단순한 사실'의 역할을 하고 있다는 사실을 발견한 것이다.

고전학파 경제학에서 맬더스Malthus가 주장한 '생존하려는 의지'도 적지 않은 중요성을 가지게 되었다. 이기심과 생존하려는 의지는 오랫동안 양자가 서로 작

---

* 154 J. S. Mill, Unsettled questions of Political Economy, 133쪽.
* 155 W. Wundt, op. cit., 656쪽.

용하여 시장에 반영됨으로서 경제생활의 메카니즘을 구성하는 두 원동력이 되었다. 최근에 들어와서 종래의 그런 것에 덧붙여서 심적(心的)인 상태를 기본적으로 확인할 수 있는 사실로 인정하여 '만족'과 '불만족' 또는 '효용의 가측성'이라는 경제사상을 '단순한 사실'의 개념으로 환원시키는 것이 한계효용학파의 특징이라는 것을 알게 되었다. 공업 및 상업에서의 인간들의 행위전체는 이익과 불이익의 양을 비교하는 것에 연결되어 있다는 기본적인 사실을 사람들은 알게 되었다.

이러한 분석방법의 새로운 인식은 객관주의학파를 형성하는 계기가 되었다. 객관주의학파는 경제현상을 그의 존재 또는 운동에 귀착할 수 있는 기본적인 사실을 인간의 마음 밖인 경제생활의 제활동 속에서 발견하려고 열중하였다. 이와 같이 해서 화폐적 수치를 먼저 거론하였고 다음에는 재화와 관련된 구체화된 인간노동도 화폐적 소득을 목적으로 보아도 좋다고 믿었다. 이러한 노동이 바로 리카르도, 로드베르투스 , 마르크스와 그 밖의 경제학자들의 경제사상을 형성하고 규제한다는 것은 주지의 사실이다.

주관주의와 객관주의 사이의 중간적인 입장을 취하는 많은 학자를 관계론자(關係論者)가 차지하고 있었다. 그 중에서 가장 중요하게 드러난 학자로는 파레토를 들 수 있다. 그는 경제학을 분석하는 방법론에 있어 심리주의에서 벗어나려고 노력하였으나 완전히 성공하지는 못했다. 그가 사용한 '복지 Ofelimita (ophelimite)'의 개념은 심리주의적 특징의 '단순한 사실'과 객관주의적 특징의 '단순한 사실'과의 중간에서 동요하고 있음을 알 수 있다.[156]

자연과학에서와 마찬가지로 경제학에서도 이와 같이 찾아낸 단순한 사실을

* 156 W. S. Jevons, op. cit., 10쪽.

질서 있게 정돈할 필요가 있었다. 즉, 자연과학에서 사용된 질서원리의 도움을 받아 경제학에서도 적용되게 되었다. 모든 자연과학에서와 마찬가지로 실증경제학에서도 질서원리로서 사용된 보편개념으로서 3가지의 질서개념이 필요하였는데 다음에서 이를 제시하고자 한다.

질서원리의 첫 번째 개념은 자연과학적 방법론에 근거한 경제학에서 가치라고 불리어지는 '실체개념(Substanzbegriff)' 이다. 그 동안 이론가들에게 오랫동안 이 가치개념에 어떤 중요성이 있는지를 알 수 없었다. 이 문제를 다루는데 있어 실증경제학자들 중에 관계론자들이 나타났다. 그 중에서 파레토는 이미 무용하게 버려진 가치개념을 가지고는 경제학을 배울 수 없으므로 자연과학적 방법이라야만 경제학의 가치로서 실체개념의 질서를 세울 수 있다고 주장하였다.[157, 158] 이것은 실증경제학의 정립과정에서 우리들의 흥미를 끌 만한 것이다.

질서원리의 두 번째 개념은 '체계(system)' 라는 개념이다. 사람들이 서로 관계를 갖고 그들의 자발적인 결심에 의해 일정한 힘이 작용하는 사람들의 조직이나 기구를 '체계' 라고 볼 수 있다. 이러한 집단들의 여러 가지 힘의 작용은 일정한 변화나 추이(推移)가 나타나고 다음과 같은 경제적 체계로 연결된다. 사람들이 만든 기구는 그 기구의 경제적 활동상태를 유추(類推)하여 나타나는 집합성을 경제적 체계라고 부를 수 있다. 어떤 힘이 이 체계에 작용하면 경제적 체계의 여러 부분에서 사람들의 지위는 작용하는 힘의 논리[159]에 따라 유대와 대립의 양상

---

* 157 역주 V. Pareto, Traite de Sociologie, 104쪽 ; Manuel d' Economie politique. III, 29-30쪽, 35-36쪽.
* 158 역주 '가치' 라는 개념을 설명한 독일문헌의 수는 좀바르트 당시 무려 661종류나 되었다. 그 중 대표적인 문헌으로는 Joh. Erich Heyde의 Gesamtbibliographie des Wertbegriffs,Teil I과 Arthur Hoffmann-Erfurt가 펴낸 Philosophie Heft 15/16, 17/18, 1928을 들 수 있다. 그럼에도 불구하고 이들이 규정한 가치라는 개념도 결코 완전하게 가치의 개념을 설명하고 있다고 볼 수 없다. 가치라는 개념을 경제학에서 규정한다면 좀바르트는 "다만 나는 가치를 설명하는 가치는 무엇인가"로 반문하면서 경제학에서 가치라는 개념을 구체적으로 명료하게 설명하는 데는 한계가 있음을 강조하였다.

으로 나타날 수 있다.

마지막 세 번째로 실증경제학에서 가장 중요하게 여기는 질서원리는 '법칙개념 Gesetzbegriff' 이다. 법칙개념에 대해서 대체로 이론가들은 경험적 법칙과 과학적 정밀법칙으로 나누어 구별한다. 경험적 법칙은 경험에서 얻은 현상의 반복성을 정한 규칙이다. 경험적 법칙에 도달하는 방법은 '귀납적' 이고, 또한 '현실주의적' 연구이다. 경험적 법칙은 과학적 법칙 곧, 자연법칙을 찾아내기까지의 잠정적인 정리에 불과하다. 이 법칙의 적용을 통해 연역과 정밀이론으로 과학적인 경제학이 도출되는 것이다.

주관적인 견해로는 모든 경험적 법칙에 있어 그것에 환원될 '자연법칙' 은 바로 인간의 마음의 법칙이다. 이와 관련하려 밀은 다음과 같이 언급하였다. "인간정신과 인간사회의 상태는 고유한 독립의 작용을 지배하는 심리학적, 성격학적 법칙에 종속하지 않으면 안 된다", "경제적 법칙을 발견하는 일이 과학의 최후의 목적은 아니다. 경제적 법칙이 그에게 종속하지 않으면 안 될 심리학적, 성격학적 법칙과 결합되어 선험적인 연역과 역사적 증명과 일치에 의하여 경험적 법칙에서 과학적 법칙으로 변화되는 것이다. 이렇게 되기까지 경제의 미래문제를 예측하는 것은 신뢰할 수 없다."[160]

한편 삭스 Sax, Emil는 다음과 같이 말하고 있다. "자연과학자가 힘에 대하여 말한 것과 같은 권리로서 심리적 자극을 경제의 기본적인 현상이라고 말할 수 있다. 그 과정에서 나타나는 작용의 여러 법칙을 말할 수 있다. 어느 경우에서나 현상의 일반적인 본질이 파악될 수 있고, 그 사이에 존재하는 일반적인 관련도 입

* 159 역주 여기서 좀바르트가 표현하고 있는 힘의 관계(논리)란 현대경제학의 입장에서 소위 '시장의힘' 으로 해석하는 것이 바람직하다.
* 160 J. S. Mill, op. cit., 258쪽.

증될 수 있다."[161]

내가 아는 한 지금까지 설명한 형식에 따라 경제현상을 분석하여 하나의 경제법칙을 제시한 경제학자는 없는 것 같다. 아주 예외적으로 철학자 중에서 이러한 시도를 한 사람이 있는데 그가 바로 분트Wundt, Wilhelm이다.[162]

분트는 경제법칙을 세 종류로 구분하여 분석하였다. 이것은 그가 분류한 세 가지의 심리학적 원리인 창조적 종합의 원리, 관계적 분석의 원리, 대비적 강화의 원리에 조응하여 정립된 것이다. 즉, 이 세 가지의 심리학적 원리에 따라서 경제법칙을 사회적 합성력의 법칙, 사회적 관계의 법칙, 사회적 대비의 법칙의 세 가지를 내세웠다.

먼저, 사회적 합성력의 법칙의 일례로는 맬더스의 인구법칙을 들 수 있다. 이는 주어진 상태는 언제나 동시에 다양하게 존재하는 힘으로 환원된다. 이 분산된 힘들은 주어진 상태 속에서 결합하여 하나의 통일된 전체의 작용을 하고 있다. 둘째로, 사회적 관계의 법칙을 들 수 있는데 이 법칙의 예로는 마르크스의 잉여가치의 법칙을 들 수 있다. 모든 중요한 사회현상은 사회적 생활이 서로 다른 계층이 동시적으로 이루는 경제현상과 상호관계를 갖고, 이러한 상호관계에 의하여 일반적인 사회상태의 특징이 다소나마 분명하게 나타나 사회 전체를 구성하는 경험과 관계되어 나타난다. 마지막으로 분트가 제시한 경제법칙은 대비 작용의 법칙이다. 이는 특징적으로 현상과 대비되어 나타난다는 법칙으로 경제에서 주기적으로 나타나는 공황의 법칙을 예로 들 수 있다. 일정한 현상이 다른 현상

---

* 161 Emil Sax, Die neuesten Fortschritte der nationaloekonomischen Theorie, 1889, 10쪽.
* 162 역주 분트는 독일의 심리학자로서 철학 교수로 봉직하였고, '생리학적 심리학 요강'(1847년)과 '민족 심리학' 10권(1900~1920)을 간행했다. 경험과학을 자연과학과 사회과학적인 정신과학으로 분류하고, 후자의 기초과학으로서 심리학을 생각하고 복잡한 정신작용을 분명하게 하기 위해 생리학적 심리학과 구별하여 민족 심리학의 분야를 개척하였다.

에 대립하여 외적 동기에 의하여 사회생활의 모든 사상(事象)이 강제되거나 종속된다.

모든 자연법칙은 경험적이고 결국은 귀납과 현실주의적 연구방법에 의존하므로 따라서 인간의 심리생활의 가장 일반적 법칙에 의존하게 되는 것이다.

밀이나 까르네와 같이 특히 영국의 논리학자에 의하여 잘 사용되는 연역적 방법과 귀납적 방법과의 대립이란 것도 자칫하면 잘못 사용되기 쉬운 것이다. 실제로는 이 대립은 원칙적으로 존립할 수 없는 것이다. 다만 그들이 연역적 방법이라고 이름을 붙여 경제학에 응용될 것으로 생각한 것은 정밀하게 말하면 귀납적 방법으로 얻어낸 법칙이란 것도 기껏해야 일반적 법칙에서 특수한 법칙이 파생되는 경우를 총괄하는 개념에서 나온 말이다. 그렇게 해서 도달한 일반적인 법칙이란 귀납적 방법과 다를 바 없다.

'정밀' 이라던가 '비정밀' 의 법칙의 구별은 멩거에 있어서는 전혀 정확한 의미를 갖지 못한다. 그것은 법칙이 수학적 공식으로 표현되듯이 순수한 양에서 법칙을 도출하려고 시도한 방법에서 '정밀' 이라고 부를 경우에만 정확하다는 의미를 가질 수 있다. 멩거가 '정밀' 이란 개념하에서 이해하는 것은 결코 이 개념에 적합하지 않는다. 이 점에서 슈몰러Schmoller, Gustav가 멩거와의 논쟁에서 슈몰러가 물리학과 아니면 화학연구소의 소장이 멩거의 '정밀' 의 개념으로 연구를 하려는 학생을 내쫓을 것이라고 말한 것은 이들의 대립되는 주장을 잘 비유한 표현이다. 멩거의 법칙구성 이론은 그의 책 중의 가장 약점부분이다. 그는 그의 두 가지 법칙개념, 곧 경험의 현상을 질서 있게 할 자연법칙의 개념과 경제행위의 법칙의 개념과의 사이에서 끊임없이 혼란에 빠지고 있다. 이들의 법칙을 그는 경제성의 법칙이라고 이름 붙였다. 나는 자연과학적 특징의 경제법칙개념을 오직 주관주의적 방향에 따라서만 명료하게 하였다. 근본에 있어서 그것은 실증경제학의 모든 변종(變種)에 있어서도 같은 것이다. 법칙이란 가장 높게 완성되었을 때에는 변화하는 용량에 있어서도 최후의 기본적인 수치와의 관계에서 늘 똑같이 파악되는 상태로 현상의 경과 중의 규칙성이 그 중에서 경험적으로 확정되어 있을 듯한 공식이다.

본질적인 차별은 연구자 각자의 자연과학적 사유에 있어서 발전의 정도 차이에서 생길 따름이다. 그들 중 대다수는 과거에 자연과학이 그랬던 것처럼 그런 사유과정의 연장선상에 머물고 있다. 이들의 연구자는 아직도 인과법칙, 곧 그 중에는 일정한 현상이 일정한 작용을 하는 힘의 탓으로 돌려질 법칙을 수립한다. 이에 속하는 것으로서 일반적인 법칙으로는 노동비용의 법칙, 한계효용의 법칙, 오펜하이머의 물류 법칙이 있다.

노동비용의 법칙, 한계효용의 법칙, 물류 법칙 등의 일반적인 법칙으로부터 특수적인 법칙으로서 예컨대 임금의 법칙, 지대의 법칙, 이자의 법칙이 도출된다.[163] 전자는 대체로 역학의 법칙이고, 후자는 물리학의 법칙에 상당한다. 그러나 이러한 인과법칙의 입장은 지금으로서는 경제학자에게는 낡은 것으로 간주되고 있다.

정밀 자연과학과 동시에 인과법칙에서 한 단계 발전하여 순수한 기능법칙이 실현되고 있다. 소위 수학파라고 불리어 지는 관계론자가 이 같은 진보한 입장에서 있다. '법칙' 은 그들에게는 자연과학자의 입장과 조금도 다르지 않다. 곧, 법칙은 수치 상호의 일정한 기능적 관계가 표현될 미분방정식의 공식에 불과하다.

---

* 163 역주 임금-, 지대-, 이자의 법칙은 현대경제학의 소득분배이론으로서, 임금, 지대, 이자 등의 요소 소득이 어떻게 결정되는가를 밝힌 법칙이라고 볼 수 있다.

파레토는 "수학을 응용한 덕분에 경제이론은 경험한 사실을 통해서만 존재해야 하나, 곧 개인의 의지와는 상관없이 결합되어 나타난 재화의 수량 등의 결정에 있어서만 존립하는 것이다. 경제학의 이론은 이같이 복지의 도움을 요구하는 일도 없고, 실체와 원인과를 관계시킴도 없이 합리적 기구의 엄밀함만을 고수하여 어떠한 형이상학적인 실제에도 관계하지 않고 개체적인 요소는 배제된 채, 경험한 결과의 수치만을 추론한다"라고 주장했다.[164]

슘페터에 있어서도 자연과학의 방법을 경제학에 응용하려는 같은 사상가임을 알 수 있다. "우리들은 이론이 제공하는 설명은 되도록 짧게 보편 타당한 방식으로 체계적 요소간의 기능적 관계를 기술하려고 한다. 이 방식을 법칙이라고 부른다"[165]는 슘페터의 말에서 쉽게 그의 입장을 이해할 수 있다.

이와는 다른 변화된 방법론으로서 르 플레이Le Play와 뚜비유Tourville가 정립한 방식에 따른 연구가 있다. 대표적으로 프랑스의 사회과학학파의 방법론은 25개의 사회현상에서 326개의 다양한 구성요소를 고찰하여 사회적 사실의 상호 작용과 반작용을 발견한 연구를 들 수 있다. 이러한 차원에서 발도르Valdour, Jacques는 "사회과학은 자연과학과 같은 자격을 가진 관찰과학이다. 모든 과학에 있어서 일반적인 분석방법은 동일하다고 볼 수 있다"[166]라고 강조했다.

내가 시도하려는 것은 실증경제학의 이 중요한 방향이 지향하는 큰 줄기를 발견하는 것이었다. 질서 경제학의 대표적 학자들은 무엇보다도 정밀 자연과학의 모범에 따라서 연구하려고 노력하였다. 그 경우 대부분은 자연과학적 방법에 있어 본질의 불명확한 것과 미완성된 관념을 갖고 연구과업을 추진할 수밖에 없었

---

* 164 V. Pareto, Manuel d' Econnnnnomie politique, III, 36쪽, 57쪽.
* 165 J. Schumpeter, Wesen und Hauptinhalt, 1908, 43쪽.
* 166 Jacques Valdour, Les methodes en science sociale, 1927, 267쪽 후반.

다. 다만 관계론자 또는 기능론자만 다시 말해 수학파의 논자들만 문제를 고찰하여 철저히 분명한 학설을 제시할 수 있었다. 그러므로 최선을 다한 사색을 통해 정밀한 경제학을 정립하려한 경제학자들에게 경의를 표하지 않을 수 없다.

3. 실증경제학의 인식가치

실증경제학의 인식가치를 한마디로 요약하면 외연적(外延的) 인식가치와 내포적(內包的) 인식가치로 나눌 수 있다. 이는 실증경제학을 인식의 넓이와 인식의 깊이로 구별할 수 있음을 의미한다.

자연과학적 경제학의 인식의 넓이는 분명히 적어도 '정밀' 한 이론적 틀에서 노력하는 한에서는 경제생활에 있어서의 양(量)적인 분석이나, 또는 수량화 할 수 있는데까지 밖에는 미치지 못한다. 이것은 밀에서부터 마샬[167], 제번스에 이르기까지 자연과학적 경제학에 밝은 모든 대표적 학자들도 긍정하고 있는 점이다. 그러나 인간의 심리적 과정까지도 수량화 할 현상으로 생각한다면 사람들은 이 범위를 너무 확대한 것으로 여길 것이다. '효용' 을 수치로서 파악하고 이것을 측정하려고 하는 것은 결코 실현할 수 없는 시도이다. '효용과 이기심의 기구' 는 한계효용학파 중에서 가장 분별 있는 제번스와 같이 결국 화폐적 표현을 회피할 때 그 의미를 갖게 된다. 그렇지 않으면 파레토와 그의 학파가 한 것처럼 '효용' 을 계산에서 전적으로 제외하지 않으면 안 된다. 실증 경제학을 정립하는데 있어서 우리들이 가장 확실하게 할 것은 실증경제학을 재화(財貨)의 가격과 재화의 양에 관한 학문으로 한정해 버리고 이론경제학의 근본문제는 가격형성의 설명

* 167 A. Marshall, Principles of Economics, I, 73쪽.

이라고 분명하게 깨우쳐야 할 일이다.[168]

아몬Amonn, Alfred이 리카아도의 '원리'를 이론경제학의 대상이라고 언급했을 때에는 아마도 약간 이와 비슷한 생각을 머리에 떠올렸기 때문일 것이다.[169] 바꾸어 말하면 실증경제학은 결국 시장분석을 착수하지 않으면 안 될 것이다.

자연과학적 경제학의 인식의 깊이에 관해서는 자연과학에서와 마찬가지로 경제학은 본질의 인식을 단념하지 않으면 안 된다. 그것은 무엇부터, 무엇에 의해서, 무엇 때문에 라는 물음에 답할 수 없다는 것을 의미한다. 또한 그것은 그 성과의 어느 것에 대해서도 필연적인 인식을 요구할 수도 없다는 것을 의미한다. 이것은 '정밀'을 특징으로 하는 자연과학의 가장 고유한 영역에 대해서와 마찬가지로 바로 자연과학적 경제학에 대해서도 본질인식을 단념하는 것이 적합하게 들어맞는다는 것을 뜻한다. 뛰어난 자연과학자들이 그랬듯이 경제학자 중에서도 관계론자들 만은 본질적인 것을 인식할 수 없다고 믿고 경제학을 정립하였다. 관계론자들은 현상의 질서를 세우고 기술하는 것으로 경제학을 정립하는데 만족할 수 있다는 확신을 갖고 이를 추진하는 데 성공하였다.

우리들은 다시 뛰어난 경제학자인 파레토의 말을 들어보기로 한다. "우리들은 되도록 사실에서 멀리 떨어지지 않으려고 항상 노력한다. 사물의 본질이 무엇인가라는 것은 대수롭게 여기며 전혀 상관도 하지 않는다. 왜냐하면 본질에 관한 연구는 우리들이 연구할 영역 밖의 문제이기 때문이다. 우리들은 사실에 의하여 제시된 통일성을 검토하고 그것에 법칙의 이름을 붙인다. 법칙은 필연적인 것은

* 168 G. Cassel. Die Produktionskostentheorie Ricardos in der Zeitschrift fuer die ges. Staatswissenschaft 57, 68.
* 169 Alfred Amonn, Objekt und Grundbegriffe der theoretischen Nationaloekonomie, 1911, 제2판, 1927.

아니고 다수의 사실을 요약하는데 쓸모가 있는 가정에 불과하다. 법칙은 그 보다 더 좋은 것으로 대체되지 않는 한 존속한다."[170] "본질에 대해서 논의하는 자는 어떤 경우에는 매우 큰 개연성을 대신하여 확실성으로 바꾸려 한다. 우리들은 경우에 따라서 본질을 대수롭게 여겨 등한시함으로써 확실성을 상실하려는 것이다."[171]

독일의 균형학파를 대표하는 슘페터의 설명도 분명하다. "스스로 부과하는 임무는 우리들의 체계의 여러 가지 상태를 그 상호관계로 환원하기 위하여 그 체계 내에 사실로 존재하는 요소의 종속관계를 기술하는 것이다. 현상의 과학적 설명이란 바로 이러한 기술 이외에는 생각할 수 없다."[172]

쁘루동은 이 연구방법이 가지고 있는 공전(空轉)을 강조하였다. "경제학자는 되도록 관찰을 분류하였다. 그들은 현상을 묘사하고, 일어난 사실이나 그 관계를 검증하였다. 그들은 다른 많은 경우에도 법칙으로 불리는 필연의 성질에 주목하였다. 그리고 사회에서 소박하게 나타난 것 중에서 얻어낸 지식을 정리한 것이 경제학을 구성하고 있다는 것에도 주목하게 되었다."[173]

자연과학적 경제학의 매우 유능한 젊은 대표자로서 파레토의 저서 한 구절을 인용하려 한다. "그의 모든 희망과 승리로서 이처럼 활기차고 진실된 이러한 과학! 그것은 도대체 무엇인가? 아무 것도 아니다."[174]

---

* 170 V. Pareto, op. cit., 40쪽, 69쪽.
* 171 Ibid., 97쪽.
* 172 J. Schumpeter, Wesen und Hauptinhalt usw., 37쪽.
* 173 P. J. Proudhon, Systeme des Contradictions economiques. 2 Vol. 3. 37쪽.
* 174 G. H. Bousquet, Essai sur l'évolution de la pensée economigne, 1927

10장 정신과학적 경제사의 전사(前史)

1. 비정통파 경제학

종교적 세계관을 정복한 실증적, 자연과학적 경제학에 대립하는 또 다른 하나의 경제학이 나타나고 있다. 그것은 과학적인 것, 곧 형이상학이 아닌 것을 요구하는 면에서는 실증경제학과 동일하다고 볼 수 있으나 이 경제학은 자연과학적 사유영역에서 연구방법을 얻어내려 하지 않고, 그 대상에 적응하고 있는 고유의 연구방법을 응용하려고 한다. 나는 이러한 경제학을 '정신과학적 경제학'이나 문화(과학적) 경제학 또는 '이해경제학 versthende Nationaloekonomie'이라고 부른다. 이러한 이해경제학은 이미 오래 전부터의 역사를 거쳐 왔으므로 그 전사(前史)를 살펴보고자 한다.

중농(重農)주의학파의 학설 및 고전학파의 학설이 성립된 이래 이들의 제학설에 반대한 경제학자가 있었다. 우리는 이들을 총괄하여 반(反)고전적 비정통파 또는 반대학파라고 부른다. 이 반고전학파, 비정통파는 일찍이 과학적 입장을 부정하고 고전학파가 가졌던 인식의 목표를 갖지 않으며 경제학을 정립하겠다는 의지에 기초하거나 실천적인 여러 요구들만을 떠맡아 감정적인 특징을 지녔다고 볼 수 있다.

이들 학자들이 정통학파에 대하여 불만스러웠던 것은 주로 국민적, 사회정책적, 윤리적 입장의 세 가지 관점에서이다. 이 세 가지 반대 입장에서 특히 고전학파를 공격하였다. 반고전적, 비정통파 학자들은 정통학파들은 자유무역주의적 견해에 의하여 후진국들의 국민적 이익을 손상시킨 제국주의를 북돋아 왔다고 비난하였다. 또한 자유방임주의사상을 가지고 노동문제에 무관심했다고 비난하였다. 문화와 정신생활에 미치는 자본주의의 파괴적 영향에 대하여 아무런 구제책을 강구하지 못했음을 비난했던 것이다.

리스트 List, Friedrich를 포함한 낭만주의자들이 한 비판과 강단(講壇)사회주의자에 이르는 각종 사회주의자가 주장한 비판, 그리고 19세기의 구교도들의 비판도 본질적으로는 반고전파, 비정통파들의 비난과 같은 것이다.

반고전파, 비정통파 측에서는 고전학파가 주장하는 국민적, 사회정책적, 윤리적 입장에 대한 반대 입장에서 의지적, 세계관의 기초 위에서 비판 운동을 강경하게 전개하였다. 19세기 규범경제학의 성립과 성과도 어떤 면에서는 바로 이러한 반대파의 의욕적인 비판운동에 힘입었던 것이다.

그 당시로는 일반 시민들은 '괴로운 절망' 이라는 시대적인 환경 때문에 형이상학적이거나 종교의 품속으로 도피했던 것이다.

반고전적 비정통파들은 고전학파의 학설에 대하여 과학적 논거를 갖고 그들의 주장을 부정하려고 시도했지만, 자신들의 인식론적 방법론의 기초를 구축하는데 있어 불충분함을 스스로 깨달았다. 곧, 반고전학파는 과학적 제학설에 있어 강력하게 고전학파를 공격할 과학적 무기의 기초를 닦지 못했으므로 정비된 과학적 입장을 취할 수 없었다.

1895년에 「고전 경제학과 그 반대자 Die klassische Nationaloekonomie und ihre Gegner」란 소책자가 슐러Schueller, R.의 집필로 발간되었다. 그 내용 중에는 다음과 같은 사실이 드러나 있다 :

고전학파 경제학에 관한 여러 가지의 견해가 근본적으로 잘못됐다는 것을 증명하려고 반대자들은 시도하였으나, 고전학파 경제학을 비난할 만한 대표적인 학설을 갖지 못했다. 또한 고전학파의 학설을 공격할 근거를 정확하게 찾아내지 못한 채, 오히려 딱하게도 고전학파의 경제학을 근본적으로 오해하고 있었다고 지적하였다.

비정통파 측에서 고전학파 학설에 대한 논쟁으로 제기된 비판 중에서 실패한 잘못된 견해를 검토하는 일은 경제학의 본질을 올바로 이해하는데 근본적으로 중요하다.

고전학파의 학설을 내세운 정통학파에 대하여 반고전적 비정통파가 제시한 여섯 가지의 중요한 비판을 정리해서 그 부당성을 차례로 증명하려고 한다.

첫째, 유물주의(Materialismus), 재산증식주의(Chrematismus), 수익의 계정(計定)(Rechenhaftigkeit)에 관한 비판이다. 뮐러Mueller, Adam는 이러한 비정통파의 비난에 대해서 다음과 같이 반박하였다. "우리들이 하나의 조화된 전체에서 하나의 일치된 현상을 기술(記述)할 수 있는 모든 존재물은 지금의 이론의 견지에서 보면, 이들의 이론은 하늘에서 흙덩이에 생명을 불어넣는 입김에도 불구하고 감성의 반응이 없기 때문에 무생물이나 생명이 없는 기계적이고 화학적인 존재와 다를 바가 없다. 지금의 이론은 단순히 가계(家計)의 계산문제를 취급하는 숫자경제학에 불과하다. 지금의 이론에 따르면 경제의 구성부분은 모두 무생물이다. 사람이나 물건의 인격적, 인간적 성질은 아무 소용이 없다. 지금의 이론은 생명을 문제 삼지 않고, 무생물만을 문제로 삼으며 계산할 수 있는 노동력 또는 토지와 비료의 생산력을 주로 문제 삼는다. 지금의 이론에 의하면 경제의 목적은 순수익, 기계에 의해 생산된 상품, 상품의 잉여, 특히 화폐의 잉여이다. 이렇게 되자 농업이라는 경건하고 명예스러웠던 직무가 비천하게 경멸받을 직업으로 전락하고 말았다. 사람들은 재화(財貨)를 평가함에 있어서 순수익 및 화폐가치에 의해서만 규정되어 재물은 자신을 위해서 갖는 것이 아니라 구매자나 화폐를 위해서 갖게 되었다고 한다면 사람들의 행복이 소멸될 것은 분명하다. 이것이야말로 현대의 제과학, 국가경제, 농업 및 공업의 본질인 것이다. 이 모든 것은 본질적 목적을 지향한 것으로서 판매할 생산물과 순수익을 목적으로 하고 있다. 현대의 제과학에 따르면 인간의 일생동안 운명은 화폐를 취득(取得)하는 것이고 달성하려는 방자한 마음과 종잡을 수 없는 최대한의 향락을 얻으려는 노력이다."[175]

이것은 고도 자본주의 초기시대의 유명한 '공산당 선언' 에 30년이나 앞서 언급된 것으로 당시로서는 중대한 화근을 제시하는 선견지명의 문구이었다. 그러나 이 문서의 수신자가 잘못되어 있었다. 그것은 본래 자본주의에서 나타나는 경제적 현실을 비난하려고 했을 것이나, 정통파의 고전적 경제이론을 비난하는 문구로 나타났던 것이다. 확실히 당시 자본주의는 인생의 문제를 계산문제로 해체시켜 버렸고, 이론은 그 계산 문제를 확정하고 그것을 자기의 구성에 이용했을 것이다. 자본주의제도에 따라서 불행하게 입은 화(禍)를 경제이론가의 책임으로 돌리는 것은 마치 플레파라트 속의 페스트균을 발견한 책임을 세균학자에게 돌

* 175 Adam Mueller, Gesammeltc Schriften, 1839, 52쪽 후반, 66쪽.

리는 것과 같은 이치이다.

리스트도 이들 정통학파의 유물주의, 재산주의, 상인(商人)근성에 대하여 비난하며 다음과 같이 언급하였다. "아담 스미스에 의하면 돼지를 사육하는 자는 생산적이고, 이에 반해서 인간을 교육시키는 자는 비생산적이라고 하였다. 이같이 생각하는 것은 괘씸하게도 부당한 말이다." 이 말에는 생산성에 관해서 돼지의 사육과 인간의 교육이라는 두 개념을 문제 삼았는데, 그것은 경제학의 목적에 따라서 자유로 결정할 문제이므로 여기서는 우선 논외로 돌리고자 한다.[176] 스미스는 인간의 교육에 대해서 돼지의 사육보다 훨씬 고귀한 가치를 인정했을 것임이 분명함에도 이 가치의 문제를 반대론자들은 간과해 버렸다. 다만 생산성에서 다른 생산의 경우보다 돼지사육의 수익성이 높다고 시인한 스미스의 말을 유물주의를 비판한 논자들은 오해하여 비난한 것이다.

둘째, 원자주의, 개인주의에 대한 비판이다. 반고전적 비정통학파가 고전적 정통학파에 대하여 개인만을 알고 전체를 모르는 견해를 갖고, 그런 견해에 따라서 경제적 세계가 개인의 행위에서 건설되었다거나 부분인 개인이 전체인 사회보다도 먼저라는 견해로 생각한다면 그것은 원자주의거나 개인주의라고 비난하였다. 그것은 아마도 한계효용학파들에게는 해당될 것이나 결코 객관주의자인 중농주의학파, 영국의 고전학파나 사회주의자에는 해당되지 않는다고 주장하였다.

누가 경제표의 작자에게 원자주의나 개인주의의 죄를 덮어씌우겠는가? 18세기 당시의 전 세계는 뉴턴주의에 의해서 전체성에 대한 사유가 사회성에 근거한

---

*176 이에 관한 보다 상세한 내용은 좀바르트의 Aufsatz ueber Produktivitaet im Weltwirtschaftlichen Archiv, 1928을 참조할 것.

사상적 정신을 정복하고 있었다.

중농주의학자로 잘 알려진 세레Schelle는 그들의 사상과정을 요약하여 다음과 같이 말했다. "인간은 일견 사회성과 개인적 이익이라는 서로 상충되는 두 개의 용수철로 움직이고 있다. 이 두 개의 용수철의 결합으로 조화적인 결과가 생기고 있다." 또한 "인간은 본래부터 사회의 성원이다. 개인은 자기 자신을 위해서 만들어진 것이 아닌 듯 하다. 그는 다만 한 전체의 부분에 불과하다. 스미스는 분업론을 주장했으나 이것이 과연 원자주의나 개인주의일 것인가?"[177]

이들에 의하면 정통파의 이론가로서 슈판의 개인주의도 문제시된다. 그러나 그의 이론체계의 근본사상은 사회는 개인의 총계에서 성립한 것이 아니라 하나의 전체라는 사상이다. 그의 근본 견해는 어떤 사회적 사물에 대한 현상도 그의 전체와의 관계를 통하지 않고서는 설명할 수 없다는 것이다. 그의 이런 개념을 '기능(機能)적 개념'이라고 말한다. 기능론자 또는 관계론자들은 '전체성' 이론가의 참다운 전형일 것이다. 이 경우의 전체성의 개념과 개인주의의 개념이 다 함께 애매하기 때문에 개념의 정립에 혼란이 일어난다. 전체성에는 두 경우의 의미를 지닌다. 하나는 총체성인데, 이는 사회적인 속박성과 의존적인 관계성을 뜻하고, 이 개념과 반대되는 뜻은 개별성과 원자주의이다. 또 다른 하나는 보편성인데, 이는 완전성을 의미하고, 이 개념과 반대의 뜻으로는 부분성과 불완전성을 들 수 있다. 대개의 정통학파 학자들은 첫 번째 규정한 전체성의 개념을 갖고 있으므로 이것이 결여되었다고 비난하는 비판은 정당하지 못하다. 대개의 경우는 두 번째 규정한 개인주의 개념을 갖지 않았다고 비난하고 있으나, 이것은 그들의

---

*177 Jos. Rambaud, Histoire des doctrines economiques, 제3판, 1909, 98쪽.

자연과학적 입장에 의거하고 있기 때문이다. 개인주의는 결코 전체성의 보편성에 대립하는 개념이 아니고, 전체성의 총체성에 현실적으로 명목상 대립하는 개념이다.

셋째, 문제를 해결하는데 있어 절대주의적 사고에 대한 비판이다. 반고전적, 비정통파는 고전적 정통파 경제학이 경제상태의 역사적 발전단계를 설명하는 경제학설 및 법칙의 발전 타당성을 결핍하였고, 경제문제를 해결하는데 있어 제약요인인 역사적 절대성을 간과한 것이 부적당하다는 생각에서 이들의 이론을 '비역사적' 이라고 비난하였다.

여기서 지적된 비난의 오류를 증명하려면 먼저 다음과 같은 역사학파 경제학자의 역사적 방법에 의한 경제학 연구가 이미 1842년 이전에 있었음을 밝힐 필요가 있다. 단, 그들의 학설사적 문제는 여기서 언급하지 않기로 한다. 이들을 열거하면 다음과 같다: 모저Moser, 유스투스Justus, 슈토르흐Storch, 리스트List, F., 크라우제Krause, G. F., 시스몽디Sismondi, 뷔레Buret, 비으레메Villerme, 블랑Blanc, L., 푸코Fuoco, 아가치니Agazzini, 기브라리오Gibrario 등을 들 수 있다.

보다 중요한 것은 역사학파인 이들이 새로운 경제학 연구에서 역사적으로 고찰한 방법론의 잘못된 견해를 정정하였는가가 문제이다. 이와 관련하여 밀은 "연역적인 사회과학은 한 원인의 결과를 보편적인 방법으로 주장할 학설은 세우지 않을 것이다. 오히려 이 과학은 주어진 상황에 따라서 적절한 학설을 세우도록 가르칠 것이다. 이런 과학은 사회일반의 법칙을 부여하는 것이 아니라, 어떤 주어진 사회적 현상에 맞추어 이 사회 제조건의 특수요소에서 규정되는 수단, 곧 역사적 절대성의 타당한 수단을 우리들에게 부여할 것이다"[178]라고 언급하고 있다.

---

*178 J. S. Mill, op. cit., 제9장.

고전적 정통파의 경제학설이 비역사적이라는 비난은 한계효용학파에게도 마찬가지로 해당되지 않는다. 멩거는 자연과학에서 증명하는 방법을 차용하여 경험적 법칙을 찾는 연구에게도 분명하게 이를 인정하였다. 그에 의하면 "이 경제현상의 일정 단계에서 확립된 경험적 법칙은 필연적인 발전의 모든 단계에서 그의 타당성을 주장할 수는 없는 것이다."[179] 즉, 이는 "역사적 고찰방법과 자연과학적 사유는 결코 서로 배척하는 것이 아니다"라는 의미이다.

멩거는 또한 "정밀과학은 제현상의 모든 변화의 단계에서 탐구하려는 이론과 동시에 발전된 현상적인 사실을 우리들에게 가르쳐 준다. 사람의 삶에 있어서 모든 새로운 현상들은 우리들에게 이론적인 연구방향에 새로운 문제를 제공한다. 즉, 역사적 발전단계에서 나타나는 경제현상은 연구대상의 범위를 확대시켜 주게 된 것이다"[180]라고 피력하였다.

한계효용론학파와 마찬가지로 고전학파 경제학자들도 경제생활에 있어 역사성의 문제를 적절하게 분석하지 못했다. 그 때문에 반고전적, 비정통파들은 고전적 정통학파에 있어서 역사적 정신과 해결의 절대성이 결핍되어 있다고 비난했던 것이다.

넷째, 반고전적, 비정통파들은 고전학파 경제학이 경제 현상을 독립적으로 고립시켜 분석하고 있다고 비난했다. 고전적 역사학파 경제학의 창시자들은 끊임없이 반고전, 비정통파의 이러한 비난에 대하여 인간사회의 모든 사상이 경제와 밀접한 관계를 갖고 있음을 강조하였다. 로셔Roscher, W.는 다음과 같이 말했다. "사람은 경제학의 개념 중에 단순히 경제적 요소뿐만 아니라, 국민과 국가의 요

---

* 179 C. Menger, op. cit., 107쪽.
* 180 Ibid., 116–117쪽.

소도 있다는 것을 잊어서는 안 된다. 우리들은 독자에게 국민경제 육성의 세부적인 행위에 대해서 국민경제뿐만 아니라 국민생활의 전체에 비중을 두고 이에 유념하여 경제학을 해야 한다."[181]

경제현상은 고립화 시켜 이해할 것이 아니라, 항상 국민생활과 관련시켜 고찰하지 않으면 안 된다. 사람은 어느 곳에서나 하나로서 동일한 전체의 경제현상에 관심을 가져야 한다. 따라서 국민의 욕망, 노력, 그리고 성과를 문제로 삼고, 국민의 생활 총체에 눈을 돌려야 함이 진리의 정당성이라고 고전적 역사학파는 주장하였던 것이다.[182]

밀의 표현을 인용하면 다음과 같다. "경제학의 세부적인 내용에 있어서는 자본주의 사회와 정치에 관한 일반적인 견해로서는 적당하지 않으나, 포괄적인 고찰에서는 이런 것을 배제할 수 없다. 왜냐하면 인간생활의 여러 중요한 영역은 각각 자체적으로 특수하게 발전하는 것이 아니라, 각자는 모두 다른 것에 종속하거나 또는 상호 유대를 맺으면서 확대되어 발전하기 때문이다. 예컨대, 노동자계급의 물질적인 상태를 고찰해 보기 위해서는 그것만을 분리하여 관찰할 것이 아니라 그들의 생활 상태의 다른 측면도 폭넓게 결부시켜서 관찰하지 않으면 안 된다."[183]

정통파 경제학에 있어서 역사학파의 대표자들이 올바른 연구방법을 취하기 위하여 과학적 연구의 방법론적 입장에서 경제현상을 어느 정도 한정시켜서 고찰하기 위해 경제문제를 고립화시키는 것은 별개의 문제이다.

---

*181 W. Roscher, System der Nationaloekonomik. I, 45쪽과 Ueber die Wissenschaft der Nationaloekonomie und die notwendige Reform in der Deutschen Vierteljahrsschrift, 1849, 제1권.

*182 J. J. Kautz, Die Nationaloekonomik als Wissenschaft, 1857, 320쪽.

*183 J. S. Mill, Grundsaetze der politischen Oekonomie 독일어판, 230쪽 후반.

다섯째, 정태적 관찰방법에 대한 비판이다.

리스트는 정통경제학파가 잘못된 부의 개념을 그들의 논의의 중심점으로 삼고, 생산력의 이론을 소홀히 다루고 있다고 비난하였다. 그러나 이 논쟁에 있어서 서로의 연구방법에 근본적인 차이가 문제되는 것이 아니라, 오직 분석하는 방법상의 응용이 문제인 것이다.

경제현상을 정태적으로 관찰하느냐, 동태적으로 분석하느냐의 두 가지 분석방법은 어느 것이나 정당한 방법이므로 연구의 실제에 있어서는 정태적으로나, 동태적으로도 경제생활을 관찰할 수 있게 운용하면 될 일이다. 밀 자신도 명료하게 정태적 또는 동태적으로 경제문제를 병행하여 분석하고 운용하도록 권장하였다.

여섯째, 고전적 정통경제학에는 규칙이나 법칙을 유도할 경험소재가 부족하다고 비판했다.

자연과학적 입장을 고수해 온 슈몰러의 견해에 의하면 순수한 자연과학적 법칙개념의 불완전성이 정통경제학에도 그대로 존재하기 때문에 이것이 정통경제학의 가장 아픈 약점이므로 그들은 이 취약점에 손을 데일 것이라고 비유하여 논박하였다. 그는 정통경제학의 역사학파가 법칙을 세우는데 있어서 이론을 성급히 개괄하여 규칙이나 법칙을 유도할 재료수집이 부족하다고 지적하였다. 그에 의하면 과학적으로 완전한 개념구성을 위해서는 제현상의 다양성 속에서 본질적인 특징, 변화, 원인, 결과를 조사하여 기술하고, 완전하게 분류정리하여 절대적인 단순한 결론을 인식하게 될 때에만 과학적인 법칙을 유도해 낼 수 있다고 하였다.

반고전적, 비정통이라는 반대학파는 반대로 공격해 오는 정통경제학의 역사학파의 학설 중에서 근본적으로 틀린 것을 지적하려고 자연과학적인 '총체적 접근방법'을 비난하려고 했으나 결과에 있어서는 자체의 인식론의 무지를 드러내고 말았다. 정통경제학의 역사학파의 대표자들은 되도록 풍부한 경험소재의 관찰을 통해서 법칙을 수립하려는 것을 경제학의 새로운 사명으로 삼게 되었다. 이런 가운데 이들 사이에 있어서 견해의 차이나 논쟁은 다만 법칙에 도달하는 연구방법이나 필요한 재료의 범위 또는 재료조달의 원천의 차이에 불과했다. 오히려 연구정신에 관해서는 전면적으로 일치하는 점이 많았다. 그래서 역사학파인 로셔는 그의 역사적 분석방법의 본질을 다음과 같이 설명하였다. "자신은 국민경제의 발전법칙을 총괄하는데 있어서 대량의 현상에서 본질적인 것과 합법칙적인 것을 발견하려고 노력할 것이다. 이런 목적을 위해서 접근할 국민이란 개념은 경제적 견지에서 서로 비교되어야 할 것이다."[184] 역사학파 경제학자로서 로셔의 주장에서는 경제적 사상(事象)에 대한 인식에 있어 자연과학적 법칙성의 개념과 형이상학적 가치성의 개념이 서로 혼합되어 있음을 확인할 수 있는 것은 사실이었다. 슈몰러는 역사학파인 경제학자들에게 자연과학적 입장의 연구방법에 힘입은 반대파의 입장에서 대결하기에 여념이 없었다. 그는 경제학의 최고목적은 법칙의 발견이라고 인식하고 경제현상의 발전과 운동에 관한 법칙을 세웠다. 그러나 역시 사회적 경제법칙과 자연법칙의 상대적 타당성을 강조하는 법칙이었으므로, 보편타당한 절대적이고 항상적(恒常的)인 자연법칙과는 본질적인 차이가 있다는 19세기 전반의 맨체스터학파인 맥쿨로흐McCulloch의 비판을 받지 않을 수 없었다.[185]

---

* 184 W. Roscher, Grundriss zu Vorlesungen ueber die Staatswirtschaft nach geschichtlicher Methode, 1843, IV쪽.
* 185 McCulloch, Principles, 막스 베버의 독일어판, 12쪽.

경제학자는 19세기 말엽에 이르기까지 대체로 자연과학적인 분석방법에 의해 경제학을 정립하였다. 오랫동안 양 진영간의 방법론 논쟁은 결국 동일한 입장에서의 인식론 논쟁으로서 양 학파의 대표격인 멩거와 슈몰러의 1 대 1의 논쟁으로 귀결되었다. 한계효용학파의 멩거 대 반대파인 역사학파인 슈몰러의 대전에서 결국 멩거가 승리를 거두었다고 볼 수 있다. 그럼에도 슈몰러는 멩거의 방법론을 부정하였으나 그는 자신의 방법론의 우수성과 정당성을 논증해 내지는 못했다. 안타깝게도 슈몰러는 논쟁에서 유리하게 격파해 나갈 논점을 찾지 못했다.

역사학파에 많은 동정심을 가지면서 슈몰러와 개인적인 친분이 있었던 딜티히 Dilthey, Wilhelm의 판단도 논쟁에서 멩거가 승리한 것으로 보았다. 그는 19세기 후반에 일어난 이 정신의 논쟁을 다음과 같이 말했다. "역사적 현상에 대한 그들의 연구와 평가에는 철학적 기초가 결여되어 있었다. 그 때문에 꽁트 Comte, 밀, 뷔크레 Buekle, L. 등이 잇따라 역사적 세계의 수수께끼인 자연과학적 원리와 방법론을 물려받아 해결을 시도했으나 그것은 효과를 거두지 못한 단순한 항의(抗議)로 끝났다."[186]

요크 York, Graf Paul는 다음과 같이 비판하였다. "나는 역사학파를 자연과학적 사고방법에 의해 경제학을 정립하는 단순한 지류로 본다. 그들은 모두 동일한 학설 속에서 낡은 사고방법으로 대립하다가 그 일부가 결속하여 연결된 대표들에 불과하다고 생각한다. 단적으로 말하자면 이들의 학파란 역사학파로 이름 붙일 것도 못되는 골동학파들이다."[187]

---

* 186 W. Dilthey, Einleitung in die Geisteswissenschaften, 제2판, XVI쪽.
* 187 Graf Paul York v. Wartenberg의 Dilthey와의 서신교환내용, 1923, 68-69쪽, 74쪽.

2. 다른 진영으로부터의 지원

정신과학적 경제학의 성립에는 반대파 경제학자들의 비판이 오히려 정신과학의 발전을 촉진했다고 하지만, 실은 다른 과학자들의 지원에 힘입은 바가 컸다. 나는 근대 정신과학과 특수한 정신과학적 인식방법을 제시한 비코 Giambattista Vico의 역사적 방법을 소개하고자 한다. 그는 의식적으로 역사과학을 자연과학에 대립시키고, 역사과학을 위하여 역사적 인식방법을 제시한 근세 최초의 사람이다. 그의 지배적인 인식방법이란 첫째로 데카르트에 의하여 기초가 다져진 자연과학적·수학적 방법에 대한 비판이었다. 데카르트와 그의 인식방법의 독단성에 대하여 비코의 비판에 대한 데카르트의 재비판을 다음에 제시한다. "우리들의 이론의 최대 결점은 다음과 같은 것이다. 우리들이 자연스럽게 인간적 정신의 재능이나 시민생활에 관한 감정에 대하여 또는 덕과 부덕, 선악, 각자의 상태, 국민성, 국가, 예술 등에 대하여 힘들여 충분히 거론했는데도, 국가에 관한 학문적 기풍은 거의 내버려둔 채 검토되지도 않았다." 또한 "주어진 소재가 증가하고 변화함에 따라서 방법도 변화하고 증가해야 한다. 곧, 이유를 설명하는 데는 말의 표현방법이 효과적이고 이야기에는 시적 방법이 적절하며, 역사에 대해서는 역사적 방법이 유리하다. 그러므로 수(數)와 양(量)을 제외한 모든 소재에 대해서도 기하학적 방법만을 사용하려는 것은 근대 정신과학에서의 인식방법으로서는 불가능한 일이다."

이탈리아의 사회철학과 역사철학자인 비코(1668~1744)는 데카르트의 기계적 합리주의에 반대하여 역사의 가치를 강조하고, 철학과 역사의 통일을 시도하고 법, 종교, 언어, 습관의 조화 속에서 사회는 발전한다고 주장하였다. 비코가 설명한 정신과학의 인식방법을 근대경제학에서 잇따라 이용하게 되자, 경제학의 정신과학적 방법론의 형성에 있어서 다음 3단계의 형성기를 맞게 되었다.

첫째, 소박한 정신과학적 인식방법의 단계이다.

정신과학자는 정신과학의 인식방법의 여러 단계를 이해하도록 초기에는 이해를 기초로 삼는 학문인 '해석학 Hermeneutik'을 제시하였다.[188] 해석학은 정신적인 것을 이해하려는 학문방법으로서 문예부흥, 종교개혁 이래 신학, 법률학의 이해에 사용되었다. 해석학은 18세기말 헨더Hender와 같은 사람에 의하여 문헌 내용의 지식을 이해하는데 도움을 주었다. 이 밖에도 아스트Ast, Friedrich, 볼프Wolf, Friedr. Aug, 뵈크흐Boekh, Wilh 등은 이해적 언어학과 문화과학에 있어 신지식 부문의 창시자로 불리어졌으나, 19세기가 진행되는 동안에 이러한 깨달아 알게 이해하는 인식방법은 점차 사라지고, 자연과학적 사고방법이 모든 정신과학의 인식방법으로 확산되자, 역사에도 예컨대 뷔크레 Buckle. L의 문명사에는 자연과학적 인식방법이 나타나게 되었다.

둘째, 비판적 정신과학의 인식방법의 단계이다.

앞서 언급한 바와 같이 1870년대는 정신과학적 인식단계에 대한 비판적 시기라고 볼 수 있다. 이 비판적 시기에는 자연과학과 정신과학 사이에 의식적 대립이 현저하게 나타나 급기야는 비코Vico, G.의 정신이 부활하게 되었다. 학문에 있어 독재로까지 불리던 자연과학적 사유에 대한 논쟁을 역사가인 드로이젠Droysen, J. G.의 여러 곳에서 나타나고 있는 비평에서 잘 확인할 수 있다.[189] "역사인 과학이 존재한다면 역사과학의 인식양식과 인식범위가 제시되어야 한다. 귀

---

*188 Joach. Wach, Das Verstehen. Grundzuege einer Geschichte der hermeneutischen Theorien im 19. Jahrhundert. Bd.I, 1926.

*189 J. G. Droysen, Erhebung der Geschichte zum Rang einer Wissenschaft, 재판 in Historik, 1925, 56-57쪽과 Natur und Geschichte, 66-67쪽.

납적 분석 방법과 함께 연역적 분석과 종합한 결과, 양자 중 택일하여 인식하는 방법을 사용하고 있다." "윤리적 세계의 영역에서는 큰일이건 작은 일이건 간에 이것을 인정하는 사상가의 정신노동에서 세계 산업 간의 결합이나 빈궁한 생활의 시련을 극복하는데 이르기까지 인간생활의 모든 것은 인간이 이해할 수 있는 것들이다. 우리들은 존재하는 것을 생성물(生成物)로서 파악함으로서 이해하는 것이다." 또는 "우리들의 과학은 관계되는 개념을 독특한 경험적 방법으로 찾아내려고 시도할 수 있을 것이다. 왜냐하면 경험적 방법은 본질적으로 이해하기 위한 방법이기 때문이다."

자연인식과 문화인식에 대립하여 철학자들의 논쟁이 전개되어 왔다. 내가 이해하기로는 이 문제는 이미 완전히 해결된 것을 잊은 듯하다. 이 문제는 쇼펜하우어에 의해 제기되어[190] 딜티히와 논쟁을 벌이게 되었고, 더 나아가 빈델반트Windelband, W.[191], 리케르트Rickert, H.[192], 짐멜Simmel, G.[193], 슈탐러Stammler, R.[194]에 의하여 정신과학적 방법의 각 견해가 이미 제시되었던 것이다.

셋째, 건설적인 정신과학의 인식방법 단계이다.

20세기에 들어서자 정신과학적 인식방법의 건설기가 시작되었다. 이 건설사업에 특히 깊이 관여한 철학자들은 마이어Maier, H.[195], 리트Litt, Th.[196], 프라이어Freyer, H.[197], 로트하커Rothacker, E.[198], 쉐러Scheler, Max, 베커Becher, E.[199], 그리고

* 190 A. Schopenhauer, Von der vierfachen Wurzel des zureichenden Grundes, 제2판, 1847.
* 191 W. Windelband, Geschichte und Naturwissenschaft, 1894.
* 192 H. Rickert, Die Grenzen der naturwissenschaftlichen Begriffsbildung, 초판, 1902.
* 193 Georg Simmel, Erkenntnisprobleme der Geschichtswissenschaft와 Grundfragen der Soziologie, 1917.
* 194 R. Stammler, Wirtschaft und Recht, 초판 1896, 제5판 1924.
* 195 H. Maier, Das geschichtliche Erkennen, 1914와 Psychologie des emotionalen Denkens, 1908 및 Wahrheit und Wirklichkeit. Band I, 1927.
* 196 Th. Litt, Individiuum und Gesellschaft, 제2판, 1926과 Erkenntnis und Leben, 1923.
* 197 H. Freyer, Theorie des objektiven Geistes, 1923.

슈프랑거Spranger, Eduard [200]등이다.

특히 뛰어난 정신과학적 경제학자로는 고틀Gottl, Friedrich von[201], 슈판Spann, Othmar[202], 베버Weber, Max[203] 및 마르크스Marx, K.[204] 등이다. 근래 독일에서는 정신과학적 경제학에 관한 논문이 현저히 증가하고 있다. 반면, 미국에서는 일부 소수의 사회학자에 의해 이해적 이론의 정립을 위해 정신과학적 분석방법을 이용하고 있을 뿐이다. 이러한 학자들로는 쿨리Cooley, 페리스Faris, 엘우드Ellwood 및 볼드윈Baldwinn 등을 들 수 있다.[205]

3. 정신과학적 분석방법의 오류

20세기에 들어서면서 성립되고 발전된 정신과학적 경제학을 촉진시키는 데는 과학적 방법론에 의해 경제현상을 분석한 경제학자들의 도움도 컸지만, 반면 그들의 잘못된 견해 때문에 생긴 혼란이나 실패도 적지 않았다.

그들은 자연과학적 사유가 문화 및 과학적 영역에 대하여 가해진 부당한 침해에 대해서는 강력히 비판했으나, 정신과학적 연구를 위한 규준을 제시하는 단계

* 198 E. Rothacker, Logik und Systematik der Geisteswissenschaften im Handbuch der Philosophie(A. Baeumler, M.Schroeter편저), 1927.
* 199 E. Becher, Geisteswissenschaften und Naturwissenschaften, 1921.
* 200 E. Spranger, Zur Theorie des Verstehens usw. J.Volkelt기념 논문집, 1918 ; Referat auf dem inter nationalen Psychologenkongress in Groningen, 1925 ; Die Frage nach der Einheit der Psychologie in den Sitzungsberichten der preussischen Akademie der Wissenschaftenb Bd.XLIV ,1926 또한 동저자의 대표전집인 Lebensformen, 1914(초판)과 Psychologie des Jugendalters, 1924(초판)을 비교, 참조할 것.
* 201 Fr. v. Gottl, Die Wirtschaft als Leben, 1927.
* 202 O. Spann Gesellschaftsphilosophie im Handbuch der Philosophie, 1928.
* 203 M. Weber, Ges.Aufsaetze zur Wissenschaftstheorie와 동저자의 대표적 전집인 Staat und Wirtschaft im Grundriss der Sozialoekonomik, Bd. II.
* 204 K. Marx에 대해서는 좀바르트의 저서 Das Lebenswerk von Karl Marx(1907년)을 참조할 것.
* 205 A. Walther, Soziologie und Sozialwissenschaft in Amerika, 1927, 31쪽 후반.

에서는 힘을 잃었다. 특히, 과학적 방법론에 기초한 경제학자들 중에서 정신과학적 경제학을 정립하는 데 방해가 될 잘못된 분석방법의 세 가지 오류를 다음에서 지적하고자 한다. 이것은 정신과학적 경제학 이론을 정립하는데 방해되는 장애물을 제거하려는 생각에서이다. 세 가지 오류를 살펴보면 다음과 같다.

첫째, 심리주의적 사고와 그의 오류이다.

심리학은 모든 정신과학과 경제학의 기초과학이고, 경제학은 심리학의 위에 세워져야 한다는 것과 경제학은 응용심리학에 불과하다는 것을 오랫동안 일종의 교리처럼 간주하여 누구나 그 정당성을 의심하지 않았다. 파레토는 "경제학의 기초는 분명히 심리학이다."[206]라고 하였다. 또한 삭스 Sax. E는 다음과 같이 말했다. "경제적인 여러 현상의 근본관계를 인식하여 얻은 결과에 있어서 인간에게 반영된 심리현상은 경제이론의 내용이므로 그것은 응용심리학이다."[207]

오펜하이머는 다음과 같이 설명한다. "사회학은 사회심리학에 지나지 않으므로 인류경제의 사회과학도 역시 심리학에 종속되었고, 이 심리학에서 최고 법칙이 나오는 것이다."[208]

역사학파의 대표학자들인 슈몰러도 바그너Wagner, A.와 함께 심리학을 경제학의 기초과학이라고 불렀다. 이러한 심리주위는 당시의 유행이었고 다른 문화과학도 이 편견에 휩쓸려 벗어나지 못했다.[209] 당시의 철학자들은 분트Wundt를 선구자로 하여 이 심리주의적 입장의 기초를 닦는데 진력하였다.

지그바르트Sigwart는 그의 논리학에서 이렇게 서술하였다. "심리학은 정신과

---

*206 V. Pareto, Manuale, 35쪽.
*207 Emil Sax, Die neuesten Fortschritte der nationaloekonomischen Theorie, 1889, 9쪽.
*208 F. Oppenheimer, Theorie, 13쪽.
*209 Herm. Paul, Prinzipien der Sprachgeschichte, 초판, 1880, 제4판, 1909.

학의 논리적 기초이다.

둘째로 심리학은 정신과학의 이론적인 기초로 삼을 수 있다. 정신과학의 합법성은 결국엔 심리학적 법칙에 귀착하는 것이다."[210]

한 시대의 사조를 대표하는 사상가라고 할 수 있는 딜티히에 있어서도 심리주의적 입장을 분명히 하고 있다. "문화의 체계를 구성하는 사실은 심리학적 분석으로 인식하는 사실에 기초하여 연구할 수 있다. 이 문화체계의 인식의 기초가 될 모든 개념과 명제는 심리학이 발달시킨 개념들이며, 이는 명제와 종속관계에 대응하여 존립한다."라고 주장했다.

1907년에 발표한 「철학의 본질 Das Wesen der Philosophie」에서 딜티히는 다음과 같은 견해를 서술하였다. "경제·법률·종교·예술 및 과학 상호간의 문화체계와 인간사회의 외부조직과의 상호관계는 전체적으로 심적 관련에 의해서만 통일체적인 이론의 기초를 이해할 수 있는 것이다. 심적인 생명의 통일체로서 함께 존립할 수 있는 이 같은 문화체계와 인간사회의 외부조직과의 연관을 이루는 상호작용은 결국 인간중심의 심리적인 것과 연관되어 있는 것이다. 그러므로 이러한 연관들은 모두 하나의 심리적인 연관이다."[211]

현재의 사회학이 심리학의 속박에서 여전히 벗어나지 못한 것처럼, 경제학도 아직 심리학의 속박을 받으면서 고민하고 있다. 정신과학적 태도를 지녀야 할 연구자 중에서도 심리주의적인 입장의 편견을 벗어나지 못하고 있음을 볼 수 있다.

바로 브링크만Brinkmann, C.이 그런 부류의 한 사람인데, "사회학은 모든 문화제과학과 마찬가지로 정신적, 물리적 영역을 인식하는 학문이다."[212]라고 말한

*210 Sigwart, op. cit., 23쪽, 99쪽.

*211 W. Dilthey, Ges. Werke. 제5집, 157쪽.

*212 Carl Brinkmann, Versuch einer Gesellschaftswissenschaft, 1919, 56쪽.

다. 지금으로서는 그러한 심리주의는 정신과학의 충분한 발달을 위해서는 유해하다는 것을 알게 되었는데, 다음에 심리주의가 범하기 쉬운 오류를 세 가지로 지적해 두고자 한다.

첫째, 심리주의의 오류는 이미 경험적으로 증명되었다.

사회현상으로 제한하여 설명하자면, 사회현상은 심리적 요소 외에도 법률적·기술적·물리적·지리적 그 밖에도 많은 다른 요소로서 구성되어 있다. 전체 속의 한 부분을 갖고 전체가 어떻다고 말할 수 없듯이, 사회적 사상을 단순히 그 한 부분에 불과한 심리적 과정만으로 추론한다는 것은 이치에 맞지 않으므로 불가능하다는 것은 자명한 사실이다.[213, 214]

둘째, 심리주의적 입장을 지지할 수 없는 또 다른 이유는 일반적으로 심리주의는 인식론적인 성질을 띠고 있기 때문이다. 문화나 경제는 심리적이거나 물체적인 것도 아니고, 오히려 비심리적(非心理的: nicht-psychisch)인 의미를 가진 구성물로서 성립되어 있는 의식적인 정신이다. 이러한 의미에서 지금의 심리학은 정신과학의 기초과학이라고 말할 수 없다.

셋째, 문화현상이나 심리학적 법칙에 정신과학적 연구방법의 환원이 허용되지 않는 것은 연구방법의 본질이 다르기 때문이다.[215, 216, 217] 심리나 문화의 현상 위에 자연과학적 관찰방법을 전용하는 것은 유해한 결과를 가져와 오류를 범하

---

*213 Max Scheler, Idealismus und Realismus im Philosophischen Anzeiger, 1927, 268쪽.

*214 Ed. Spranger, Die Frage nach der Einheit der Psychologie in den Abhandlungen der preuss. Akademie der Wissenschaft. Band XXIV, 1926.

*215 Othmar Spann, Der logische Aufbau der Nationaloekonomie in der Zeitschrift fuer die ges. Staatswissenschaft, 1908.

*216 Franz Eulenburg, Naturgesetze und Sozialgesetze im Archiv fuer Sozialwissenschaft und Sozialpolitik. Bd. 32, 752쪽 후반, 763쪽.

*217 Max Weber, Objektivitaet usw. im Archiv fuer Sozialwissenschaft und Sozialpolitik. Bd. 19, 63쪽 및 Roscher und Knies in Schmollers Jahrbuch. Bd. 29, 1362-1363쪽.

게 될 것이다.

셋째로, 인간사회의 정신과학이나 경제학을 자연과학에 대립시켜서 역사주의의 입장에서 고찰하려는 태도는 정신과학이나 경제학의 발달을 저해할 위험성이 있으므로 인식론의 오류를 범하지 않게 지적하려는 것이다. 자연과학에 대립시킨 이 역사주의는 드로이젠Droysen, J. G.에 의하면[218] '일반적인 것 das Allgemeine'과 '개별적인 것 das Individuelle'에 관한 학문의 대립이라고 풀이하였으나 이는 대립의 의미에 대해 인식하는 조건이 잘못됐으므로 의미 있는 대립이 아니라는 것을 설명하려고 한다. 왜냐하면 자연과학과 역사, 사회, 문화 및 정신과학에는 각각 '일반적인 것'과 '개별적인 것'을 연구할 가능성이 있기 때문에 자연과학은 일반적인 것을, 역사과학은 개별적인 것으로 국한시키는 것은 인식론적 기초의 오류를 범한 것이므로 학설로서 성립할 수 없다는 것이다.

다음에는 독일 남부의 독일학파에 의하여 거론된 일반적 사실에 근거하여 법칙을 정립하는 연구방법과 개별적 사실에 근거하여 개별적인 법칙을 정립하는 연구방법과의 대립을 살펴보고자 한다. 이 대립에서 볼 수 있듯이 일반적 사실에 근거하여 법칙을 정립한 것을 자연과학의 연구방법으로, 개별적인 것을 역사(사회·문화·정신)과학의 연구방법으로 대치시키는 해석도 본질적으로 드로이젠의 견해와 일치하는 것으로서 자연과학과 역사과학에 각각 일반적 사실에 근거하여 법칙을 정립하는 방법과 개별적 기술방법이 가능함을 간과하였으므로 인식론적 기초의 오류를 범하였다고 거듭 지적하여 두는 것이다. 그 뿐만 아니라 사회·문화·역사의 정신과학은 단순히 일반적 법칙 정립과 개별적 법칙 정립의 연구방법에만 국한할 것이 아니라, 정신과학자들에게는 제3의 가능성이 있음을 학

*218 J. G. Droysen, Natur und Geschichte, 1925, 70쪽 후반.

설로서 제시하고자 한다. 사회·문화·역사에 관한 정신과학의 특수한 연구방법으로서의 제3의 가능성이란 곧 '이해적 연구방법'을 말하려는 것이다. 이해적 연구방법이라야 연구대상인 사회적·문화적·역사적 과학의 여러 현상에 응용할 가능성이 타당하다는 연구가 멩거에 의하여 이미 판명되었다.

정신과학을 연구하려면 정신을 공정하게 평가하지 못하게 할 가능성이 있는 편협한 사고방법의 인식론에 빠지지 않도록 유념해야 된다. 예컨대, 자연과학적이라면서 법칙을 정립할 수 있는 분석에만 의존하는 사고방법은 편협한 비과학적 정신이라고 할 수 있는 것이다.

우리들의 정신과학적 요구를 충족시키기 위하여 종래의 모든 역사주의, 법칙정립주의, 기술(記述)주의, 낭만주의 등의 비합리주의들의 절벽(Szylla)과 소용돌이(Charybdis)를 잘 피해 나가려면 항로의 방향을 잘 잡아 나갈 수 있도록 다음 장에서 보다 더 설명을 하고자 한다.

다음으로 목적론주의가 정신과학의 목표달성의 방향을 그르치게 할 오해의 소지가 있음을 살펴보고자 한다. 슈탐러는 "정신과학의 근본사상으로서 사회에서의 인간의 행위가 질서 있게 종속되도록 질서의 체계를 정돈하기 위하여 일정하게 규제된 행위를 정당하고 중요한 것으로 생각한다"는 명제를 제시하였다. 또한 그는 정신과학의 연구방법은 결코 사회현상을 원인과 결과의 범주하에 두고 '인과적인 것'으로만 이론체계를 정립할 것이 아니라고, 인과관계만을 따지는 연구방법을 부정하였다.

다른 한편으로 정신과학의 목적론적 사고방식으로서는 인간행위를 목적과 수단의 범주하에 두더라도 보다 높은 목적을 지향하게 하는 일정한 질서에 종속시키도록 하는 소위 '목적론적인 것'으로 정립하는 것이 정신과학의 정당하고 중요한 연구방법이라고 주장하게 되었다.

슈탐러의 견해에 의하면 인간행위의 최고 목적은 '인간의 모든 욕망을 자유롭게 실현할 수 있는 인간사회'에 도달하는 것이다. 그는 사회에서의 인간행위를 일정한 질서에 종속시켜 오직 목적을 향한 수단으로서의 행위현상으로만 인식했기 때문에 그의 연구방법은 목적론적으로 국한할 수밖에 없었다. 인간의 행위에 대한 인과적인 관찰방법을 부정한다면 정신과학의 연구방법은 크게 빈곤해질 것이다.

인과성에는 두 가지가 있다. 하나는 자연과학영역에서 관찰하는 '기계적 인과성'이고, 다른 하나로는 정신과학영역에서 관찰하는 '동기적 인과성'이 있다는 것을 설명하고자 한다.

'동기적 인과성'이란 인간행동의 동기나 원인이 될 하위 목적에서 상위목적으로 사실들의 원인과 결과가 결합되는 관계를 말한다. 곧 인간행동의 목적상의 인과관계를 뜻한다.

'기계적 인과관계'의 예를 들자면 사냥꾼이 총을 쏘아 토끼를 잡았을 경우, 인간의 행위 대상을 제외하고 총기의 구입과 총탄을 명중시킨 원인으로 토끼의 죽음을 결과로 보는 인과적 관찰을 한다는 것인데, 정신과학적 연구방법으로서는 불합리한 분석임이 분명하다. 이를 목적상의 인과관계로 이해하면 사냥꾼의 총을 쏘는 행동의 목적과 그 수단이 문제의 대상이 되는 것이다. 이 행동의 목적과 수단은 보다 높은 목적을 지향하기 때문에 하나의 행동의 목적이 달성되면 그것을 수단의 참고로 삼고, 다시 그 다음의 새로운 목적과 새로운 수단을 곧 잇따라 행동의 동기로 내세우게 된다. 이러한 행동의 목적의 계열성은 보다 높은 목적추구의 동기가 반복되는 인과적 계열이 연속되어 있으므로 정신과학영역의 인간

행위의 특성을 인식하려면 '동기적 인과성' 을 이해할 인식방법을 연구해야 한다는 것이다.

정신과학영역이 동기적 인과성에 의하여 연구될 경우, 연구하는 사람의 이성적인 이해의 차이에 따라 다양해 질 수 있기 때문에 경우에 따라서 연구자의 편견으로 인과관계를 단일하게 국한한다면 오해의 원인이 될 수 있으므로, 비난을 받지 않게 하기 위해서는 동기적 인과성의 다양성은 물론 나아가 그 효율성, 경제성까지도 유의할 필요가 있을 것이다.[219]

---

*219 이에 관해서는 Max Adler의 Kausalitaet und Teleologie im Kampf um die Wissenschaft(1904)와 Max Weber의 Rudolf Stammlers 'Ueberwindung' der materialistischen Geschichtsauffassung im Archiv fuer Sozialwissenschaft. usw(제24집) 및 Otto Janssen의 Das Wesen der Gesetzbildung(1910), 258쪽 후반을 참조할 것.

11장

제(諸)과학에서 경제학[220]의 위치

경제학의 연구영역은 물적인 의미의 경제로서 '생계를 유지하기 Unterhaltsfursorge' 위한 물자를 조달하고 소비하는 인간의 행위를 분석하는 학문이라고 그 위상을 규정할 수 있다. 경제학이 탐구해야 할 범위를 차츰 한정해 나가면 경제학은 (1) 경험과학, (2) 문화과학, (3) 사회과학의 세 연구영역이라는 특징을 가진 학문임을 알 수 있다.

첫째, 경제학은 경험과학이다.

경제학은 연구영역이 공간적, 시간적 현실 안에 속해 있기 때문에 경험과학으로 분류된다. 경제학은 과학으로 규정되는데, 철학 또는 형이상학과는 차이가 있는 학문이고 실질과학 Sach-Wissenschaft으로서 형식과학 Form-Wissenschaften과는 구별된다. 경험과학이라는 경제학의 특성에 따르는 연구목표 및 연구방법의 중요성에 관해서는 이미 제6장에서 확인할 기회를 가졌기 때문에 여

＊220 역주 좀바르트가 여기서 추가적인 설명 없이 단순히 경제학 Natioaloekonomie이라 부를 경우에 이는 그가 분류한 세 종류의 경제학 중, '이해경제학 verstehene Nationaloekonomie'을 의미한다고 볼 수 있다. 또한 이는 Wirtschaftswissenschaft(경제학)와도 같은 의미를 가지고 있다.

기서는 생략하기로 한다.

둘째, 경제학은 문화과학이다.

경제학은 연구할 현실에서의 경제영역이 넓은 개념에서는 문화에 속하기 때문에 자연과 대립하는 경제학은 인간의 문화영역의 구성부분을 대상으로 연구하는 문화과학이라고 볼 수 있다. 그 동안 문화를 하나의 과학으로 이해할 경우 '문화과학'과 '정신과학'의 두 개념은 혼용되어 사용되어졌다. 정신과학은 인간의 정신을 근거로 해서 연구되는 과학으로서 자연과학과는 대조를 이룬다는 것은 틀림없다. 문화과학이 정신과학임은 명백하므로 따라서 경제학은 문화과학이기도 하고 정신과학이기도 하다. 그러나 모든 정신과학이 문화과학이라고는 할 수 없다.

형식과학과 정신심리학은 문화과학의 개념 속에는 들어가지 않는다. 문화과학이란 객관화된 정신으로서 객관적인 정신과학만을 취급하는 형식적 과학이라는 협의의 개념이다. 문화과학으로서의 경제학도 정신과학이므로 문화과학과 정신과학을 대립시키는 것은 잘못된 것임을 분명하게 강조한다.

경제는 모든 문화와 마찬가지로 단순히 정신에서만 나오는 것이 아니라, 정신과 육체의 욕망에서 이루어지는 사실임을 감안한다면, 위에서 주장된 내용은 허용될 수 없음이 분명하다. 경제적 행위를 하려는 의지는 이 의지를 실현하기 위한 육체와 더불어 정신적인 객관적 행위와 관련되었을 경우에 정신적인 의미를 발견하고 이해할 수 있는 인식의 대상이 되는 것이다.

기업가의 경제행위의 동기도 정신적인 의미와 연관지어 '경영'과 결부되지 않으면 우리들에게는 아무런 관계도 없다. 그러므로 경제학은 자연적인 사물과 관계가 있어도 자연과학이 아니며, 또한 심리상태와 관계가 있다고 해도, 결코 응용심리학이 될 수 없다.[221] 이해경제학은 연구영역 안에 자연적 또는 심리적인 여러 현상들을 포함시킬 경우가 있으므로 이 경우에 관해서는 제13장에서 설명하기로 한다.

셋째, 경제학은 사회과학이다.

왜냐하면 경제학의 연구대상인 경제는 인간사회의 일부분을 형성하고 있으며 본질적으로도 그렇기 때문이다. 경제의 특성인 사회적 유대관계의 필요성은 경제의 내부적 조건에 있어서나 외부적 조건에 있어서도 모두 똑같이 인간의 사회적 관계를 기초로 하고 있다. 즉, 외부적으로 관찰하면 인간의 생존문제는 대개는 적어도 두 사람 이상이 서로 상호 협력을 필요로 하기 때문에 인간의 생계유지는 사회적 유대에 의해서만 이루어진다. 또한 내부적으로 보더라도 사회적 정신과 관련되지 않는 경제적 행위란 있을 수 없기 때문이다. 각 개인의 사회적 행위가 가능하기에 앞서 먼저 공동적인 것, 결합적인 것, 통일적인 것이 있어야 한다. 생산 및 분배라는 공통이념이 아직 원시적인 형태라 할지라도 그런 의식이 존재할 경우에 비로소 개인은 그것에 관여할 수 있다. 사람들 사이에서 서로 이해할 수 있는 동일한 의식이 결부되어 있을 경우에 사람들은 재화의 교환행위를 통해 그들의 경제적 목적을 실현시킬 수 있게 된다.

경제학의 이러한 사회적 속성 때문에 과학으로서의 경제학을 자연적 범주와 사회적 범주 사이에서 구별한다는 것은 오류라고 한다.[222] 경제학의 범주는 어느

*221 Ludwig Woltmann의 Politische Anthropologie(1903년), 131쪽과 F.Eulenburg의 Gesellschaft und Natur(1905년), Archiv fuer Sozialwissenschaft.usw. 21. 551쪽 후반과 F.Toennies의 Zur naturwissenschaftlichen Gesellschaftslehre in Schmollers Jahrbuch(1905년), 제24집을 참조할 것.

*222 이와 관련해서는 H. Dietzel의 Theoretische Sozialoekonomik(1895년)과 Selbstinteresse und Methodenstreit im Handwoerterbuch der Staatswissenschaft(제3판) 및 R.Stolzmann의 Die soziale Kategorie in dcr Volkcwirtcchaft(1896년)과 Der Zweck in der Volkswirtschaft(1907년)를 참조할 것.

것이나 표면적으로는 그렇게 보이지 않더라고 사회적 범주에 속한다고 결정되어 있다. 그러나 경제학의 사회적 성질에 의하여 다시 경제학을 사회학에 대립시켜 경제학 입장 및 사회학 방법이나 입장에 대해서 말하는 것도 같은 오류라고 한다. 경제학은 오히려 사회학 곧, 인간의 공동생활에 대한 과학이다. 우리들의 과학에는 예컨대 종교·예술·과학의 사물영역과 같이 사회적인 영역에 관계시키지 않고 취급할 수 있는 '경제적인 영역' 이라는 사물영역은 결코 하나도 존재하지 않는다. 이러한 이념들은 사회에서도 실현되지 않는 경제는 없다는 것을 의미한다. 사회학적 범주에서 생각할 수 없는 순수 경제는 무의미하다. 경제는 사회문화영역의 하나이다. 그러나 사회를 배제한 순수한 문화영역과는 구별된다. 이 두 영역은 본질적으로 슈라이어마허Schleiermacher가 구별한 조직화된 행위와 추상화된 행위와의 영역에 비교할 수 있다. 여기서 경제는 법률이나 국가와 함께 조직화된 행위의 영역에 속하므로 사회영역에 속한다.

12장 과학의 체계

우리들이 해야 할 일은 경제학을 하나의 독립된 과학으로 인정할 수 있는 통일된 수단과 방법을 발견하는 것이다. 우리들이 발견한 지식은 개별적인 구성부분을 하나의 체계로 조직함으로서 과학이 된다. 이러한 것은 이미 칸트가 정립한 이념에서의 과학이다.[223] 칸트가 정립한 이념은 본래 존재하는 사물을 논한다는 의미이며 원래의 모습을 분석하는 의미가 아니다. 이는 사유수단으로서 사용되는 심리적인 상태를 나타내는 논리적 의미의 이념이다.

그러므로 경제학은 이념의 대상을 목표로 하는 것이 아니라, 오히려 이론적인 의미로서 통일체를 파악하는 과학으로 전제되어야 한다. 따라서 이념은 과학적 인식의 조건을 형성하는 일종의 과학의 선험적인 개념으로서 이는 곧 '이성적 개념' 을 의미한다.

인식의 한 원리에서 체계적인 연관을 만들어 낸 이치를 생각하는 능력이 바로 '이성(理性)' 이다. 칸트는 이 문제를 다음과 같이 언급했다:[224] "온 경험을 통제

---

*223 Kant, Kritik der reinen Vernunft, Kirchmann 편저, 640-641쪽.

*224 Kant, op. cit., 512쪽 후반, 514쪽, 524쪽.

하는 이성적인 통일체는 항상 인식의 주체로서 전체적인 형식에서 최고의 개념인 이념을 전제로 삼는다. 그리고 이 전체는 제부분의 일정한 인식에 선행하여 각 부분에 대하여 그 지위와 그 밖의 여러 부분에 대한 그 관계를 선험적으로 규정할 제조건을 포함하고 있다." 또한 그에 의하면 "이념이 하는 기능은 오성만으로 규칙을 만들기에 불충분한 경우에 오성을 이념에 의하여 지원한다. 동시에 이념은 서로 상치되는 규칙을 하나의 체계적 원리 하에 일치시켜서 되도록 서로 연관을 지우는 작용을 한다"는 것이다. 더 나아가 "이성은 경험의 통제하에 응용되는 오성의 인식을 전제로 하되, 경험보다도 훨씬 멀리 미칠 수 있는 이념에 따라서 이성 통일체를 탐구하게 된다"고 주장했다.

이런 기본적인 당연한 이치의 설명이 부적당할지 모르나 내가 아는 한, 과학 일반의 체계구성에 관한 문제의 필요성을 느낀 경제학자가 로렌츠 폰 슈타인 Lorenz von Stein[225] 단 한 사람뿐이었다는 사실을 감안하면, 경제학이 비난받지 않는 학문이 되기 위해서는 이러한 기초적인 여러 조건들까지도 상기하는 일이 전혀 무용하지는 않다는 생각이다.

우리들이 지금 칸트가 주장한 것과 달리 생각할 점은 체계를 구성하는데 있어 이념의 선택에 관한 것이다. 칸트에 의하면 이 선택은 오직 인식의 형식적 필요에 의해서 규정되었다. 칸트에 의하면 "이러한 이성개념은 자연에서 받아들여지는 것이 아니라 우리들은 자연에 대하여 이념의 도움을 받아 이러한 이념에 대하여 질문을 한다. 그리고 우리들의 인식이 이러한 이념에 부적당할 경우에는 그 인식이 부족하다고 생각한다"는 것이다.

칸트의 입장은 그가 인식의 대상으로서는 외적인 자연을 아는 것을 기초로 삼

* 225 Lorenz von Stein, Lehrbuch der Nationaloekonomie, 제3판, 90쪽 후반.

았다는 점이다. 이 외적 자연은 바로 위에서 서술한 내용일 것이나, 문화와 연관된 인식에는 해당되지 않는다. 여기서는 체계를 구성하는 이념의 선택은 우리들의 자유에 맡길 일이 아니라 이런 이념은 사물의 특징에 의하여 부여된다.

경제학의 체계를 발전시키는데 노력한 슈타인은 이 문제에 관해서 다음과 같이 자세히 설명하였다. "과학에서 소재의 목적에 적합한 체계적인 기능은 사람이 볼 수 있는 모든 현상의 유기적인 연관하에서 설명할 수 있는 것이다. 체계는 그 제요소 중에서 이미 부여된 것이므로 생각해 낸 것이 아니다. 그러므로 체계는 그 자체에 의하여 발전되는 것이다."

그럼에도 불구하고 슈타인이 과학의 체계를 정립하는 데 성공하지 못한 것은 그가 너무나 깊이 헤겔의 사고방식에 빠져 있었기 때문이었다.

우리들이 경제학을 과학으로서 정립할 수 있는 이념을 상기할 경우, 이 이념을 기본이념 · 형태이념 · 작업이념의 세 가지로 구별해 볼 수 있다.

1. 기본이념

모든 문화가 과학의 기본이념 Grundidee이 될 수 있는 것은 문화가 기본이념에 의하여 생명을 부여받고 문화의 특수범위인 법률 · 국가 · 언어 · 예술 등을 규정하며 한계를 지울 수 있다는 이념이기 때문이다. 그것은 원래의 현상 Urphaenomen을 파악하고 정신을 그 본질의 특징의 하나로서 반영하는 이념이다. 경제학에서 이러한 내용과 또한 한계적 이념이 이미 언급한 바와 같이 경제의 이념이 되는 것이다.

나는 이념의 내용을 더 정확하게 다음과 같이 규정하려고 한다. 경제는 인간이 낙원에서 쫓겨날 때 부과된 사명으로서, 빵 문제를 해결하기 위해 이마에 땀을 흘려 자연력과 싸우면서 궁핍과 만족, 수요와 공급 사이에서 부단히 움직이면서 그의 인생의 대부분을 보내야 할 사명을 지니게 된 것이다. 우리들이 이러한 경제의 내용을 이해한다면, 우리는 다음과 같은 세 가지의 구성부분이 포함되어 있음을 알 수 있을 것이다.

첫째로, 경제에는 경제를 지향하는 또는 주관적인 정신이 포함되어 있다는 것이다. 경제행위를 하는 인간을 일정한 방향으로 규정하는 목적 설정, 동기 및 행위규칙에 의하여 경제행위를 지향하는 정신을 지배한다.

둘째로, 경제는 질서화 Geordnetheit가 필요하다는 것이다. 질서화(秩序化)라는 개념은 경제생활의 이념을 일정한 질서와 조직으로 경제체계를 구성한 부분으로서 경제 질서의 형식이라고 부를 수도 있을 것이다.

셋째로, 기술(技術)의 필요성이다. 경제과정에서 재물의 조달을 위하여 인간이 외적인 자연물을 자기의 욕망에 따라 소재로 형성하는 수단이나 방법을 기술이라고 한다. 경제 주체의 목적에 따라 주체의 행위를 규정하는 계약체결의 규칙이 예컨대, 경제생활의 한 모습인 실을 짜는 일에서는 원료의 제공, 기계에 의한 원료의 가공, 원료나 완성품의 보관, 수송이라는 기술 등이 이 개념에 속하게 된다.

경제와 기술이란 서로 다른 평면상에 있으므로 서로 대치(對置)라는 의미를 갖지 않는다. 경제는 하나의 문화영역이고 기술은 하나의 처리하는 방법론이다. 기술세계는 경제세계와 대립하는 것이 아니다. 경제와 기술을 하나의 대립적 구성으로 설명하는 것은 경제란 말을 일정한 행위의 의미로 생각하여 사용하는 경우이다. 그런 의미에서는 사실적인 경제의 개념을 기술인 개념에 대립시켜서 하는 말이다. 경제적인 행위와 기술적인 행위를, 한편에서는 주어진 수단으로서의 목적선택이고, 다른 한편으로는 주어진 목적에서의 수단 선택의 입장에서 말한 것이다. 이러한 기본이념만으로 하나의 문화과학의 체계를 세우기에는 불충분하다.

2. 형태적 이념

다음으로 형태적 이념 Gestaltidee의 본질과 사명을 고찰해 보고자 한다. 경제의 이념은 공간 및 시간을 초월한 이성적 개념이다. 또한 이 이념은 객관적 정신을 파악하고 있다. 경제는 공간적, 시간적으로 맺어진 사실의 합성물이다. 모든 문화와 경제는 현실적인 경우에는 역사이다. 그러므로 이념은 일정한 역사적 현상으로 구체화된다. 역사에 나타나는 경제는 형태를 취하는 객관적 정신의 현상으로서 구체화된다. 추상적인 경제라는 것은 없고, 항상 구체적인 역사적인 특수한 경제가 있을 뿐이다.

모든 문화과학의 사명은 문화적 현상을 그 역사적 특수성에 있어서 파악하는 수단과 방법을 발견하는 것이다. 특정한 문화영역의 역사적 구체성에 대하여 역사 중에서 그 위상을 규정하고 문화이념의 특성을 드러내어 과학적으로 문화영역을 발전, 성숙시키는 것이 필요하다.

우리들은 현실에 적용하는 하나의 문화이념의 도움으로 문화적 현상을 분석하는 문화과학의 형성을 가능하게 하는 사명을 수행한다. 예컨대 언어과학은 내부적 언어형식의 이념을 , 종교과학은 교리의 이념을, 예술과학은 창조적 미의 이념을 사용하여 각기 연구하는 문화영역의 그 시대의 역사적 특성을 규정한다.

경제라는 과학도 그 소재를 체계로까지 질서 있게 정리하려면 이렇게 형성되는 이념이 필요하다. 경제체계를 위해 형성되는 이념이 가지는 사명은 한 시대의 경제생활의 근본적인 특성을 파악하고 다른 경제시기의 경제형태와 구별하여 인류경제에 있어 큰 역사적 시대를 한계 지우는 일이다. 경제적 현상을 하나의 체계로 형성할 수 있는 이념은 경제 그 자체의 개념에서 직접 도출해 내야 한다. 이러한 요구들을 충족시킬 수 있는 것이 경제체계의 이념이다.

나는 경제체계로서 의미 깊은 통일체로 나타나는 것이 경제학방법론이라고 생각하는데, 이 경제학방법론에 의해서만 경제를 구성하는 기본적 구성요소가 일정한 형태를 나타내게 되는 것이다.

경제의 개념을 구성하는 기본적 구성요소로는 ① 경제적 지향, ② 질서, ③ 기술을 들 수 있다. 이러한 구성요소에 의하여 경제체계의 개념을 더 한층 정확하게 규정할 수 있다. 즉, 경제체계란 ① 일정한 경제적 지향에 의하여 지배하되, ② 일정한 질서와 조직을 갖고, ③ 일정한 기술을 응용하는 정신적 통일체로서 파악된 경제방법론으로부터 만들어진다.

경제체계의 이러한 개념들은 우리들이 체계구성에서 최고로 추구하는 이념에 대하여 해야 할 요구를 실제로 충족시킨다. 이 개념은 경제생활의 전면을 포섭하는데 충분하게 포괄적이고, 따라서 체계화를 시도하는데 있어 체계를 구성하는 이념의 역할을 수행해야 할 것이다. 더구나 성질상, 경제생활의 개별적 측면의 특색보다도 더욱 효과적인 역할을 완수하게 된다. 다른 한편으로는, 이 개념은 경제생활의 역사적 구체성을 파악하기에 충분히 명백하고, 국민경제의 순수한 형식적 이념보다도 그 체계구성력이 우월하다. 이 개념은 원시적인 것에서부터 가장 발달된 것에 이르기까지 생각할 수 있는 모든 경제상태에 응용하기에 충분할 정도로 일반적이다.

경제학이 과학으로서 성립되는 것은 경제체계의 이념에 달려 있음을 다시 여기서 분명히 강조해 두려고 한다. 형태적 이념이 없으면 경제학은 전혀 과학일 수 없고, 경제체계의 이념 이외에 이용될 다른 이념은 없다. 이 이념만이 사물자체의 요구에 적합하다. 나는 이미 문화과학은 그 이념의 선택에 있어서 자유롭지 않다고, 적어도 기본이념과 형태이념과의 선택에 있어서는 자유스런 것이 아니라고 이미 앞에서 상술하였던 것이다.

3. 작업이념

여기서 작업이념 Arbeitsideen이란 기본이념과 형태이념에 의하여 형성된 범위 안에서 경제학적 인식소재를 정돈하기 위하여 도움이 되는 이성적 개념을 뜻한다. 따라서 이는 일정한 관찰방법이고 입장이며, 문제의 제기이고, 연구의 개발원리이다. 이것은 일반적인 연구가설의 포괄적인 타당성과 응용과는 구별되는 것이다.

그것은 지금의 용어법으로 말하자면 '가상적인 구상 Fiktion', 또는 '마치 - 처럼의 가설 Als-ob-konstruktion'[226]이라고 볼 수 있다.

이러한 작업이념은 비교적 다량으로 우리들에게 제공되어 선택에서는 주관적인 자의(恣意)를 허용한다. 가장 중요한 작업이념을 다음의 종류로 구별하여 개관해 보려 한다.

작업이념의 첫 번째 종류로는 경제생활의 상태를 파악하기 위한 이념으로서, 이는 시간에 따라 나타나는 현상들의 합목적적 정돈을 위한 이념이라고 할 수 있다. 밀 이후 이러한 작업이념은 경제적 소재를 경제생활의 형태에 따라 정태 Statik와 동태 Dynamik로 분류하였다. 정태적, 동태적 상태라는 이 작업이념

---

*226 본문 28쪽을 참조할 것.

은 지속적인 것 Beharrung 및 변화되는 것 Veraenderung이라는 실재적인 개념과 자주 혼동되고 있다. 여기서 정태라는 개념은 전통주의를 의미하고, 동태라는 개념은 진보주의를 의미한다. 작업이념으로서 경제생활이 정태적인가, 동태적인가를 관찰하는 것을 항상 의식하지 않으면 안 된다. 정태적, 동태적 관찰에서 주의할 사항은 정태와 동태라는 개념은 일정한 경제체계의 형태 이념의 범위 안에서 사용될 경우에만 의미를 갖는다는 것이다. 지금의 경제학 이론가들이 경제상태의 내용적 규정을 위해서 정태적이거나 동태적이라고 부르는 것만으로 충분하다고 생각하는 것은 그들이 범하는 근본적인 오류이다.

여기에 이성개념과 경험개념과의 혼동이 작용하고 있다. 경제체계를 각각 정지의 상태나 동태의 상태로 관찰한다고 하더라도 어떠한 경제체계를 취급하고 있는 가에 따라 비로소 확정된 양상의 문제를 파악하는 것이다.

경제생활을 이미 성숙된 결과의 총합으로 보는가 또는 가능성의 전부로 보는가, 예컨대 부(富)를 축적한 재화의 양인 현실적으로 보는가, 또는 생산력인 잠재력으로 보는가의 두 종류의 견해는 현실성 및 잠재성의 이념이라고 부를 수도 있을 것이다. 고전학파 경제학과 중상주의학파의 경제학도 이런 입장 차이 때문에 매우 중요한 관점에서 서로 구별되었던 것이다.

발전의 이념은 시간에 있어서의 여러 현상들의 질서를 세우기에 유효한 작업이념이다. 발전이란 말에 합리적인 의미를 부여하려면 어떤 상태가 이념에 접근한다는 뜻, 또는 어떤 이념을 역사에서 더욱 실현시키게 된다는 뜻이라야 한다.

나는 발전이라는 작업이념이 근대 자본주의에서 나의 모든 설명을 지배하고 있다는 것을 지적할 수 있다.[227]

---

*227 좀바르트의 Modernen Kapitalismus, Bd. II, 913쪽 후반을 참조할 것.

경제학이 사용할 또 하나의 작업이념으로서 경제적 연결성을 파악하기 위한 이념을 들 수 있다. 이는 말하자면 공간에서의 현상들을 정돈하기 위한 이념이다. 이 이념이 목적하는 바는 경제행위를 하는 인간을 어떻게 연결하는가, 개개의 경제적 현상은 서로 지배와 종속과 어떠한 관계에 있는가, 그리고 그의 경제행위의 방식을 우리들에게 설명하는 것이다. 이것들의 이념은 어느 것이나 조직과 기구라는 대비되는 이념(理念)으로 환원된다. 사람들은 경제생활을 하나의 조직으로서 곧, 개인생활로서 충당하고 독립적으로 성장하며, 또한 생명 있는 여러 구성원으로 성립되는 자연적인 구성체로 간주한다.

한편, 경제생활을 하나의 기구로서 곧, 생명 없는 여러 물체에 의하여 구성되어 존속되는 동안에는 고정된 인공적인 구성체로 생각하는 사람들도 있다. 이러한 작업이념에 대하여 무비판적인 사람들은 자신이 가상적인 기구를 취급하고 있음을 잊기 쉬우므로 이러한 이념의 사용이 위험하다는 것을 염두에 두어야 한다. 경제생활은 하나의 조직도 아니고, 기구도 아니며, 단지 생명 있는 인간을 그 구성부분으로 삼고 우리들이 마치 하나의 조직이나 기구인 것처럼 관찰하는데 불과한 특수한 구성체이다. 작업이념을 문화적 사실로서의 경제에 관계된 특수한 개념들을 대립되게 편성한 것에서 유도하는 것은 더욱 합목적적이다. 이것은 예컨대 일반사회학의 영역에서 많이 사용되는 작업이념에서 볼 수 있는 것이다. 이러한 작업이념이란 퇴니스Toennies[228]의 이름과 결부되어 있는 공동사회 Gemeinschaft와 이익사회 Gesellschaft의 이념으로서 경제학도 이것을 사용하여 편리함을 보는 경우가 많다.

---

*228 역주 인간의 사회생활 상태를 이익을 목적으로 하지 않는 집단(공동사회)과 이익을 목적으로 하는 집단(이익사회)으로 최초로 구분하고 정의한 사람이 바로 퇴니스 Toennies이다.

우리들의 과학에 사용되는 두 종류의 지도적 이념으로서 교환사회 Tausch-gesellschaft의 이념과 국민경제 Volkswirtschaft의 이념에도 작업이념이 나타난다.

여기서 교환사회의 이념이란 인류사회의 경제형태가 일정한 틀로 정해져 있지 않고 다만, 시장의 계약체결에 의해서 결합된 모든 개인의 총체적인 외적 통일체로 생각하게 되었다. 반면, 국민경제의 이념은 경제행위를 하는 국민 및 단체의 정신을 소생시키고 경제생활을 충족시켜 생명이 있는 육체의 개별현상을 전체의 경제생활로 정리되는 것을 요구하는 이념이라고 볼 수 있다.

교환사회의 이념은 특정한 유통경제체제를 말하려는 것이다. 국민경제의 이념은 의식된 현실을 통해서 국민경제의 견지에서 자본주의적이거나 사회주의적인 경제체제의 특성을 생각하고 이러한 체제하에서 국민 경제적인 문제를 취급하게 된다.

교환사회와 국민경제의 이념은 경제학에서는 큰 의미를 갖는다. 우리들의 과학의 문제는 교환사회의 이념과 국민경제의 이념 중에서 어느 것으로 해결하는 것이 유리한가를 의식하지 않으면 안 된다. 특히, 교환의 사회적 문제에 속하는 것은 화폐·교환·신용·경기와 같이 모두 시장문제들이고, 국민 경제적인 문제도 모두 이에 속한다. 뿐만 아니라, 특별한 경우의 국민경제문제가 있는데, 이에 속하는 것으로는 생산력의 문제, 생산단계 및 생산부문간의 관계, 국제-및 무역수지, 입지조건 등이다.

경제학의 작업이념 하에 가치이념을 제시할 수 있다. 가치이념이 자연과학적 경제학 중에서 대표하고 있는 실체개념은 이해경제학의 체계 중에는 어느 부분도 차지하지 못하였다. 가치이론이 빠져 있는 혼란상태에서 경제적 가치라는 것은 결코 심리적이거나 실재적인 사실이 아니다. 그것은 경제학적 사유의 선험적인 이론이고, 연구자에 의하여 현상들에 갖다 붙인 주관적인 것으로 일반적으로 통찰할 수 없다. 이것은 주관적 가치이론이나 객관적 가치이론으로도 다같이 말할 수 있다. 효용–가치이념과 노동–가치이념의 두 개의 가치이념도 또한 서로 배척함이 없이 서로 보완하여 사용한다. 여기에서도 교환문제, 노동계획의 문제와 같이 교환사회의 이념의 도움으로 용이하게 해결할 수 있는 문제가 있고, 모든 고유의 생산과정, 국민의 부의 문제, 수익성의 법칙, 식량문제 등과 같이 작업이념의 도움으로 해결될 수 있는 문제가 있다. 오랜 기간 사용되어 온 매우 낡은 번거로운 '가치' 라는 용어를 이러한 작업이념을 위하여 계속 사용할 것인가는 매우 의문스럽다.

13장 이해[229]

1. 이해의 개념

이 절에서 설명하려는 경제학의 모든 방향은 '이해 Verstehen' 라는 인식방법의 특성 때문에 '이해경제학' 이란 명칭을 붙였다. 그러므로 이해경제학을 이해하기 위해서 이해의 개념을 적절하고 완전하게 해명하려고 한다.

자연현상에 대하여 문화적 현상의 표면적인 질서가 적절한 과학적 인식양식으로서 이해적 인식의 특질인 '개념화' 를 명백히 인식한다는 것은 매우 중요한 일이다. 어떤 점에서 자연적 인식과 문화적 인식과의 근본적 차이가 있는가는 유사한 사회적 형태의 내용에 대한 자연과 문화에 관한 인식문제를 대치시켜서 그 현상 내용을 검토해 볼 경우에 가장 잘 통찰될 수 있을 것이다.

자연의 영역에서 인식할 수 있는 과제와 문화(사회)의 영역에서 인식할 수 있

---

*229 이 장에서 논술되는 문제는 이 책의 중심부분이라고 할 수 있다. 1928년 9월 취리히에서 개최된 독일사회학회 제6회 회의석상에서 사회학 전체에 관한 강연이 있었다. 그 강연내용은 1929년 독일사회학 논문집 제6권에 수록 간행되었는데, 그 중에서 경제사회학(경제학)의 문제범위에 제한하여 두서너 가지의 새로운 관점을 덧붙인 것이 본 장으로 기술된 것인바, 이는 앞의 지적한 논문내용과 본질적으로 같은 것이다. 이러한 문제의 중요성과 미결정성(未決定性)을 감안하여 약간의 참고문헌을 제시한다. 참고문헌은 본문의 각주에서 제시한 책의 전부와 그 밖의 참고문헌을 참조하면 된다.

는 과제를 다음의 예를 들어 살펴보고자 한다:

① a: 지상에서 고양이가 뒤섞여서 뛰어다닌다.
   b: 운동장에서 축구경기의 운동선수가 뒤섞여서 뛰어다닌다 : 축구경기규칙에 따라 축구공을 한 편은 상대편의 골대 속으로 통과시키려 하고, 다른 편은 그것을 방어하려고 서로 뛰어다닌다.

② a: 지구가 태양의 주위를 돌고 있다.
   b: 춤추는 사람이 무희의 주위를 돌고 있다: 무도의 규칙에 따라서 음악에 맞춰 돌고 있다.

③ a: 찌르레기가 날아가기 전에 모여서 지저귄다.
   b: 사람들이 집회에서 재잘거린다: 사람들이 이야기나 의견을 나누려고 잡담한다.

④ a: 개미들이 개미떼 속을 돌아다닌다.
   b: 사람들이 거리를 돌아 다닌다: 특정한 목적지에 가려고 걸어간다.

⑤ a: 기러기가 삼각형의 밀집대형으로 날아간다.
   b: 중무장한 군인이 밀집된 사방형 모형으로 행진한다: 전투요강에 제시된 대형을 실습하려고 행진한다.

⑥ a: 두 개의 원소의 결합에 의하여 새로운 물질이 성립된다.
   b: 재계의 두 기업이 합동하여 새로운 기업이 성립된다: 양 기업이 서로 상의하여 합동계약에 의하여 합병한다.

위의 각 제1열의 a는 자연현상의 경우이고, 각 제2열의 b는 문화현상의 경우인데, 이렇게 a와 b로 대치시켜서 이해되는 개념의 인식의 특질을 검토해 보는 것은 인식방법의 특수성에 따라서 우리들의 의식을 명백히 하는데 매우 중요하다.

자연현상의 경우, 자연계에서 그 현상이 왜 일어나는지를 인간의 오성을 통한 추측에 의하여 올바른 이치를 바로 잡으려고 한다. 자연과학에서 자연계 현상의 '질서 세우기 zu ordenen' 라는 이러한 시도는 자연현상과 연관된 많은 새로운 가설을 정립하는 계기가 되었다. 이에 반해서 문화(사회)현상의 인식문제로는 왜, 언제, 어디서, 어떻게 일어나는가를 우리들은 분명하게 그 내용을 의식할 수 있는 인식의 특징을 가지고 있음을 알 수 있다. 자연현상에 대하여서는 자연계 질서의 '불가사의' 한 것에 인간의 오성이 미치지 못하여 추측이 있는 반면, 문화현상의 이치나 그 의미에 대해서는 인식 내용을 분명하게 이해할 수 있도록 설명할 수 있다는 것이 문화인식의 특징이다.

어떤 문화현상이 왜, 언제, 어디서, 어떻게 일어나는가를 의식하게 되는 인식을 '이해' 라고 부른다. '어떤 현상을 이해한다는 것' 이 어떠한 의미인가를 생각해보기로 한다.

우리들이 이해하려고 할 경우, 인식하는 방법을 고려하는 입장에서는 '이해' 를 '의미의 파악 Sinnerfassen' 으로 부를 수 있다. 어떤 현상을 이해할 수 있게 하자면 그 현상의 의미를 선명하게 드러내는 것인데, 이러한 의미파악은 우리들이 이미 알고 있는 경험내용과 관계를 맺고 결합하여 연관시키는 것을 의미한다. 예컨대, 축구 경기에 이기자면 어떤 행위를 할 것인가에 대하여 경기행위로 나타낼 경기규칙을 이해하고 있어야 한다. 행위 방법을 이해하지 못하여 틀리거나 오해할 경우도 있다. 이 경우에는 행위현상에 대한 의미와 연관된 여러 방면의 관계를 다시 충분하게 인식하도록 특히, 행위 방법을 잘못 이해한 원인을 바로 잡으려면 의미파악의 방법을 재검토해야 한다.

이해의 결과를 중점적으로 인식하기 위하여 인간세계 현상의 이치를 바로 잡으려면 또한 '본질인식 Wesenserkenntnis' 의 이해가 필요하다. 본질인식이란 이해에 의하여 얻어진 지식 Wissen의 한 현상을 의미와 연관시켜 전체로서 재발견하여 파악하는 것이다.

본질인식에 의하여 우리들은 왜 그런 현상이 이렇게 나타나며, 다른 현상이 될 수 없는가를 통찰하고 그 현상이 어떤 동기나 이유의 의미에서 어떻게 연관된 것인가를 파악함으로서 왜 그렇게 되는가를 이해하게 되는 것이다.

인간세계의 의미의 연관성에 의한 본질을 인식하는 이해는 자연계에 대한 자연인식의 방법에 비해서 무한히 우월하다고 설명할 수 있다. 문화현상의 이해에 의한 인식은 하나의 진실에 기초를 두고 있다. 우리들이 어떤 것의 본질을 이해함으로서 알고 있는 지식도 다시 올바르게 인식하는 것이다. 문화영역에서의 이해의 우월성은 인식주체인 인식하는 자와 인식대상이 동일 identisch한 곳에서 나타나는 즉, 인식양식의 내재성 'Immanenz'에 있는 것이다.[230]

따라서 인식하는 자는 말하자면, 인식대상의 속에 들어가 인간세계를 경험하는 한계내(限界內)라는 뜻으로 내부에서 인간세계의 현상을 인식하므로 인식종류로서 자연적 인식보다 문화적 인식이 인식양식으로서의 자연계현상의 가설의 설명보다 문화계 현상의 본질을 이해하는데 있어서 인식방식이 우월하다는 것이다.[231]

어떤 인식할 대상에 대하여 인식자의 의식이 경험할 대상으로서의 한계를 벗어날 경우, 그 인식은 '초월성(超越性) Transzendenz'[232]이라고 말하며, 인식할 대상이 경험할 한계 내에 있을 경우의 인식은 '내재적(內在的)'이라고 한다.

인식이 초월적이라는 가정은 다음과 같은 기초가 닦인다면 초월적으로 인식한다는 말의 의미가 분명해질 것이다. 원래 사상(思想)은 그 사상과 관계되는 대상의 반대편에 초월적으로 있다. 자기 의식에 내재하는 어떤 대상, 예컨대 자기

* 230 A. Schopenhauer, Ueber die vierfache Wurzel usw. 43쪽.
* 231 Robert Wilbrandt, Die Schriften der Deutschen Gesellschaft fuer Soziologie. 6, 1929, 324쪽.
* 232 이는 초감성적인 것을 의미함.

의 사유나 사상이 새로운 초월적인 다른 사상과 서로 다른 편에서 초월적으로 있는 것이다. 그 때문에 초월적으로 있는 대상의 객관적 정신을 자기의 정신영역에 내재하는 주관적인 정신에 결합하여 새로운 사상의 구성부분으로 형성하는 것은 사상의 본질을 정당하게 드러낼 수 있는 초월적 창조라고 할 수 있다.

문화는 객관적 정신이고 인간의 인식은 주관적 정신이다. 인간의 심리 중에는 이념을 사유하고 목적을 결정하여 규범을 정립하는 능력이 있으므로 인간만이 문화를 창조하도록 인간의 본질인 주관적 정신을 객관화하는 능력을 지니게 된 것이다.

인식양식으로서 초월적으로 존재하는 객관적 정신과 내재적으로 존재하는 주관적 정신 사이에 정신의 동일성을 확신하여 지배할 법칙을 창조하려는 것은 인식작용의 재발견이라고 할 수 있을 것이다. 그렇게 인식하는 사람은 문화의 창조자로서 큰 세계에서의 신처럼 작은 인간의 세계를 움직이게 된 것이다.

이해의 인식 이론의 하나는 인간은 자기가 할 수 있는 것만을 인식할 수 있다는 것을 통찰하였다는 점이다. 비코가 「이해의 사회학」의 기초 편에서 서술한 말을 인용해 본다 :[233]

"이 문화적 세계는 바로 인간에 의하여 만들어진 것이다. 따라서 인간정신의 발달에서 그 원리를 찾을 수밖에 없다. 그런데 예로부터 철학자들은 그 조물주가 신이기 때문에 신만이 자연세계의 지식을 알 것이라고 신에게만 의존하였으므로 인간의 문화 세계에 대한 사색을 등한시하였다."

그 이후에 현명한 사람들 중에서 이와 반대되는 사상을 발표하게 되었다. 칸

---

*233 Cinque Libri di Giambattista Vico d'una Scienza nuova d'intorno alla comune natura delle Nazioni. 제2판, 1730, 169쪽.

트는 "사람들은 자기가 아는 개념에 따라서 지식을 스스로 만들고 경험을 통해서 실천할 수 있는 것만을 완전하게 통찰한다"고 말했다. 또한 노발리스Novalis, Fr.는 다음과 같이 말하였다. "우리들은 발표할 수 있고, 만들 수 있는 것에 대해서는 그것을 잘 알고 있다. 그것을 보다 완전히, 보다 다양하게 생산하고 완성할수록 보다 더 잘 알게 된다. 그것을 어느 곳에서나 모든 방법으로 보게 될 때에는 그것을 완전하게 알게 될 것이다."[234]

이해를 인식하는 이론의 다른 하나는 동일한 것에 의해서는 동일한 본질의 것만을 인식할 수 있다는 것을 통찰하였다는 것이다. 이러한 인식개념은 최초로 엠피도클레스Empedokles에 의해 처음으로 소개되었고, 이어 괴테Goethe에 의해 그대로 받아들여졌으며,[235] 바울Paulos이 고린도교회 교인들에게 보낸 편지 내용에서 이러한 인식개념을 인지할 수 있다.[236]

"만약 인간의 정신이 그 속에 없었다면 인간 중의 누가 인간에 대한 인식을 했을 것인가, 마찬가지로 신의 정신이 없었다면 누구도 신에 대한 인식을 갖지 못했을 것이다."[237]

이것은 보다 높은 세계에 대해서 기술한 것이나, 그것은 우리들의 정신은 정신에 의해서 이해될 수 있는 인류문화의 깊은 밑바탕을 통찰한 표현일 것이다.

인식자의 내재적인 사유에 의하여 초월적인 대상인 사상을 동일한 정신의 영역 내에서 인식을 내재시키는 '내재적 인식'을 정당하다고 받아들이는 이해의 학문은 정신은 정신에 의해서 인식될 수 있다는 기초 위에 성립된 것이다. 이러

* 234 Novalis, Schriften, L.Tieck und Fr.Schlegel(편저), 제3판, 1815, 126쪽.
* 235 Goethe, Materialen zur Geschichte der Farbenlehre. 제1편 그리스인과 로마인.
* 236 신약성경 고린도전서 제2장, 제2절.
* 237 역주 한국판 성경에는 이 내용이 "내가 너희 중에서 예수 그리스도와 그의 십자가에 못 박히신 것 이외에는 아무것도 알지 아니하기로 작정하였음이라"로 번역되어 있다.

한 인식양식은 근대에 들어와서 발전되었고 사람들에게 알려지게 되었다.

아스트Ast, F.는 이렇게 서술하였다. "모든 이해는 모든 정신적인 것이 그 속에 내재하는 지적 관계가 서로 유사하기 때문에 이루어진다. 그러므로 우리들은 정신의 내부에서 올바르게 이해할 수 있는 동시에 다만, 정신에 의해서 받아들일 수 있는 것만을 이해하게 된다."

이어서 훔볼트Humboldt, Wilhelm von와 슈라이허마허Schleichermacher가 이 사상을 그들의 학문에 있어 지도적인 사상으로 받아들였다.

훔볼트는 "인간적이고, 인간에 의하여 해내고 만들어진 일체의 것 중에는 동일한 정신에 의하여 형태가 만들어진 각자의 소질이 작용하고 있다"라고 이해의 인식개념을 표현했고, 또 슈라이허마허는 "인류공동사회가 존재하지 않는 곳에는 이해에 대한 하등의 연결점도 있을 수 없다"라고 이해의 인식개념을 강조했다. 헤르더Herder가 그의 역사관찰의 중심점에 둔 '인도주의 사상'도 이러한 인식개념에 지나지 않는다. 과학적 진리는 동의한다는 개인적 증언에 의해 증명되는 것은 결코 아니나, 모든 시대의 가장 훌륭한 사람들이 정당하다고 인식한 것을 안다는 것은 언제나 기쁘고 마음의 위안이 된다.[238]

행동의 여러 가지 양식을 기술하기 전에 이해의 인식방법과 자주 혼동되는 몇 가지의 다른 인식방법을 서술하려고 한다. 표면상의 유사한 이들의 인식양식을 엄밀하게 구분하는 것은 이해의 특수성을 더 한층 명확하게 밝히는데 도움이 될 수 있기 때문이다.

먼저 행동주의 Behaviorismus[239]는 최근 미국에서 발생한 이념으로서 이해

* 238 Joach. Wach, op. cit.를 참조할 것.
* 239 행동주의에 관한 대표적인 고전서로는 J. B. Watson의 Behavior: An Introduction to Comparative Psychology(1914년)와 A. Walther의 Soziologie und Sozialwissenschaften in Amerika(1927년)을 참조할 것.

의 방법과 대립시켜 놓고 있다. 행동주의는 사람들의 행위를 몸짓, 동작유형, 태도, 상징 등으로 확인하려는 것인데 이것은 부당한 것이라고 생각된다. 행동주의의 목적은 인간행위를 확인함으로서 그 정신을 이해하려는 것이 아니라 행위의 확인된 사실에 의해서 정신적인 것의 올바른 이치의 질서를 바로 세우려고 법칙을 추론하여 발견하려고 한다. 따라서 행동주의를 완성시키려는 것은 우리들이 잘 알고 있는 전형적인 자연과학적인 방법으로서 행동주의와 이해와의 사이에는 아무런 관계도 없다는 것을 먼저 지적해 두고자 한다.

다음으로 이해의 인식양식과 직관 Intuition을 동일시함으로서 이해적 인식의 혼동이 일어나고 있음을 또한 살펴보려고 한다.

스위탈스키Switalski, W.는 이해적 인식에 대한 그의 생각을 다음과 같이 주장하였다.

"직관적으로 이해하려는 경우에는 인식을 문제 삼지 않는다. 그 까닭은 인간의 마음속에서 생각하는 것에는 보편타당성의 형식이 결여되어 있을 뿐만 아니라, 타당성을 충족시킬 물적 기초에 대한 통찰도 결여되어 있기 때문이다."[240] 그는 이해를 심리학적으로 '심리의 이해' 의 형식으로만 알고 있었다. 이해는 실제적으로 인간의 인식에 도움이 되고 있으나, 이론적으로는 이해에 대한 의구심이 있었다. 이해에 대한 그의 표현은 다음과 같다. 즉, "이해는 보편 타당한 형식에 의하여 파악되는 것은 아니다. 이해를 대상 속에 자기 사상이 결합됨을 의식하는 감정이입(感情移入)적 심적 작용으로 생각하려면, 과학적으로 가능할 것으로 기대되는 것은 그렇게 되어야 할 필연성에 대한 예감(豫感)의 연관된 의식이 꼭 필요하다. 그런데 선험적(先驗的)인 통찰이 결여되어 있으므로 진지한 이해가 이론

* 240 W. Switalski, Deuten und Erkennen, 1928, 21쪽, 27쪽.

적으로 성립되기는 아직은 어렵다."

그 밖에도 일종의 신비적인 것으로 여겨지는 우리들의 인식양식의 본질에 대해 의심하지 않을 수 없는 오해가 있다. 그 중에 살린Salin에 의해 시도되었던 직각(直覺) Intuition 혹은 직관(直觀) Anschauung 이라는 것이 이에 해당된다고 볼 수 있다.[241] 이 말이 나타내는 의미의 관계를 기술해 보고자 한다.

우선 직각과 직관을 이해하는데 있어 자연과학적 사유와 바로 같은 정도의 관계가 있다는 것을 확인해 둘 필요가 있다. 대상의 사실관계를 판단, 추리하는 모든 효과적인 사유는 직접 감각으로 느끼는 사고의 정신작용이고, 모든 명백한 사유는 합리적이어야 한다. 그것이 자연의 대상에 관계되거나 정신의 대상에 관계되거나 마찬가지로 같은 것이다.

모든 효과적인 사유는 대상의 구체적인 것, 개별적인 것, 전체적인 것을 보고 듣는 즉시로 가치를 감지하는 생생한 직각을 배경으로 삼을 경우라야만 일어날 수 있다는 것은 틀림없을 것이다.

직관은 개념과 판단이나 추리의 사유작용을 더 보태지 않고 대상을 직접 감각적으로 파악하여 그 의미를 깨닫는 작용을 말한다. 쇼펜하우어는 직접 감각으로 느끼는 사유양식을 다음과 같이 기술하였다.[242, 243] "직접 감각으로 느끼는 표상(表象)의 도움에 의하여 작용하는 사유는 모든 개념의 기초를 분명하게 다지기 때문에 사유 작용은 모든 사상의 생산자의 역할을 한다. 본원적인 인식은 모두 가장 깊은 핵심적 또는 근원적인 견해를 갖고 있어야 한다. 이러한 핵심적 근원

*241 E. Salin, Hochkapitalismus. Eine Studie ueber Werner Sombart, die deutsche Volkswirtschaftslehre und das Wirtschaftssystem der Gegenwart im Weltwirtschaftlichen Archiv. Bd. 25. Heft 2. 1927.

*242 A. Schopenhauer, Von der vierfachen Wurzel usw, 28쪽 마지막 부분.

*243 N. Hartmann의 Metaphysik der Erkenntnis(1921년)와 Max Scheler의 Idealismus und Realismus im Philosoph의 274쪽 후반을 비교하여 참조할 것.

적 견해는 앞으로의 모든 사유작용에 활기를 넘치게 할 것이다. 이러한 핵심적 인식이 있으면 그것은 금고에 현금을 넣어든 은행과 같은 것이다. 이에 반해서 단순히 개념의 결합만으로 생긴 직접, 감각으로 느낀다는 견해는 마치 보증용으로 다른 은행의 지폐를 금고에 빌려 둔 은행과 같을 것이다."

과학적 인식은 이러한 직각 이외에, '합리(Ratio)'를 필요로 한다. 합리는 과학적 인식에 대하여 '관찰된 것'의 범주적 파악을 부여한다. 이런 합리적 파악 없이는 제시할 아무런 지식도 있을 수 없음을 의식하지 않으면 안 된다. 이 범주적 파악은 개념체계에 의거하여 합리적으로 의식된 것을 말한다. 직각(直覺)이란 대상을 분할하지 않고 전체적인 특징을 감각적으로 직감한 관찰을 뜻한다. 관찰된 것은 종교나 예술로 상징되거나 언어에 의하여 사유의 과정을 거친 개념에 의하여 표현되고 전달된다. 과학에 있어서 문제가 되는 것은 직각의 형식 중에서 감각적인 형식과 형태적인 형식이고, 표현양식 중에서는 개념적인 양식뿐이다.

다음으로는 인식방법으로서 형이상학에 대한 이해의 위상을 기술하고자 한다.

관찰에 의하여 현상의 본질이나 의미를 인식하려는 자연적 인식은 형이상학이나 본질인식을 포기하고 연구성과로서 보편타당성을 과학적으로 얻어내려는 것을 우리들은 확인할 수 있었다.

이해는 본질적 인식에 통한다. 따라서 이해된 지식은 형이상학적 지식이 아닌가? 그것은 형이상학적 인식방법이 아니다. 왜냐하면 그것은 본질적 인식이라고는 하지만 자연의 인식영역에서는 선험적 형이상학이라는 인식방법에 의한 이해가 없기 때문이다. 형이상학적 인식이 아니라는 이유는 본질을 인식하는 그들은 자아에 대하여 자연현상만이 초월적인 대상이었다.

란드만은 "모든 인식, 특히 '한 전체'를 모두 인식하는데 있어서 초월적으로 인식된다면, 이는 모든 경험적 인식에 의하여 본질적인 형이상학적 사실의 의미가 이해되는 것을 의미한다"[244]라고 하였다. 그러나 이 경우에 사용된 초월, 본질, 형이상학의 개념들은 검토해 볼 필요가 있는 문제이다. 이는 문화인식을 자연인식에서 구별하여 문화인식을 내재적 인식, 자연인식을 초월적 인식으로 단정하고 한 말이다. 그러므로 이해라는 것은 총체성의 지식 Gesamtheitswissen과 전체성의 지식 Ganzheitswissen의 의미를 파악하면 선험적 형이상학 인식을 거치지 않고도 경험적 사실에 대하여 본질 인식에 이르게 된다는 것이다. 이해작용이 경험에 있어서 주관적 정신과 객관적 정신의 영역 안에서 의미를 연관시키는 인식으로 작용하는 한, 이해는 결코 형이상학이 아니다. 이는 주관적 정신이나 객관적 정신의 영역에서 의식된 관념이 도출되어 절대적 정신의 영역과 결부되어 문화의 초월적인 의미나 인류세계의 정신적 의미를 파악하려고 할 경우에, 문화의 내재적 의미나 사상으로서의 대상은 이해하려는 자아에 대해서는 초월적이라는 것이다. 그래서 이해는 자기의 경험적 한계를 벗어나 이해경제학을 하나의 과학으로 성립시킬 수 있는 것이다.

이해경제학은 질서 경제학과는 인식방법이 다르지만, 초월적인 특질은 공유하고 있으나 과학으로서 형이상학이라는 규범경제학과는 구별된다.

2. 이해의 종류

2.1 이해의 의미

인간의 정신작용의 대상인 사물현상의 내용·이유·인과 또는 인간행위·사상

*244 Ed. Landmann, op. cit., 259쪽.

의 의도·동기·관계 등의 의미에 대한 의식작용을 이해라고 말한다. 더 정확하게 말하면, 이런 이해를 순수 의미의 이해라고 부르는 것이 좋을 것이다. 이는 더 나아가 역사적, 문화적 제 현상에 있어서의 '초시간적인 것 das zeitlose'을 파악하는 인식행위를 의미하는 것이다.

경제학의 영역에서 의미를 이해해야 할 하나의 임무는 의미의 인식으로서 이해 Verstaendnis의 도움을 받아 경제학의 체계적 이념의 의미를 잘 이해하는 의식작용이다. 이 이념은 개념적 순수성과 합법칙적 형태와 기능적 의의에 있어서 파악해야 된다. 그러므로 의미의 인식문제는 경제 조직 및 작용이념의 모든 관념을 분석하여 이해하는 것이다. 이 이념의 이해에서 수행해야 할 사명이 바로 경제학 체계의 구성요소가 되는 것이다.

경제 현상에서 의미의 이해를 수행하지 않으면 안 되는 또 하나의 사명은 경제조직의 잠재적 구성부분의 의미를 깨달아 이해하는 일이다. 경제체계의 가능한 구성부분은 일반적인 보편성과 추상성이 동시에 명시되어 있다. 이에 따라 경제조직의 구성부분은 분석적 부분과 종합적 부분으로 나눌 수 있다.

분석적 부분에 있어서는 경제조직의 모든 구성부분 중에 포함된 가능성은 주관적 정신에 근거한 경제행위의 목표, 경제질서(조직), 경제기술(방법) 등을 가능성으로서 확인하여 그의 의미성 Sinnhaftigkeit을 탐구하는 것이다. 경제생활의 조직이 각종형태로 실현될 가능성에 포함되어 있는 의미를 이해하도록 각성하는 일은 경제학을 이해하는데 중요하고도 필요하다.

경제조직형태의 각종 구성 가능성에 따라서 다음의 도식에서와 같이 대치된 의미가 포함될 수 있음을 탐구해 볼 수 있다.

가. 정신(경제행위의 목표)

1) 욕망충족의 원칙 - 영리의 원칙
2) 전통주의 - 합리주의
3) 연대주의 - 개인주의

나. 형식(통제와 조직)

1) 규제 - 자유
2) 사(私)경제 - 공(公)경제
3) 민주주의 - 귀족주의
4) 봉쇄 - 개방
5) 자급경제 - 교환경제
6) 개인적 경영 - 사회적 경영

다. 기술(방법)

1) 경험적 - 과학적
2) 정태적 - 혁명적
3) 조직적 - 비조직적

종합적 부분에 있어서는 위의 각개의 가능성이 의미 깊은 경제조직으로 총괄될 수 있다. 이런 조직의 역사적인 실현여부에 관해서는 여기서 문제 삼지 않기로 한다.

한편, 경제조직형태의 각종 구성 가능성에 따라서 포함될 의미를 이해할 필요가 있고 특히, 고려되어야 할 경제조직은 다음과 같다. 여기서는 역사적 실현성은 문제 삼지 않으므로 논리적인 선행문제로서 단순히 탐색하여 취급하고자 한다.

가. 전(前)자본주의적 경제조직

1) 원시적 혈연단체의 경제
2) 촌락경제
3) 대가족 경제(대노예 경제)
4) 장원경제(대농노 경제)
5)수공업

나. 자본주의적 경제조직

다. 자본주의 이후의 경제조직[245]

이러한 경제체제는 다음과 같은 형태의 경제조직으로 나타난다 :

가. 중앙집권적 조직과 지방분권적인 경제조직: 이는 경제관리의 중심이 중앙 기구에 있는가, 아니면 자치제에 있는가에 따라서 구분된다.

나. 화폐경제적 조직과 자연경제적 조직: 이는 대금 지급을 위해서 화폐를 사용하는가, 사용하지 않는가에 따라서 구분된다.

다. 물질적 보상조직과 공산주의적 경제조직: 이는 개인이 총생산물에 대하여 받는 몫이 그의 생산에 기여한 가치에 따라 보상받는가 아니면 '필요의 원칙' 에 따라 일정하게 보상받는가에 의해서 구분된다.

경제현상에서 생기는 의미를 이해하는데 있어 제3의 사명은 경제의 일반적 범주로서의 보편적 개념의 의미를 이해하도록 관심을 가져야 한다는 것이다. 모든 경제에는 일정한 현상이 있다. 초시간적 의미의 중요성을 파악하지 않으면 안 될 사상, 과정, 상태가 있다.

경제에서 의미이행의 제3의 사명을 파악하게 하는 나의 강의 요강은 독자에게 문제의 대부분을 암시할 수 있도록 다음에서 제시하고자 한다:

가. 재화의 수요

1) 수요의 개념　　　　　　2) 재화

* 245 역주 여기서는 사회주의 경제체제를 예로 들 수 있다.

3) 경제재의 가치
4) 수요의 종류
5) 수요의 성립
6) 수요분석의 합리적 도식(한계효용설)

나. 재화의 생산(공급)

1) 생산의 일반적 개념
2) 생산의 요소
3) 생산의 과정
4) 일반적 생산요소
5) 인적인 생산요소
6) 물적인 생산요소
7) 총수익과 비용
8) 순수익과 소득
9) 집약도
10) 생산성
11) 경제성
12) 수확의 법칙
13) 입지조건

다. 재화의 수송

라. 재화의 배분

마. 경제의 총과정

1) 다양한 부분적 경제 사상의 상호제약성
2) 경제계획(총체경제의 형식)
3) 사회적 부(富)

의미를 이해하는 행위가 성취되었는가의 확인은 경험을 통해서가 아니라 위에서 열거한 개념에 근거하여 선험적으로 인식될 성질의 것이다.

2.2 사물의 이해

현실의 시간과 공간 속에서 나타난 경제나 역사의 의미를 이해함에 있어서 객관화된 새로 형성된 정신의 양해가 문제될 경우에 나는 이를 '사물의 이해' 로 규정하고 이를 논하고자 한다.

새로 형성된 정신이란 의미가 관련된 각 개별적인 것이 의미를 연관시킴으로써 '의미통일체 Sinneinheiten' 가 되는 것이다. 의미통일체에 대한 다른 명칭으로서 '통일체(統一体) Gebilde' 나 '전체 Ganzes' 라는 말도 있으나 나는 이런 용어는 사용하지 않는다.

많은 경제현상에 있어 그것을 구성하는 정신적 통일체를 만들어 내는 것이 중요하다. 정신적인 의미통일체를 형성하는 경제현상은 바로 그 '의미적 연관' 이 어떻게 관련되어 있는가를 파악하는 것이다. 이것이 바로 경제현상을 통찰하는 의미의 이해인 것이다. 예를 들면, 고기의 스프란 무엇인가를 스프라는 것에 의미를 연관시킬 때 그 사물의 의미를 통찰하여 이해할 수 있다.

또한, 기호를 새겨 놓은 금속조각이 화폐란 것과 어떠한 통용성이 있는가에 대해서는 화폐의 의미형성의 한 요소인 화폐제도의 지식을 기초로 삼아서 화폐라는 사물이 가지는 의미적 연관을 통찰함으로서 화폐라는 사물의 의미를 이해할 수 있다.

경제학적 사물인식은 역사적 인식이기는 하나, 여기서는 역사를 사건의 경과로만 보지 않고, 경제현상의 개별적 사실을 정신영역내의 정신적 통일체에 결합시켜 의미적 연관으로 정돈하여 사물을 이해하려는 것이다.

의미적 연관에 의한 이해에 있어서 개별적인 경제현상을 역사적인 경제학이론의 선험에 의하여 역사적 연관관계를 분명하게 관찰하거나 파악함으로서 역사적으로 관련된 의미를 이해하는 것을 '역사적 이해'라고 한다. 역사적 이해를 하게 되므로 경제학적 사물인식은 의미적 연관을 역사적으로 인식한다는 것이다.

경제학적 사물을 인식하는데 있어 경제현상의 개별사실에 기존의 경제학적 인식내용의 의미를 결부시키는 의미적 연관의 여러 종류를 의식할 경우에 경제적인 사실과 의미를 결합시키면 이해가 더욱 용이하게 될 수 있다.[246]

이러한 정신적 통일체는 의미를 통일하려는 목적에 의하여 형성되는 것이므로 목적적 연관을 가장 용이하게 규정할 수 있다. 모든 경제현상은 경제적 목적에 관계되어 있고, 그 모든 행위도 그 목적을 지향한다. 경제적 목적과 연관되어 있는 사례로는 경영, 기업, 콘체른, 카르텔, 조합, 파업, 직장폐쇄, 화폐제도, 상업정책, 재정, 식민지화 등을 들 수 있다.

한편, 정신적 통일체의 전체적 의미가 모든 개별현상의 의미를 규정하므로 보다 넓은 의미의 관계를 맺게 하기 위해 문화적 행위에도 의미를 연관시키는 것을 '양식(樣式)연관 Stilzusammenhang'이라고 규정한다. 양식연관의 의미를 인식함으로써 인식대상에 관련된 의미를 이해하는 것이다. 이러한 의미관계 Sinnbezuege에서 성립된 초개인적인 정신적 실재는 바로 객관적 정신을 나타내는 것이다. 이 객관적 정신은 개별적인 목적 연관 속에 포함되어 있는 것이 아니라 정신적 통일체의 전체에 걸쳐 의미적 연관과 결부되어 확산되고 있으므로, 우리들은 이와 같은 의미적 연관에 의하여 객관적 정신과 그 최고의 의미까지도 이해할 수 있는 것이다.

예컨대, 문화영역이라고 할 수 있는 13~15세기의 고딕시대의 개별적인 예술적 창조물이나 예술가들의 작품 속에는 그 자체의 통일체에서 나타나는 소박하

---

*246 역주 이러한 이해의 용이성을 좀바르트는 '정신적 통일체'라고 불렀다.

고 견실한 고딕의 정신을 양식연관적인 의미로서 인식할 수 있다. 우리들의 문화 영역에는 이러한 양식연관의 정신이 경제체계에도 나타나 있는 것을 이해하려는 것이다.[247]

최근 도대체 자본주의가 무엇이고 그것은 실제로 존재하는 것이며, 그 실재는 어떤 종류인가의 문제가 논의되고 있다. 나는 자본주의는 이러한 양식연관의 의미에서 실제로 존재한다고 대답하려고 한다. 이것을 인식한다는 것은 경제생활현상이 초개인적인 정신적 통일체로서 자본주의적 체계 속에서 의미관계가 분명해졌고, 자본주의적인 행동현상으로서도 하나의 현실적 연관을 구성하고 있기 때문에 이는 자본주의적 양식연관이 분명하다. 따라서 자본주의 경제조직은 실제로 존재하고 그 양식연관의 의미를 인식할 수 있는 것이다.

모든 개별현상에도 그것이 양식연관에 속하는가, 아닌가는 쉽게 확인할 수 있다. 객관적 정신의 통일체로서의 전체의 형성목적이 포함된 의미연관을 통해 목적연관의 의미를 모르는 경우라도 개별적 행동현상은 양식연관이므로 용이하게 이해할 수 있다.

객관적 정신의 하나로 구성된 통일체가 현실적 구체물이 아니고 관념적일 경우에는 사유 속에서 존재한다. 이들의 통일체 사이에 일정한 관계가 지배하고 있는 관계현상을 '관계적 연관 Beziehungszusammenhang' 이라고 한다. 예컨대 세계의 경제적 관계는 관계적 연관에 속한다. 그러므로 관계적 연관은 의미적 연관의 본질로 규정할 수 있다. 세계경제에서 하나의 사실로 나타나는 흥망성쇠의 결정이나 종속성은 다른 사실에 의하여 영향을 받는 경우를 볼 수 있다. 예를

*247 이에 관해서는 Heinrich Woellfflin의 Der Stil in der bildenden Kunst in den Abhandlungen der preuss. Akademie der Wissenschaften(1912년)을 참조할 것.

들면, 미국의 흉작으로 인해서 아르헨티나의 소맥 경작이 증가된다거나, 후진농업국의 공업화는 서구의 공업을 침체시킨다거나, 화폐발행의 증가로 물가가 크게 상승하는 것 등을 들 수 있다.

세계경제가 전체로서 하나의 연결된 관계를 맺고 있을 경우에 '관계통일체(關係統一体) Beziehungsgebilde' 라고 부르듯이 세계경제의 하위통일체도 예컨대, 세계 공업이나 세계 상품시장도 '관계통일체' 라고 부르는데, 이들 관계통일체의 사이에는 경제적인 많은 '관계적 연관' 이 경제내부에 형성되고 있다. 예컨대, 영국의 섬유산업, 중부독일의 석탄산업, 동프로이센의 농업 등에서 의미적 연관에서는 가장 낮은 수준인 관계적 연관의 사실 등을 확인함으로서 관계적 연관의 의미를 확실하게 이해 할 수 있는 것이다.

국민경제가 하나의 의미적 연관을 구성하는 것은 사실이나 그 의미는 어느 정도인가? 교환경제로 조직된 국민경제는 양식연관인가, 아니면 관계적 연관인가? 실제로 존재하는가, 그렇지 않으면 허구적 조작인가? 국민경제의 의미적 연관에 대한 경제학자들의 견해는 양식연관(실재론)과 관계적 연관(허구론)으로 양분되어 논쟁하고 있으며 주장이 구구하다고 볼 수 있다. 여기서 실재론에 근거하여 논쟁을 벌이고 있는 대표적인 학자를 열거해 보면 바그너, 슈몰러, 필립포비히E. v. Philippovich, 멩거, 고틀 등을 들 수 있고, 반대로 허구론에 근거하여 논쟁을 벌이고 있는 학자로는 셰플A. Schaeffle, 함스B. Harms를 들 수 있다. 먼저, 실재론을 주장하는 학자들의 견해를 알아보고자 한다.

바그너는 "정치경제학은 경제 현상 또는 인간의 행위를 분석하여 개별경제간의 분업이나 교역에 의거한 '전체' 나 관계적 '체계' 를 어떻게 구성하는가를 보려는 것이다. 이러한 전체와 체계야말로 우리들이 국민경제라고 부르는 것이다"

라고 국민경제를 정의하고 있다.[248]

슈몰러는"국민경제는 하나로 결합된 실제적인 전체로서 그 총체 내에서 부분적인 경제는 상호작용을 하고 이는 국민경제란 이름으로 증명될 수 있는 작용을 한다. 오직 동일민족, 동일언어를 말하는 인간이 통일된 감정, 이념, 관습, 법규에 의하여 결합되어 통일된 국민적 경제제도를 갖고 통일된 유통제도와 교환에 의하여 결합되었을 경우에는 하나의 국민경제를 말할 수 있다"[249]라고 규정한다. 또한 필립포비히는 "인간의 관심에서 생긴 경제 단위의 시간적, 공간적으로 연속되어 결합된 유기체는 국가적으로 조직된 문화발전에 의하여 통일체의 의식을 갖는 전 국민의 유기체가 되었다. 경제생활이 국민경제로 불리게 된 것은 교환에 의하여 서로 연결된 전체국민의 경제단위로서 독립적 통일체로 형성된 경우를 말한다"[250]라고 국민경제를 실재론에 근거하여 정의하고 있다. 멩거도 국민경제를 '집단현상' 이라고 불러 실재적 전체를 생각하였고, 고틀도 국민경제를 '포괄적 구성체' 라고 규정하여 실재적 전체를 주장하였다.

반면, 관계적 연관에 있어 허구론을 주장하는 학자의 견해를 살펴보면 다음과 같다.

함스는 "국민경제란 교역의 자유와 기술적 교환관계에 의하여 가능해졌고, 통일된 법률로 규제되었으며 경제정책적 규준에 의하여 촉진된 여러 관계들과 국가적으로 결합된 한 국민의 개별적인 경제 사이에서의 관계들의 상호작용의 전부이다"[251] 라고 국민경제를 정의 내리고 있다. 또한 세플은 국민경제를 '인류경

---

*248 Ad. Wagner, Grundlegung der politischen Oekonomie, 100쪽.

*249 Gustav Schmoller, Grundriss der Allgemeinen Volkswirtschaftslehre, 1쪽, 3쪽.

*250 E. von Philippovich, Grundriss der politischen Oekonomie, 12쪽, 16쪽.

*251 B. Harms, Volkswirtschaft und Weltwirtschaft, 1912, 100쪽.

제의 사회적 체계' 라고 규정하였다. 국민경제, 곧 한 국가의 국경 안에서 일어나는 경제는 '양식연관' 인가 아니면 '관계적 연관' 인가를 어떻게 결정할 것인가?

국민경제가 양식연관이기 위해서는 개별경제를 규정하는 하나의 통일체로서 통일적으로 규정된 의미를 갖는 '의미관계성 Sinnbezogenheit' 이 있어야 한다. 국가는 통일된 경제질서와 경제적 시설을 제공하고 화폐, 무역, 재정정책에 의하여 경제행위를 통제하며 일정방향으로 경제를 유도한다. 이들 허구론자에 의하면 하나의 국민경제 안에서 경제적인 시설이나 질서의 사실이나 행위현상에서 통일적으로 규정하는 능력으로서의 의미관계를 갖지 않으면 이는 국민경제가 아니라는 것이 확실하다. 그러나 국민경제는 통일적으로 의미관계를 규정하는 능력이 인정되므로 관계적 연관(허구론)이 결합된 경제조직이라고 규정한다. 이 차이 때문에 국민경제를 양식연관으로 보지 않고 관계적 연관으로만 의미관계를 덧붙이는 것이다. 즉, "국민경제는 사물 규정적이 아니고 양식을 규정하는 능력도 갖지 않는 전체로서 공허하게 허구적으로 조직된 순수한 형식적인 개념이다" 라는 것이 허구론자들이 관계적 연관에 근거하여 정의하는 국민경제이다.

경제학자의 사물을 이해하기 위한 첫 번째 사명은 경제적 개별 사물이나 현상을 가장 가까운 '의미적 연관' 으로 분류하여 소속별로 편입, 배열시키는 것이다. 경제적 사물현상을 의미적 연관에 따라서 분류 배열하는 방법을 이해하는 것을 '연관의 이해 Zusammenhangsverstehen' 라고 한다. 이러한 대상에 대한 의미적 연관은 목적연관, 양식연관, 관계연관 등으로 순차적으로 각 연관이 대상에 결부됨을 이해할 수 있다.

이러한 연관을 이해하는 하나의 구체적인 사례로서 '석탄을 적재한 화물차' 의 의미적 연관을 통해 살펴보기로 한다. 여기서 먼저 제1의 의미적 연관은 화물차는 기관사에 의하여 운전되는 기차의 한 부분이다. 화물차의 의미를 이해하려면 연관된 사물현상의 개념으로서 증기기관, 선로, 철도 등과 의미가 연관된다. 제2의 의미적 연관은 철도의 조직-국유철도, 관리국, 운전계획, 정거장, 화물접수처 등이다. 그리고 제3의 의미적 연관으로는 요금제도, 석탄의 가격 결정, 임금의 등급, 임금정책 등이 포함된다. 제4의 의미적 연관에는 채광, 광부, 갱도, 석탄채굴시설 등이 있다. 제5의 의미적 연관으로는 탄광회사, 회사설립, 이사, 이사회, 주주, 배당 등이 포함된다. 제6의 의미적 연관에는 탄광회사의 성원, 석탄기업과의 연합, 계약, 이익 배당금 결정, 판매, 가격상태, 가격정책 등이 있다. 제7의 의미적 연관으로는 화물차의 운행목표, 목적과 수단관계, 증기기술, 석탄연료의 용도 등을 들 수 있다. 제8의 의미연관으로는 석탄사용공장, 공장의 조직, 증기기계의 이용, 고용, 공장질서 등이 포함된다. 제9의 의미연관으로는 기업경영을 들 수 있고, 마지막으로 제10의 의미연관으로는 기업연합을 들 수 있다.

사물을 이해하기 위한 경제학자의 그 다음의 두 번째 임무는 양식연관과 관계적 연관을 정확히 분류하는 작업인데, 이러한 분류 임무를 수행하려면 분류와 편입을 체계적으로 의미 있게 기획하는 일이다. 경제체계는 경제조직의 형태이념에 의하여 구성되고, 형태이념의 기능을 우리들에게 분명하게 이해시키는 것이다. 경제체계의 낮은 차원의 의미연관은 모두 보다 높은 차원으로, 최후에는 최고의 의미연관으로 편입되어야 한다. 이와 같은 경제체계의 의미연관과 기능적 구성부분으로 경제학이 성립된다. 특히, 경제학에는 정신적 인간으로서 관여된 개별적 의미연관에 대응하는 심리적, 정신적 구조의 확인이 수반되지 않으면 안 된다.

2.3 심리적 이해

심리적 이해란 생명 있는 인간의 심리 내부에서 이해될 수 있다는 개념이다. 우리들이 경제를 하나의 문화사실로서 근본부터 인식하려고 할 경우, 즉 그렇게 이해하려고 한다면 정신의 의미 영역 안으로 넘어 들어가야 할 것이다. 문화연관, 따라서 경제연관도 또한 의미연관인 동시에 작업연관이다. 그 까닭은 문화는 정신과 심리에 의하여 구상적인 사물의 도움을 받아 형성되기 때문이다. 곧, 문화는 생명의 영역 내에서 발생하여 생명 있는 인간을 그 담당자로 삼는다.

생명 있는 인간의 심리에서 모든 의미내용과 가치내용이 성장하고 그 의미와 가치의 내용은 다시 인간의 심리 속으로 잠입하여 그 힘을 재발견하게 된다. 그러므로 우리들이 문화나 경제를 속속들이 인식하려면 곧, 근본적으로 이해하려면, 의미연관과 동시에 작업연관의 속으로 파고 들어가야 할 것이다.

우리들은 그저 무엇이 어떤 상태에 있는가를 알고 싶을 뿐만 아니라 그것이 왜 그렇게 되는가를 알고 싶은 것이다. 왜 물가는 오르는가? 왜 지방의 인구는 감소하는가? 왜 재벌이 형성되는가? 등등이 바로 이러한 질문의 예라고 볼 수 있다.

만약, 문화과학을 근본적으로 연구하려면 인과적으로 발생하는 관찰방법이 필요 불가결하다. 생각해 보건데, 작업연관의 연구방법으로서 경제적 제요소의 체계를 연결하기 위한 조직기술인 작업연관의 관찰은 인과적, 발생적인 연구이므로 꼭 필요한 연구방법이다.

슈판은 인과관계 Ursaechlichkeit의 관찰연구의 정당성을 부정한다. 그에 의하면 "경제생활에 있어서 원동력으로서는 물질적 동기나 효과적인 동기 외에 일어나는 것은 아무 것도 없다"[252]고 한다.

---

*252 Othmar Soann, Kategorienlehre, 1924, 6쪽 후반.

이들 학파는 인과관계를 부정하는 대신 수단을 전환 Umschichtung하는 조직에 대채(代替)시켜야 한다고 주장하였다. 정신영역에서는 이러한 생각이 정당하다고 생각하고 있으나, 모든 문화나 경제가 포함되어 움직이는 인간의 삶의 영역에서 인과관계를 부정하는 생각은 잘못이다. 인간의 삶의 영역에서는 인과관계의 범주야말로 타당한 것이다. 요즈음 우리들은 인과관계가 생활 속의 사건들이 원래의 체험 Urerlebnis에서 발생하여 그 다음으로 이 원래의 체험이 자연 속의 여러 사상(事象)으로 전달된 것을 알 수 있다.

자연현상에서는 인과관계의 가정(假定)을 증명할 수 없는 경우가 있으나 문화, 사상에 대한 인과관계는 자명하게 실제로 존재하므로 나는 어떤 것에 대해서도 밝혀낼 수 있다. 정신과학에 있어서 인과성을 허용하지 않는다는 슈판의 견해는 당시 청년들 사이에 널리 호응을 얻고 있으므로 이 견해에 대하여 나의 생각을 다음과 같이 기술하려고 한다.

첫째로, 낭만파로 불리는 것을 좋아하는 슈판에 있어서는 모든 인과적으로 발생하는 관찰방법에 대하여 낭만주의적인 사상으로서는 본능적으로 이러한 분석방법을 꺼리는 것을 상상할 수 있다. 슈미트 Schmitt, Karl는 천성적으로 예민성을 발휘하여 이러한 특유의 정신태도를 명료하게 다음과 같이 말하였다. "낭만주의를 전체적으로 정의하는 자가 있다면 그것은 원인에 있어서 모든 관계가 결핍되어 있다는 것이다. 그렇다고 해서 낭만주의는 원인과 결과에 대하여 절대적 인과성에 반대하는 것만은 아니다. 유기적 생활에 관한 자극과 결과와의 관계도 일정한 범위 안에서는 구속과 강제가 있을 수 있다. 사물의 원인이란 말은 목적론적으로나 규범적으로 구속 Bindung이란 의미가 있다. 또한 적당한 관계를 알 수 있는 정신적, 도덕적인 강제 Zwang의 의미도 가지고 있다. 이에 반하여 낭만주의에는 부적당한 관계가 우연한 원인과 결과와의 사이에 존재할 수도 있다는 것이다. 구체적인 개별성으로서의 부적당한 관계란 우연한 원인의 결과이므로 동기의 부적당한 인과 때문에 공통성이 없고 객관성을 벗어난 비합리적인 것으로서 이것은 공상적인 것들의 관계라고 할 수밖에 없다."253

그러나 사람들이 슈판의 특수한 낭만적인 정신태도를 고려하기를 꺼리는 경우에도 그가 이러한 오류를 범하게 된 근거는 충분히 있다. 슈판이 이 경우의 인과성을 기계적인 외적 인과성과 동일시한 사정이 나로서는 중요하다고 생각된다. 하나의 결과가 동기의 부적당함 때문이라고 생각될 경우에 있어서는 정신과학자가 인과성을 거절하는 것은 정당하나, 우리들에게는 심적 인과성으로 목적 관계에 문제가 될 수 있는 것으로서 결과 관계는 크게 문제되는 것이 아니다.

다음에 내가 비난하지 않을 수 없는 것은 그가 생각하는 사물적 근거 Sachgrund와 인식적 근거 Erkenntnisgrund라는 개념의 사용방법이 보통과는 다르다는 것인데 이것이 그의 견해를 그르치게 하는 근본적인 원인이 된 것이라고 나는 생각하고 있다.

나폴레옹 지배체제가 붕괴된 원인으로서 워털루 전투의 의의에 대하여 다음과 같은 것을 우리들은 알고 있다. 위에서 언급한 원인이란 실제로는 의미 있게 연관된 국가적 행위에 대한 근거를 의미하는데 불과하고 개념의 근거에 있어서는 인과적 근거이지만 실제적 근거는 아니다.

전후, 나폴레옹의 퇴위에 대해서 워털루 전투는 사건의 인식근거는 될지 모르지만, 나폴레옹의 퇴위행위의 논리적 근거는 될 수 없다. 다른 한편으로는 워털루 전투의 패전은 나폴레옹의 제위포기의 동기는 되었을 것이나 퇴위의 이유로

---

*253 Carl Schmitt, Politische Romantik, 제2판, 1925, 120-121쪽.

들 수 있는 실제적인 행위로서는 다시 말해, 퇴위의 사물적 근거는 나폴레옹이 스스로 퇴위할 결의가 원인이 된 것이다.

우리에게 문제가 된 것은 문화 현상의 영역에서 동기화의 양식이 어떻게 이루어지느냐에 달려 있다. 원인으로 추진하고 작용하는 여러 종류의 힘은 우리들에게는 인간행위의 동기이다. 우리들이 잘못 생각하여 인과계열을 동기의 근거로 삼아서는 안 된다. 이와 관련해서 엥겔스 Engels, F.는 "행위하려는 사람들의 동인(動因)은 그다지 중요한 것이 아니고, 문제는 오히려 동인의 배후에 어떠한 추진력이 있는가, 행위자의 머리 속에 종국적인 동인으로 변형된 것은 어떤 역사적인 원인 때문인가라는 문제인식인 것이다"[254]라고 설명하고 있다.

여기서 엥겔스의 견해는 사상의 원인을 추구하려는 요구는 허용된다고 하더라도 행위자의 머리 속에 동기의 근원이 될 역사적 원인을 찾아 그 계열 속에서 종국적인 원인을 찾아낸 것이 아니므로, 앞에서 언급한 주장은 지지할 수 없다는 입장이다. 인간의 동기의 배후에 있는 기존의 개념근거나 인식근거에 연관시켜서 종국적 원인으로 삼는 것은 이해 인식의 일반을 포기하게 되는 것이다. 모든 문화의 영역에 있어서 동기화의 종국적인 원인은 인간 행위에 대한 자신의 '결의'가 실제적인 인과적 근거로서 종국적인 근거가 되는 것이므로 인간행위의 동기라는 것이다.

인간 행위자 자신의 정신적 결의가 인간 행위의 동기가 된다는 근본명제는 모든 문화과학의 선험이고 이 동기는 의사의 자유에서 생긴 동기라고 말할 수 있다. 행동을 하는 동기로서의 자유의 가정은 그 연관에 있어서 본체론적, 형이상학적 판단을 의미하는 것이 아니라 인과적, 논리적, 초월적인 판단을 의미한다.

* 254 Friedrich Engels, Ludwig Feuerbach, 제2판, 1894, 44쪽.

동기화의 의사로서 자유의 가정만이 문화과학을 가능하게 하므로 이 가정이 없으면 형이상학에 빠져 버린다. 인간의 뜻 안에 신의 섭리가 작용한다고 생각할 경우에는 행복한 형이상학에서 힘을 얻을 수 있으나 반대로 소박한 숙명론으로 체념할 경우에는 불행한 형이상학에 빠지게 된다.

우리들이 연구하려는 것은 문화적 행동의 원인에 대한 정당한 견해를 문화과학으로 간주하려는 것이다. 그것은 자유로운 의사에 의한 인간의 동기이고 그 밖의 인간행위의 근거가 될 자연적 사실은 모두 기회 또는 조건일 뿐이다.

우리들이 의미하려는 동기는 인간의 행위를 일으키는 모든 심리적, 정신적인 것의 전부이다. 심리적인 인과관계, 동기라고도 하나 능동적인 인과관계에 있어서는 정신적인 것은 필연적 구성부분으로서 인과관계에 포함된다고 한다. 인간의 행위는 행위자 자신이나 관찰자로서는 의미 있는 근거로 생각되는 의미적 연관을 지향하여 행위의 동기로서 의사를 자유롭게 결정하게 된다.

이러한 관점에서 동기의 종류와 종류별로 행위의 대립양상을 다음에 열거한다.

① 자율적 - 타율적 행위[255]
② 인습적 - 합리적 행위
③ 가치합리적 - 목적합리적 행위[256]

우리들의 마음에 걸리는 문제 곧, 심리과정 Seelenvorgaenge도 이해될 수 있는가라는 문제에 대답하기 위해서는 인과발생적인 문화과정의 근거로서 일정한 동기를 확인하지 않으면 안 된다.

---

*255 남의 의사에 의한 행위는 모두 타율적 행위이다. 예컨대 자본주의적 기업에 있어서의 노동자의 행위와 같은 것이다.

*256 목적합리적 행위는 낮은 차원의 행위이나 높은 차원의 제 목적에 도움이 될 수 있다. 예컨대, 기업가는 생산할 수 있으므로 제품을 생산한다. 그러나 생산의 목적은 보다 높은 차원의 이윤을 목적으로 생산하고, 실제로 이윤추구라는 목적을 달성하려고 한다.

따라서 이 문제는 인간 심리의 인식이 내재적인 인식이 될 수 있는가는 다른 사람의 이해의 문제와 직결된다. 다음에 제시하는 세 가지 이론에 관하여 나로서는 지지할 수 없다고 생각하나 이 논쟁에 참가하는 것이 나의 임무가 아니므로 단지, 나의 입장만을 설명하는 것으로 그치고자 한다.

첫째, 유추설(類推說)이다. 이는 슈라이어마허가 그의 종합적 이해의 개념을 가지고 기초를 닦았고, 딜티히, 에르드만Erdmann, B. 짐멜Simmel, G. 등에 의해서 완성되었다.

둘째, 감정이입설(移入說)이다. 이는 아마도 립스Lipps가 기초를 닦았고, 베르너Werner, H. 등이 대표적 학자라고 볼 수 있다.

셋째, 자동설(自動說)이다. 이는 쉐러가 공감하고 있는 만물심유설(萬物心有說)에서 유래하고, 코프카 Koffka에 의하여 형태이론으로서 설명되었다.

나는 위의 학설에 반대하는 다음의 대표자들의 이론이 타당하다고 생각한다. 베버, 슈프랑거Spranger, 빈스바그너Binswagner, 그라우만Graumann 등이 위의 세 가지 학설을 비판하는 대표적 학자들이다. 이들의 이론에 의하면 우리들은 모든 심리가 관여하는 동일한 정신을 통해서 심리를 이해한다고 한다. 남을 이해한다는 것은 남의 정신적 중심에서의 심리과정의 동기를 우리들이 알고 있는 어떤 의미에 지향된 정신적인 것과 동일하다는 인간심리를 알아내는 것, 곧 다른 사람의 의미의 이해를 말하는 것이다.

독일에서는 새로운 이해심리학, 정신심리학의 발달에 이러한 이해이론의 지지자들이 관여하였는데 특히, 딜티히가 크게 기여하였다. 이 이해적 정신심리학은 '심리는 그 자체가 하나의 의미연관이고 하나의 구조연관이며, 그 자체가 조직된 전체라는 근본사상' 에서 출발하였다. 이러한 새로운 통찰에 의하여 우리들이 목적한 중요한 결과로 다음과 같은 것을 얻어낼 수 있었다.

첫째, 모든 행위는 정신에 관계되기 때문에 어떠한 동기도 모두 하나의 의미연관을 맺는 특수한 정신적 관계체제에 연관되는 특징을 지니게 된다. 그 때문에 사물현상의 개념근거에 대한 의미연관의 인식은 그 행위의 동기를 양해하는 전제가 되고, 그 반대로 의미연관이 심리적 동기에서 유도되거나 기초가 다져지는 것은 아니다. 자본주의는 자본주의적 동기가 작용하기 이전에 자본주의에 대한 의미연관의 인식이 존재하는 것이다. 자본주의가 무엇인가의 의미연관을 알고부터 비로소 자본주의적 동기를 이해하게 되는 것이다. 심리학은 결코 경제학과 같은 문화과학의 기초과학은 아니고 항상 그 보조과학의 하나에 불과하다는 것이 이것으로 명료하게 되는 것이다.

둘째, 경제학과 같은 과학의 심리학적 범주는 모두 역사적 특질을 지니고 모든 동기는 특정한 역사적 경제상태로 간주되는데 불과하다는 것이 통찰된다. 모든 역사적 경제 상태에 있어서 동일한 동기는 있을 수 없다. 일반적 경제인이 없는 것처럼, 일반적 경제 심리학도 없으므로 인간의 특수한 심리상태도 인간에게 기초를 두는 경제의 어느 특수한 형태에 대응하는 것이다. 원시적 경제에서는 수공업의 경우와는 다른 동기가 주효하고, 자본주의에서는 공산주의와는 다른 동기가 중점적으로 작용한다.

경제학의 고찰범위는 모든 사물이해에 대하여 통일체를 형성한 경제체계가 아니고, 내가 이름을 붙인 '경제시대 Wirtschaftsepoche' 이다. 역사에 있어서 여러 종류의 경제 시기는 이론적 분류법에서의 다양한 경제체계에 대응한다. 나는 경제시대를 한 경제조직이 역사에서 실현되는 연대, 또는 경제생활이 특정한 경제체계에 종속한 특징을 제시한 연대라고 알고 있다. 인류의 경제는 경제체계 없이는 생각할 수 없기 때문에 어느 경제체계도 다른 경제조직의 틀 안에서 자기를 실현한다. 개별적 경제체계가 비교적 순수한 형태를 갖추고 전 경제생활에 영향을 미치는 기간이 발생하게 되는데, 이것이 경제체계의 발전단계이고 이 기간이 틀 안에서의 순수한 경제시대이다. 경제체계는 출현하고부터 완전히 발달하기까지 그 전(前) 시대를 경험한다.

이 전 시대는 또 다른 의미에서 사라져 뒤로 물러서는 후(後) 시대이며 경제체계의 과도기이다. 나는 이러한 시대구분의 도식을 자본주의적 경제조직에 응용하여 초기자본주의, 고도자본주의, 후기자본주의의 시대로 구분하였다.[257]

셋째, 경제학과 같은 체계적 문화과학의 임무는 대량현상을 제시하기 때문에 이러한 과학에서의 심리를 이해하는 임무는 사회적 사상의 반복의 기초인 동기계열 Motivreihen을 발견하는 것이다. 따라서 경제학은 개별동기를 찾아내는 것에 전심하는 것이 아니라, 동기계열에서 평균동기를 찾아 구체적인 동기모델 Motivationstypen을 제시하는 것을 직무로 삼을 것이다.

3. 이해의 한계

경제상태를 한 계열의 의식적 목적설정에서 이해할 수 없을 경우에는, 이해적 방법이 다 적용되는 것이 아니라고 볼 수 있다. 그러나 아직 이해의 한계를 말 할 수는 없다. 예컨대, 자본주의적 기업가의 목적설정에서 마르크스의 의미에서처럼 절대적 잉여가치나 경영의 확장은 이해되나, 자본의 축적 또는 상대적 잉여가

*257 좀바르트의 Ordnung des Wirtschaftslebens, 제2판, 1927, 30쪽 후반을 참조할 것.

치는 이해 될 수 없다. 이것들은 의도되지 않은 결과이지만, 이렇게 될 수밖에 없다는 것은 명백하다. 어떠한 기업가도 우선 첫째로, 기업연합을 원하지 않고 다만 시장에서 의사를 관철하려고 할 뿐이다. 이런 노력의 결과, 시장은 번성하고 기업은 치열한 경쟁의 위험을 감수해야 한다. 이러한 위험감수는 기업가들에게 서로의 경쟁자와 결합하여 하나의 기업연합을 만들려는 새로운 동기의 자극이 된다. 이것이 바로 이해할 수 있는 연관인 것이다. 또한 시장이 지나치게 번창해지면 기업가들은 생산을 제한하게 된다.[258] 이것은 새로운 동기로서 이해할 만한 연관이다. 이러한 경우는 분트가 말하는 '목적의 다른 종류(異種: Heterogonie der Zwecke)' 라는 명칭으로서 논리학자나 심리학자들에는 이미 잘 알려진 것이다. 분트는 목적의 다른 종류란 행위의 부분적인 작용이나 결과로부터 얻어 낼 수 있는 여러 가지 목적의 성립을 의미하였다. 행위의 표면상으로 나타난 목적에서는 고려되지 않았던 부수적인 결과가 나타나 새로운 동기계열 속에 들어가 종래의 목적을 바꾸거나 새로운 목적을 덧붙이는 경우가 바로 목적이 다른 종류의 목적이라는 것이다.[259, 260]

알 수 없는 행위의 결과는 본원적 의지동기와는 별도로 나타나 새로운 동기로 작용하여 또 다시 새로운 결과와 함께 성립한다. 이와 같이 목적과 합목적성이 성장하는데 이 경우 달성되는 목표는 미리 알고 추구된 것은 아니고, 예기치 않았던 결과인 경우이다. 이는 마치 인도를 찾아 항해 길에 나섰다가 미(美)대륙을

*258 역주 좀바르트의 이러한 표현은 기업의 과당경쟁으로 시장에서 공급이 수요를 초과하여, 시장이 불균형상태에 이르거나 아니면 시장의 균형을 위해 가격이 하락하는 현상을 의미한다고 볼 수 있다.

*259 W. Wundt, Grundriss der Psychologie, 제5판, 1902, 400쪽 후반.

*260 법과 국가의 문제를 취급하는 방법론에 있어 분트의 흥미로운 사고방법에 관한 보다 자세한 내용은 G. Jellinek의 Allgemeine Staatslehre(1914년), 제3판, 47쪽 후반을 참조할 것.

발견한 경우와 같다. 우리들은 자본주의 경제체계의 영역을 구별함에 있어서 원인(동기)과 결과와의 관계에 대하여 다음과 같은 총도식(總圖式)을 제시할 수 있다.

첫째, 의식적 욕망에 의한 고의적 결과로 나타나는 경제이다. 종국적 목적에서는 예로 직접적인 경쟁에서의 승리, 간접적으로는 기업연합의 체결, 수단선택에서는 직접적 경영의 확장, 임금의 하락, 간접적인 품평회에서의 수상 등을 들 수 있다.

둘째, 의식적 욕망에 기인하나 고의적 결과가 아닌 경제이다. 필연적인 광맥의 고갈과 우연적인 노동자의 폭동과 우연적인 새로운 방법의 발명 등을 예로 들 수 있다.

셋째, 사회학적인 우연한 사건으로 발생하는 경제이다. 이의 예로는 전쟁, 미국의 발견 등을 들 수 있다.

우리들은 이해할 수 있는 영역 안에서 살고 있다. 그러나 경제상태에 대한 우리들의 이해하는 방법을 적용하는데 있어 한계성으로 이해에 대한 주관적인 무능력 subjektive Unfaehigkeit의 속에는 이해란 있을 수 없다. 예컨대, 아인슈타인의 이론을 이해한다거나 중국인이 아닌 사람이 중국말을 이해하는 경우처럼, 극히 소수의 사람만이 의미연관을 이해한다는 것은 가능하다. 어떤 경우에 따라서는 한 사람도 이해하지 못할 수도 있다. 이해성(理解性: Verständlichkeit)과 이해가능성을 서로 혼동해서는 안 된다. 만약 경제학자의 불이해성으로 인해서 이해가능성이 종식된다면 경제학으로서는 불행하게도 가련해질 것이다.[261]

* 261 Max Weber, op. cit., 5-6쪽.

이해의 성립여부에 대해서 현실적인 한계도 있다. 이해의 영역에서 볼 때, 이해의 아래쪽과 위쪽에 한계가 있다는 것을 말할 수 있다. 이러한 이해에 대한 하한선은 가령 어떤 의미가 존재할 수도 있지만 그 의미가 없어진 곳에서는 의미를 이해할 수 없는 최저한계가 있다는 것이다.

의미가 없는 기호나 연관이 없는 문자나 문구 또는 사람의 의미 없는 태도는 어느 것이나 다 이해할 수 없는 것이다, 그렇다고 해서 우리들의 의미 있는 행위나 합리적인 행위만을 이해한다는 의미는 아니다. 경우에 따라서는 비합리적인 태도라도 어떤 의미로 관계를 연관시킬 수 있는 경우에는 비합리적인 행위라도 이해할 수 있다.[262] 예컨대 주식시세가 상승할 경우, 주주들이 기뻐서 우쭐대는 모습 같은 태도를 보면서 그날의 주식시장의 의미를 짐작 할 수 있다. 그러나 의미연관과 아무런 관계도 인정할 수 없는 미친 사람이나 병적인 콤플렉스의 전혀 무의미한 행위는 이해할 수 없는 것이다. 이해의 영역에 상한선이 있을 때, 이해에 대한 최고한계에 부닥친다. 경험의 영역을 넘어서거나 사상이 문화이념의 내재적 의미를 넘어서 초월적 의미를 지시할 경우에는 우리들의 이해가 이 상한선을 넘어서지 못한다. 우리들은 경제가 무엇인가를 이해할 수는 있으나 그것이 어떻게 되어야 할 것인가에 대해서는 이해할 수 없다. 이런 것을 이해하려면 세계, 인간, 인생의 의미를 숙지하는 절대자인 신(神)의 정신을 받아들이는 지혜를 쌓아야 한다. 이 지혜를 쌓아 진리를 발견하기 위하여 우리들이 시도하고 있는 이해적 방법과는 다른 연구방법을 이용하는 형이상학자들이 우리들의 인식보다 앞서가고 있음을 볼 수 있다.

---

* 262 Ferdinand Toennies, Statistik und Soziographie im Allgemeinen Statistik Archiv. Bd. 18, 1929, 546쪽 후반.

14장 주요 개념들

1. 문화과학적 개념구성의 특질

딜티히가 우리들에게 예고했던 저서 「역사적 이성의 비판 Die Kritik der historischen Vernunft」이 출간되기를 많이 기다리게 했는데, 그러한 필요성을 절감했던 것은 논리학 특히, 개념구성에 관한 그의 학문적 성과에 대한 기대에서이다. 인문과학에 있어 개념구성에 관한 학설은 최근 30년간 본질적인 면에서 전혀 성과를 나타내지 못했다. 개념의 구성을 가장 잘 설명하고 있다는 드리쉬Driesch, 크리즈I. v. Kries, 팬더Pfaender에게 있어서도 자연과학과 인문과학의 차이를 고려하지 않고 있다. 이러한 이유로 인문과학에 관한 논리학도 자연과학적 사유에 속박되어 정신과학적 논리학의 특질을 살리지 못했다. 최근 로텍커Rothacker에 의해 저술된 「인문과학의 논리학 Logik der Geistwissenschaften」에서 조차도 개념구성의 문제점을 거의 다루고 있지 않다.

인문과학적으로 사유하는 최초의 논리학자는 하이데거Heidegger, M.라고 볼 수 있다.

그의 학설에서는 아직 본질론적 입장에서 논리학적 방법론의 문제를 전개하지는 못했으나 다른 학자에 비해 크게 진보된 견해를 제시하였다.

마이어Maier, H.도 자연과학과 인문과학과의 차이를 중시하는 소수의 엄밀한 논리학자의 한 사람이다. 그의 저술 계획 중에는 자연과학과 인문과학의 두 영역을 두 권의 책으로 편집하도록 생각하고 있다. 그러나 당장 우리들에게 필요한 인문과학적 논리학이 없다는 것이 아쉽다.

이러한 사정 때문에 보통 사람들은 혼자서 개념구조를 만들어 낼 수밖에 없었다. 나는 다음에 그러한 구조의 요강을 기술하려고 한다.

나의 생각으로는 일정한 개념의 종류를 자연과학과 인문과학의 두 가지의 지식범위로 할당하는 것이 아니라 동일한 개념의 종류를 자연과학과 인문과학으로 나누어 개념구성이 근본적으로 다르다는 것을 지적하려고 한다. 개념구성의 차이에 따라서 개념의 의미도 달라진다.

자연과학에서의 개념구성은 하나의 대상에 대하여 항상적(恒常的) 즉, 늘 변함이 없다는 특색을 겉으로 드러내어 그 대상의 공통관념을 종속시켰다. 이것은 개별적 개념을 자연과학에 대해서도 인정하려고 생각할 경우에도 가능하다. 이러한 방법이 그러한 특질을 설명하는데 더 잘 나타나는 일반개념의 구성에 대해서 타당한 것 같이 이 개별개념의 구성에 대해서도 타당한 것이다.

자연물의 일반개념이 추상에 기초를 두도록 자연물이 가지고 있는 속성의 특색을 없애고 개념을 성립시키고 있다. 그러기 위해 출발점에서는 개별 대상의 구체적 속성의 다양성이 있었으나 마지막에는 공통된 요소로서 단순한 동일개념으로서의 범위가 광대하게 되었다는 것임에는 이론(異論)이 없을 것이다.

겉모양이 비슷한 개별적 사물의 여러 형태 중에서 항상적인 동일요소를 파악함으로서 유사한 개념의 지식을 얻게 된다. 이러한 동일물에는 개별적인 속성의 다른 특색이 무시되고 이미 관찰된 모든 다양한 속성의 유사한 실례 중에서 최후에 남게 되는 항상적, 공통적 특색을 하나의 통일체로 결합하여 하나의 개념을 구성하게 되었다. 예컨대, 외견상 백마(白馬)의 유사한 개념구성은 단제류(單蹄類), 유제류, 포유류, 동물, 생물로 개념의 범위가 보다 광대하게 구성된다.

인문과학에 있어서 문화적 개념을 구성하려면 개별적 개념이나 일반적 개념의 대상 속에 그 개념이 의미하는 정신적 사상의 핵심이나 정신적 의미의 연관이 먼저 나타나게 선험적으로 성립되어 있어야 한다. 문화라는 과학에서는 개념구성의 방법이 위에서 설명한 자연과학적 개념구성의 방법과는 분명히 다를 뿐만 아니라 이와는 정반대의 것이라고 할 수 있다. 문화과학적인 개별개념을 구성할 경우에는 개별개념의 본질적인 내용으로서 먼저, 그 개념의 대상에 일정한 정신적인 목적이나 가치나 의미를 먼저 정해 놓고, 사람들이 이미 잘 아는 그러한 정신적 핵심의 특색을 지닌 구체적 개별성을 그 개념에 포함시키게 하는 것이다.

문화과학적 일반개념을 구성할 경우에도 개념의 본질인 정신적 핵심을 먼저 명제로서 제시하는 방법은 개별개념 구성의 경우와 동일하다. 문화과학의 본질인 정신적 사상(事象)의 일반적인 목적, 일반적인 가치, 일반적인 의미와 개념의 내용은 사람들에게는 이미 체험되어 그 개념의 특색을 선험적으로 잘 알고 있다. 자연물의 일반적 개념은 모두 유명론(唯名論)적인 명목상의 질서개념이나 문화물(文化物)의 일반적 개념은 모두 실재론적인 정신적 핵심이고 또한 의미연관으로 본질적 속성을 드러내는 종류의 개념이다.[263] 문화과학적 개념의 한 예로서, 개념의 본질인 정신적인 목적, 가치 의미에 관계를 맺게 하려면 문화물의 일반개

* 263 이에 관해서는 Sigwart의 Logik I의 220쪽 후반과 357쪽을 참조할 것.

념인 예컨대 '도구' 라는 것에는 '개별적 개념' 으로서의 '망치' 는 도구의 사용목적의 의미연관으로 선택된 구체적 개별물이다. 망치라는 개별물의 사용목적의 특징으로서 '못을 박는다 또는 친다' 는 것은 사람들의 목적경험이나 의미경험에 의하여 대장장이 이용하는 망치, 목수가 이용하는 망치, 금세공이 사용하는 망치 등의 망치라는 개념의 구체적인 속성을 생각할 수 있다.

인간정신의 소산인 국가, 교회, 경영, 도시, 학교, 군대, 은행, 상업, 공장 등의 문화과학적 개념의 본질개념은 개념의 대상물에 정신적인 목적, 가치, 의미의 관계를 맺은 일반개념을 구성하는 방법으로 본질개념이 형성된다. 자연물에 대한 본질의 규정은 모두 정신적 의미연관이므로 형이상학에 속한다. 문화과학적 개념은 모두 본질개념이나 자연과학적 개념은 개별적 개념이나 일반적 개념 모두가 본질개념이 아니다.

자연과학과 문화과학의 두 과학 영역에서 개념구성의 차이는 자연과학적 개념구성은 구체적 개별성의 외적인 각양각색(各樣各色)의 특색을 제거하고, 항상적 특색의 동일성을 결부시켜 포괄적 체계 속에 정서적(情緒的) 질서를 정립하려는 인식방법을 사용한다. 반면, 문화과학적 개념구성은 개념의 본질내용이 정신적인 내부의 것에서부터 외부의 개별적 특색으로 향하여 인식하는 이해적 인식방법에 기초를 두고 있다.

2. 개념의 종류

개념의 종류로는 일반적으로 개념의 범위에 따라서 개별개념, 종(種)개념, 유(類)개념, 급(級)개념 및 유형으로 구별된다. 개별개념은 책, 집, 사람과 같은 개별적인 사물을 단독으로 구별할 수 있는 한정된 속성을 나타내는 대상의 개념이다. 개별개념은 어느 문화과학에서도 큰 역할을 수행하고 있다. 모든 역사적 현상은 개별개념의 도움을 얻어 구성되고, 일반적인 현상들은 개별개념에 의해 형성된 것으로 파악된다. 경제학에 있어서도 예컨대 근대자본주의, 독일 국민경제, 중앙은행 등과 같은 개별개념 등을 통해 경제학에 부단히 연구되고 있다. 이 개별개념에 대립하는 개념으로는 유개념, 종개념, 급개념 등이 있다. 일반적으로 이 용어들은 차별 없이 혼용되고 있으나 구별을 할 경우에는 같은 종류의 수많은 사물에 공통될 개념의 일반적인 범위의 대소(大小)를 구별하여 즉, 일반개념의 추상성의 정도에 따라서 구별된다.

먼저, 유개념이란 일반적 개념으로서 외연적인 범위를 보다 크게 포괄하는 일반개념을 말하고, 종개념은 유개념의 외연적 범위보다 작은 일반개념으로 구분하고 있다. 급개념은 유개념이나 종개념을 포함한 일반개념의 뜻으로 쓰이고 있으나 일반적으로 이 세 가지의 용어를 개별개념에 대립시켜서 유개념이란 말로 통용하고 있다. 사람들이 주관적으로 이해하고 사유하기에는 개별개념이 구체적이고 직감적인 내용을 관찰할 수 있으므로 개념의 대상을 사실적, 개성적으로 이해하고 사유하기가 용이하다.

일반적 개념은 개념의 대상이 추상적, 선험적이나 의미연관에 있어서 본질적, 필연적인 개념을 파악할 수 있으므로 정신적인 문화과학의 영역에 있어서 특히 역사 영역에 있어서는 추상적인 일반개념, 곧 유개념이 정신적 사상의 본질적, 필연적인 것의 인식수단으로서 유용하게 통용하고 있다.

유개념은 각종 등급에 따라 일반개념의 하위에 개별적 개념의 여러 개체를 둘 수 있으므로 유개념은 다음과 같은 개별대상을 총괄하기 위하여 이용된다.

예를 들면, 생산수단-도구-실제적 도구의 한 종류, 공장-사회적 경영-경영,

증권거래-거래소거래-상업 등이다. 또한 고위의 유개념 아래에 저위의 개념이 총괄되고 한다. 예를 들면, 화폐-금속화폐-지폐-양화-악화-본위화폐-보조화폐, 은행-발권은행-신용은행-환은행-할인은행-부동산은행-국립은행, 상업-도매상업-소매상업-거래소거래-수출무역-섬유무역-증권거래 등을 들 수 있다.

단독개념이 유개념에 결부되어 지는 경우도 종종 있다. 예를 들면, 영국의 상업-프랑스의 은행제도-1857년의 공황 등을 들 수 있다.

개별개념과 유개념 사이에 제3의 개념 종류인 유형(類型)이 있다. 유형의 개념 정의가 정확하게 규정되지 못해서 특히, 유개념과의 개념한계가 불충분하여 곤란한 경우를 벗어나기 어려웠다. 유형을 바르게 규정하려면 개별개념과 유개념 사이에 있는 하나의 개념이 유형이란 것을 명료하게 해두지 않으면 안 된다. 유형은 유개념의 하위개념으로서 개별개념에 가까운 개별적인 구체적 대상으로서 현실적으로 최하위의 종류의 일반개념이다. 유형개념은 본래의 적용범위를 문화과학에 두고 있으므로 경제학에 있어서의 유형의 사례를 열거해 보려고 한다.

첫째, 정신적 유형의 예이다. 엘자스 Elsass의 포도원 농가, 대도시의 중부부동산은행, 면화의 견본매매, 이들의 제개념 중에는 공간이나 시간의 일정한 범위에 있어서 유개념의 하위개념으로서의 유형에 불과하다. 유개념과 유형의 개념 한계를 어디에 두는가는 연구자의 재량으로 결정해야 하는데, 문화과학에서는 이런 재량으로 결정해야 할 경우가 많다.

둘째, 인간유형의 예이다. 런던의 브로커, 브레멘의 무역상, 동프로이센의 대지주, 중세기의 방적공 등 이들 대부분의 유형은 타당하려면 시간적, 지리적인 제한이 필요하다. 인간유형의 정당성을 확인할 수단으로서는 직업유형을 생각해보는 것이 도움이 될 것이다.

셋째, 사물의 유형을 예로 들 수 있다.

석유, 설탕, 커피, 곡물, 석유, 철재, 면사, 양모 등 무역의 거래상품 목록은 사물유형의 개념을 분명하게 확인하는데 크게 도움이 될 것이다. 상품유형은 거의 불특정의 추상적인 유개념이 대부분이다. 상인으로서는 상품의 품질, 등급이 관심사이므로 품질을 상등품, 중등품, 하등품으로 유형화하여 구성한다.

한편, 개념을 내용에 따라서 단독개념과 집합개념으로 구별할 수 있다. 단독개념이란 단일개체의 사물인 개체물(個體物)을 파악한 개념이고 집합개념은 여러 개체로 구성된 전체인 집합을 파악한 개념이다. 협동조합, 증권거래소, 콘체른 등과 같이 집합개념이 경제학 같은 과학에서는 큰 역할을 수행한다.

단독개념은 중앙은행과 같이 개별개념일 수도 있고, 은행과 같이 일반개념으로 사용될 수도 있다. 집합개념에 있어서도 은행의 콘체른, 기업의 콘체른 등은 일반개념에 속하는 경우이다.

또한 개념을 이상적 개념과 현실적 개념으로도 구별한다. 문화영역에서 본질적인 개념의 파악을 문제로 삼는 이상적 개념은 대상의 유일한 본질적 의미만을 완전하게 인식하여 순수하게 표현하려는 개념이다. 이와는 반대로 현실적 개념이란 대상을 우연적이고 경험적인 역사적 형태에서 파악하는 개념이다. 현실적 개념은 경험적으로 증명될 수 있는 특색을 총괄하는 과정에서 본질파악을 기초로 하여 개념구성이 성립되는 것이다. 이상적 개별 개념이란 개체의 본질성을 순수하게 표현하는 개념이다. 즉, 개체의 본질을 완전하게 대응시켜 개체의 이념을 파악할 수 있는 하나의 개념이다. 예컨대, 정관(定款), 입법자의 의지와 일치하는 중앙은행의 개념, 어느 시기에 구성된 중앙은행의 개념 등이 이에 속한다.

이렇게 이상적 개념과 현실적 개념을 분류하는 중요한 목적은 막스 베버[264]가

과학에 있어 도입한 '이상적인 모형 Idealtypus' 의 개념을 설명하는데 있다. 이러한 이상적 모형에 관한 개념설명이 중요함에도 불구하고, 베버의 이 개념에 관한 설명은 매우 부족했다. 베버뿐만 아니라 이상적 개념을 논리적으로 완전하게 설명하고자 시도했던 수많은 학자들에게 있어서도 이상적 모형에 관한 구체적인 개념을 정립하지 못했다.

동일한 방법으로 유개념의 경우나 유형의 경우에도 이상적 개념과 현실적 개념을 구별할 수 있다. 현실적 개념은 어떤 경우에서도 이상적 개념으로부터 편차가 발생하나 이 편차는 유형에서는 전형적인 형태의, 유개념에서는 대량현상으로 그리고 개별 개념에서는 시간적 편차로 나타난다.

3. 체계의 제개념

슈몰러의 말에 의하면 "경제학이란 과학은 경제적 현상을 하나의 체계로 총괄함으로서 경제학이 성립된다는 것"이 그의 견해였다. 그러나 이러한 견해는 아마도 지지를 받지 못할 것이다. 그의 견해에 따르면 '경제적 현상' 이 존재해 있어야 되기 때문이다. 그러나 실제에서의 사정은 경제적 현상을 찾아내기에 앞서 먼저 하나의 경제학 체계를 구성하기 위한 하나의 '기본개념' 이 있어야 하고, 그 이념에 따른 경제현상이 어떤 것이라야 하는가를 규정할 수 있는 것이다.

*264 막스 베버의 '이상적 모형'에 관한 개념정립을 논한 다음의 책들을 참조할 것: i) A. von Schelting, Die kulturwis senschaftliche Begriffsbildung bei Max Weber im Archivfuer Sozialwissenschaft, Bd.49, ii) Hans Oppenheimer, Die Logik der soziologischen Begriifsbildung mit besonderer Beruecksichtigung von Max Weber, 1925, iii) Anreas Walther, Goettinge Gelehrten Anzeigen,1926 ; Jahrbuch fuer Soziologie, Bd. II, iv) Hermwnn J. Grab, Der Begriff des Rationalen in der Soziologie Max Webers, 1927, v) Bernhard Pfister, Die Entwicklung zum Idealtypus, 1928.

리베르트Liebert, A.는 "개념은 일정한 원리에 의해 조직된 체계 속에 소속되어야만 개념으로 성립될 수 있다. 그렇기 때문에 체계에서의 개념은 모든 개념의 가능성과 타당성의 전제로서 또한 그 개념가치의 기초로서 과학적 개념 구성에 도움이 될 것이다. 모든 과학적 개념구성에 있어서 기초가 될 위의 견해는 경제학에도 타당한 방법으로서 지금까지 사용되고 있다. 경제학은 오랫 동안 불확실한 개념들을 적절한 사용방법도 모르고 함부로 사용하여 왔다"[265]라고 경제학의 문제점을 설명하고 있다.

이제 분명히 해야 할 것은 경제학적 개념은 오직 경제학의 체계에서 관계를 맺고 형성된 개념만을 사용해야 한다는 것이다. 경제학의 체계는 제12장에서 고찰한 3종류의 이념에서 형성되었기 때문에 3가지의 다른 종류의 경제학적 개념이 구성될 수 있다.

첫째, 일반적인 경제학의 주요개념의 구성이다. 이는 기본이념과 직접관계를 맺어서 모든 경제에 타당한 개념이다. 사례를 들면, 경제재, 생산, 생산수단, 생산성, 경제관리, 수익, 소득 등의 개념이 이에 속한다고 볼 수 있다.

둘째, 역사적인 경제학의 주요개념이다. 이는 경제체계의 이념과 관계를 가지고 있으며, 일정한 경제체계에만 타당한 개념이다. 이의 사례로는 자본주의적 기업, 자본에 대한 이자 · 임금· 증권거래소, 경기의 상승 등의 개념들을 들 수 있다.

셋째, 보조적 기능을 수행하는 개념이다. 이는 일정한 작용이념에 관해서 구성된 개념이다.

이의 사례로는 지불결산, 입지조건, 생산력, 시장의 상호의존성 등을 들 수 있다.

---

* 265 A. Liebert, Wie ist kritische Philosophie ueberhaupt moeglich, 1918, 30쪽 후반

15장 법칙

1. 개념 : 법칙과 합법칙성

우리는 이미 2가지 면에 있어서 경제생활에 관한 법칙과 합법칙성에 대한 지식을 얻었다. 즉, 그것은 규범경제학과 실증경제학을 설명하는데 있어서이다. 이 두 경제학에서 이러한 개념들을 설명함에 있어 그 개념들을 비판적으로 검토하려는 노력을 기울이지 않은 채, 역설적으로 설명하였다.

만약 우리가 '이해의 경제학 verstehende Nationaloekonomie'에 있어서도 법칙과 합법칙성이 있는지, 그리고 어떤 본질들이 존재하는지에 대해 질문을 하게 된다면 먼저 우선적으로 계속 사용되어진 그것들의 단어에 부여되어져 있는 의의를 생각해 보지 않으면 안 된다.

매우 방대한 양의 저술[266]들을 검토한 결과는 다음과 같다: 즉, 그것들의 제(諸)개념에는 통일적인 의미가 부여되어 있지 않다는 것과 전체에 있어 학자 간에 상당한 혼란이 지배하고 있다는 것이다. 그 때문에 우리는 말의 의미를 규정

---

* 266 Eisler의 철학사전 Woerterbuch der Philosophie, 법칙의 항을 참조할 것.

하는 것 밖에는 방법이 없다고 하겠다.

만약, 우리가 법칙이라는 말의 본원적 의의로 거슬러 올라간다면, 이 표현이 법률용어에서부터 나왔다는 것을 알 수 있다. 즉, 법칙이란 조금도 위반을 허용하지 않는 규범(규정)을 말한다. 그리고 합법칙성이라는 것은 법칙에 상응하는 상태(또는 법칙에 상응하는 행동)에 있을 것이다.

동시에 이 단어는 종교에 있어서(유대교에 있어서 가장 엄격함) 사용되어졌는데, 이는 신에 의해서 정해진 규범 또는 세계의 질서를 법칙이라 부르고 그와 상응하여 운행되는 세계를 합법칙성이라고 규정하고 있다.

이러한 개념들은 이와 같이 법률 및 종교의 의미영역으로부터 철학의 언어로 옮겨지게 되었다. 이는 구속력 있는 도의규범의 불가침을 엄격히 갖기 위해서이다: 즉, 칸트 Kant[267]에 있어서 인륜의 명령이 바로 법칙인데, 이는 의지에 대해서 반대의 의향표시를 전혀 허용하고 있지 않기 때문이다.

자연과학의 학술용어로서 법칙이라는 단어는 사람들이 자연의 합법칙성, 즉 자연에 있어서의 신의 계획을 믿고 있었던 시대에 있다. 계속해서 이러한 신앙이 없어지고, 사람들이 자연으로부터 신을 제거하였고 자연 속에 존재하는 모든 합법칙성의 가정을 포기한 때에도-과거의 습관으로부터- 법칙이라는 표현은 이것이 모든 의미를 잃어 버렸을지라도 여전히 사용되어 졌다는 것이다: 여기에 대해서는 이러한 표현이 그것이 종래에 의미하고 있던 것과는 전혀 다른 것으로 표현되어졌다. 즉, 사람들이 경험을 통해서 정리한 공식, 다시 말하면 규칙으로 사용하고 있다. 법칙이라는 단어 속에는 근본적으로 상이한 두 개의 의미가 존재한다: 그 중 하나는 법률-, 종교적-, 윤리적 법칙이고, 다른 하나는 자연법칙이

*267 Kant, Grundlegung zur Metaphysik der Sitten, 2. Abschnitt.

다. 이러한 상이한 의미의 법칙은 각각에서 동일하게 불려지고 있으면서도, 바닷가의 성 Schloss am Meer과 대문의 자물쇠 Schloss an der Tuer만큼이나 서로 아무런 관계가 없다.

문화적 선례로서 특별히 경제에 있어서 법칙은 이중의 의미를 갖는 것으로 전용되어졌다: 규범경제학에서는 법칙이라는 개념을 그 본래의 의미로, 실증경제학에서는 법칙의 의미가 자연법칙의 의미로 사용되었다.

규범경제학은 내가 보여주려고 했던 것과 같이 경제의 합법칙성을 허용하였지만, 이러한 합법칙성은 규범경제학의 전성기에 있어서 종교적인 것과 연결되어 있었으며 이후에 신에 대한 신앙과 함께 신의 세계 (그리고 경제)가 질서화되면서 하나의 계획적인 역사의 흐름을 하나의 매우 신비적인 자연합법칙화 하려고 하였다. 이렇게 변종하게 된 의미에 대해서 예를 들면, 마르크스와 엥겔스 Marx und Engels는 법칙이라는 단어를 다음과 같이 사용하였다: "하나의 사회는 운동의 자연법칙을 발견한다(하는 것이 가능하다)"고 마르크스에[268] 의해 언급되었는데 하나의 사회는 중농주의 학파에 있어서 불려지는 것과 같이, 자연적 질서 ordre naturel를 발견하는 것이 가능해 진다. 한 동안 퀘텔레Ad. Quetelets[269] 및 그의 학파에 의해 진행되어 온 '통계적 법칙' 을 가지고서 신비스러운 '합법칙성' 을 허용하는 데로 귀착된다. 그것에 의하면 보이지 않는 손, 즉, 하나의 비밀스러운 법칙이 혼인 수 및 우표를 붙이지 않은 우편물의 수를 규정하는 것과도 같다고 볼

*268 그들에게 있어서 매우 상이한 내용을 가지고 있는 마르크스와 엥겔스에 있어서의 합법칙성에 관한 개념에 대해서는 필자의 저서, 프롤레타리아 사회주의 Proletarischen Sozialismus, 1924의 제1집, 제15장에서 상세하게 다루었다.

*269 Ad. Quetelet, Sur l'homme et le developpement de ses facultes ou essai de physique sociale. 2 Vol. 1838 ; idem, Du systeme social et des lois qui le regissent. 1848 ; 독일어판 : Zur Naturgeschichte der Gesellschaft. 1856 ; idem, Physique sociale. 2 Vol. 1859 ; deutsch(!) von Valentine Dorn. 2 Bde. 1914/21.

수 있다. 이러한 착각은 천문대 소장이며 브뤼셀 박물관의 교수로 있는 퀘텔레 Quetelet 자신에 있어서 보다는 오히려 한 사회연구를 하는 것을 직업으로 삼고 있음에도 불구하고, 그를 추종했던 많은 사람들에 있어서 그렇다.

실증경제학의 신봉자들에게 있어서는 인간의 경제생활에 있어 하나의 의미 있는 합법칙성이 있을 수 없지만, 모두 -철저하게-자연법칙, 즉 규칙성에 대한 공식적인 작성의 의미에 대해 사이비적인 법칙의 개념으로부터 출발했고, 그리고 이러한 개념에 대해서 여러 가지의 입장을 취했다.

혹자는 이러한 개념을 확장하여 만드는 작업 없이-tale quale- 그대로 물려받았다. 자연과학적 인식에 기초하여 가장 결과론적으로 생각하는 사상가들이 그렇다: 균형주의자인 파레토의 관점이 그러하다.

또 다른 이는[270] '법칙' 이라는 개념을 제한적으로 경제에 적용하였다: 자연법칙과 사회법칙과의 사이에는 어느 정도의 차이는 있을지 모르지만 근본적으로는 차이가 없다: 이 경우는 '특수한' 경우이다. 왜냐하면 제(諸)조건들의 협소한 범위를 제한하고 있기 때문이다. 또한 그것들의 제조건은 통상 일정한 장소 및 일정한 시기에 대해서만 충족되어졌다. 그러나 한 사회에서 자연에서처럼 '법칙' 이 존재할 수 있다: 즉, 사회현상도 자연현상과 같이 하나의 규칙을 만들 수 있다.

이러한 견해를 하나의 제3의 그룹을 형성하는 연구자들은-내가 말하려고 하는 것과 같이 완전히 부당한 방법으로- 잘못되었다고 생각한다. 그들의 견해에 의하면 하나의 사회에서 또한 경제에 있어서는 자연법이라는 의미에 있어서 '법

---

*270 이러한 관점에서 보는 가장 의미 있는 대표적 학자로는 F. Eulenburg를 들 수 있다 : 그가 여러 번 인용한 그리고 아직도 인용되고 있는 글들을 참조할 것.

칙' 이 전혀 존재하지 않는다. 그들은 이러한 관점을 사회현상은 매우 '복잡하다' 는 정보와 함께 정립하였다. 또한 사회현상은 측정할 수 없고, 계산할 수 없으며 게다가 항상적이지 않다는 것에 기반을 두고 있다. 또는 인간의 의지라고 하는 것은 자유롭다는 배경에도 기초하고 있다. 이러한 사실들은 인간의 행위를 위한 규칙을 정립한다는 가능성을 배제시키기 위해 하나의 충분한 근거를 만들었다고는 볼 수 없다.

'이해의 경제학 verstehende Nationaloekonomie' 을 대표하는 학자들은 내가 위에서 간략히 언급한 바 있는 법칙과 합법칙성의 양자의 개념으로부터 시작하지 않는다: 그들은 이해의 경제학에서의 법칙개념을 거부해야만 한다. 왜냐하면 그것은 형이상학적이기 때문이다. 또한 실증경제학에서의 법칙개념은 경제적 현상을 단지 실증하는데 그치지 않고, 이해하려고 노력하는 이해의 경제학의 근본사상과도 모순되기 때문에 이것도 거부하지 않으면 안 된다. 자연과학적 '법칙' 개념은 이해의 경제학에 있어서 최대한 보조수단으로 활용되어 질 수 있다는 것도 의문시된다.

그러나 이해의 방향에 있어서 규범경제학에서 인지한 그리고 인지하고 있는 것과 마찬가지로 하나의 순수한 합법칙성과 순수한 법칙들에 도달한다는 것이 거의 불가능한 것일까? 다른 말로 표현하면: 경제생활이 그것에 연결되어 있는 규범은 존재하지 않는 것인가? 또는: 그것을 명령법보다 직설법으로 바꾸어 말하면: 인간의 사회적 공동생활은 존재와 현상의 필요성과의 관계를 인지하지 못하는 것일까? 그리고 이러한 생각은 하나의 사회과학의 한 자리를 차지할 수 없다고 생각하기 때문은 아닐까, 다시 말하면: 우리는 이러한 사상으로부터 형이상학적인 옷을 벗어 버릴 수 있는가? 따라서 우리가 이것을 이해의 경제학의 관점으로부터 도출하고자 한다면, 경제의 합법칙성(그리고 법칙들)에 대해서 의문을 제기하게 된다. 그것은 모든 인문학과 모든 역사에 있어서도 문제이다: 만약 자연과학적인 올무로부터 자유로워 질 수 있다면, 불가항력적인 '창조적 직관'이라는 만병통치약에 사로잡히면 소위 비합리주의에 빠지게 되며 또는 형이상학으로 되지 않으면 안 된다는 것이다.[271]

의심할 필요도 없이 필수적 존재와 현상의 의미에 있어서 그리고 또한 문화영역에 있어서 합법칙성과 법칙들의 통찰에 도달하는 하나의 길이 있다면, 그것은 형이상학을 통해서 가능할 것이다. 이러한 사실을 발견하기 위해서는 우리는 과학적 인식의 영역에 대해서만 '필연적인' 진리를 소유하고 있다는 사실을 필요로 한다. 이것은 이미 아리스토텔레스 Aristotelels의 알려진 '라이브니츠의 이성의 진리 Verites de raison Leibnizens' 인데, 이것은 다름 아닌 선험적 통찰을 의미한다. 이러한 라이브니츠의 인식을 메우고 있던 흙들을 무너뜨린 것은 허셀 Husserl의 공적의 하나이다. 이 문제에 대해서 허셀은 다음과 같은 결론을 내리고 있다[272] : "법칙과 사실 사이에 기본적인 객관적, 이상적 차이에 불가항력적으로 조응하는 것은 체험의 방법에 대한 한 가지의 주관적인 차이이다. 만약 우리가 자명한 합리성을 사실을 인식하는 특징적인 차이에 있어서 전혀 인식하지 못한다면, 우리는 법칙에 관한 개념을 전혀 가지지 않았을 것이다. 그리고 또한 우리는 그 차이점을 구별하는 능력을 갖지 못했을 것이다: 사실에 관한 법칙: 일반적(이상적, 법칙적) 보편성과 전체적(사실적, 우연적) 보편성과 또한 필연적(즉, 법칙적, 일반적) 결과를 구별하는 능력을 가지지 못했을 것이다.

* 271 A. Liebert, a.a.O. 48쪽 이하를 참조할 것.
* 272 Husserl, Logische Untersuchungen I, 135쪽 이후.

라이프니츠의 이성의 진리 Verites de raison는 바로 법칙을 말하는 것이고, 다시 말하면 이것은 이상적인 진리에 있어서의 자명하고 순수한 의미에 있어서이다. 이것은 우리에게 주어진 동시에 우리들에 의해 인식되어진 개념 중에 순수에 근거를 둔 이상적 진리의 엄밀함과 순수의 의미에 대한 법칙 바로 그것이다. 라이브니츠의 사실의 진리 Verites de fait는 개별적인 진리이고, 가령 그것이 우리에 대해서 예를 들면, '남부지역 사람들은 모두 열정적이다' 와 같은 일반적 명제의 형식을 가지고 있는 듯해도 그것은 대체적으로 존재에 대해서 언급하고 있는 명제의 범주에 속한다.

우리가 확립해야만 하는 소위 합법칙성의 필요성은 우리가 이미 알고 있는 경험이라는 영역에는 존재하지 않는다: 단지 선험의 영역에만 존재한다.

따라서 우리의 과제는 다음과 같다: 경제의 영역에 있어서 이성의 진리가 존재하는가를 연구하는 것이다. 이 경우 우리는 우리의 과제를 이해를 두 개의 범주로 확대하지 않으면 안 된다: 즉, 의미의 범주와 작용의 범주이다. 그리고 이 두 범주를 합법칙성과 법칙들로 분리하여 연구해야만 한다. 왜냐하면 후술하는 바와 같이 그것은 이러한 제개념들에 대해서 매우 다른 관계를 가지고 있기 때문이다.

2. 의미의 법칙

문화, 특히 인간사회의 문화적 영역에서는 의미의 필연적 관계가 존재한다. 이것은 '의미합법칙성 Sinngesetzmaessigkeit' 이라고 볼 수 있는데, 가공적 상태의 선험적인 의미로부터 현실적 상태로 유도된 명제를 그것에 대한 법칙이라고 부른다. 경제법칙도 이러한 성질을 띠고 있다. 이 경우의 경제법칙으로 나타나는 세 가지 법칙은 첫 번째 종류인 수학적 수량법칙, 두 번째 종류인 합본질적인 구조법칙, 그리고 마지막 세 번째 종류인 합리적 합법칙성을 들 수 있다.

첫째, 수학적 합법칙성에서부터 수량에 관한 법칙이 유도된다. 수학적 합법칙성은 부분, 총계, 관계에 관한 법칙이다. 부분은 총계보다 작다는 스스로 확인할 수 있는 분석을 기초로 삼고 있다. 이러한 수량법칙의 예는 다음의 제 명제와 같다.

(1) 임금기금의 법칙: 임금지불기금의 총액이 일정할 경우, 어느 한 곳의 임금이 상승하면 다른 곳에서는 임금이 저하된다.[273]

(2) 마르크스의 잉여가치의 법칙: 노동자가 생산한 가치가 그의 노동력의 가치보다 클 경우에는 잉여가치가 발생하고, 노동력의 가치가 저하하면 저하할수록 잉여가치는 증대되며, 노동력 가치의 총가치가 증대하면 잉여가치도 증대한다.[274]

(3) 화폐수량설: 물가가 유통되고 있는 화폐의 양에 의존되어 있을 경우에는 상품량이 동일하고 화폐량이 증가하면 물가는 상승한다.

(4) 수익법칙: 수익이 가장 큰 상태에서 생산조건이 균형된 상태라면, 불균형 상태에서 수익상태는 악화된다.

(5) 입지조건의 법칙[275]: 어떤 상품이 일정가격으로 시장에서 판매될 경우에는 생산비는 일정액을 초과해서는 안 된다.

(6) 시장의 법칙: 시장의 크기가 생산의 분업화 정도를 규정한다.

(7) 판로의 법칙: 모든 상품이 다른 상품의 구입에 사용된다면 판로는 두절되지 않는다.

(8) 독점가격의 법칙: 시장의 독점에 의해 판매량과 가격과의 관계에서 최고의 이윤(독점이윤) 설정에 의해 가격(독점가격)이 정해진다.

* 273 역주 이 이론은 임금결정이론에 관한 고전학파 이론중의 하나로서, 밀에 의하여 주장되었다.
* 274 역주 이에 관한 상세하고 깊이 있는 연구는 마르크스에 의해서 이루어 졌으며 특히, 그의 저서 '잉여가치학설사'에 보다 자세히 설명하고 있다.
* 275 이 법칙의 고전적 해석은 튀넨과 베버에 의해 이루어졌다.

(9) 케네의 경제표: 만약 일정량의 재화를 소비하고, 생산하지 않는 경제주체에 계속해서 재화를 공급할 경우에는 그 재화의 양은 감소되어 없어지게 된다.

(10) 리카르도의 지대법칙: 어느 장소에서 평균 이상의 이윤이 생길 경우에는, 평균이윤 이상의 잉여가 생겨 지대로서 소유할 수 있다.

(11) 뵘-바베르크의 우회생산법칙: 생산수단의 보다 많은 소비에 의하여 재화를 생산하려면 보다 많은 분량의 생산수단을 제공해야 한다.

(12) 디첼Dietzel의 소득형성과 분배의 법칙[276]: 자기의 필요한 생계자료를 얻기 위한 무산자의 노동력에 의한 제조업의 이용이 법률적으로 그 생산요소를 이용하는 자에게 있어서는 자본의 배당은 노동을 많이 시킬수록 증가할 수 있다.

(13) 브렌타노Brentano의 노동집약도 증가의 법칙[277]: 노동집약도는 임금이 오르고 노동시간이 단축하면 어느 한계까지는 많아지고, 노동자의 능률이 보다 높아질수록 보다 많이 생산하게 된다.

(14) 뒤링Duehring의 경제성의 법칙[278]: 생산수단, 천연자원, 인력의 생산성은 발명이나 발견에 의하여 증가하고, 이전보다 적은 생산요소를 투입하여 제품을 생산할 수 있으면 노동의 생산성은 증가한다.

(15) 마르크스의 가치법칙[279]: 바라는 적절한 생산물의 양은 양적으로 규정된 사회적 총생산의 양이다.

이러한 수량법칙으로서 어떤 종류의 합법칙성이 있는가를 밝히기에는 위에 열거한 제 법칙으로 충분하다고 생각된다. 그러나 이러한 수량적 법칙은 경제생활의 일정한 장소에 따라서 법칙으로 규정된 총체적 수량과 부분적 수량을 확인해야 하고, 그 총계는 부분보다 크다는 사실을 확인하는 것에 불과하다.

---

*276 H. Dietzel, Ueber das Verhaeltnis der Volkswirtschaftslehre, 1882, 39쪽.
*277 L. Brentano, Ueber das Verhaeltnis des Arbeitslohns und der Arbeitszeit zur Arbeitsleistung, 1893.
*278 E. Duehring, Kursus der Nationaloekonomie, 제3판, 68쪽, 76쪽, 94쪽.
*279 K. Marxs Brief an Kugelmann vom 11. Juli 1886 in der Neuen Zeit Jahrgang XX, Bd. II, 222쪽.

둘째, 본질적 합법칙성에 관한 법칙이다. 본질적 합법칙성은 부분과 전체와의 관계를 의미하는데 이것이 본질적인 구조법칙이 된다. 전체란 부분의 가장 낮은 종속에 의하여 규정된 하나의 연관이다. 어느 물질적인 통일체에도 하나의 법칙이 있다. 이 법칙이 알려짐에 따라서 부분으로 역할 하는 내용의 종류가 달라질 경우, 전체의 종류가 다르게 규정된다. 통일체를 이루는 전체의 이념은 기초적인 이념 위에서 그리고 순수한 법칙 이념 위에서 정립된다.[280, 281] 일정한 부분적인 현상과 일정한 전체와의 의미연관에서 필연적인 종속적 결합을 인지할 때에는 이는 부분-전체-관계의 구조법칙으로서 본질적 합법칙성이라고 말할 수 있다.

이러한 관점에서 이윤추구는 자본주의 경제체제의 필요 불가결한 요소라고 볼 수 있다. 또한 자본주의는 프롤레타리아를 증가하지 않고서는 발전할 수 없음을 확인하게 된다.[282] 경기가 상승할 때에는 주가의 상승은 불가결한 필연적인 전제 조건이 되기도 한다. 어느 경제에서나 생산-수송-배분-소비는 하나의 필연적인 순환을 형성한다. 노동은 스스로 노동할 때는 고통스럽고, 남의 노동을 살 때는 임금을 지불하면 된다. 생산을 계속하려면 판매가격은 원가보다 높게 책정하지 않으면 안 된다. 이러한 기본적인 제 법칙 중에 서술된 이론은 모두 선험적인 것에 근거하고 있다. 이러한 이론들은 어떠한 경우에도 전체 속에 잠재해 있거나 전체와 개별 사이의 의미연관의 내용으로부터 분석적인 명제를 도출해 낼 수 있기 때문이다.

---

*280 Husserl, Logische Untersuchungen, 282쪽 후반.

*281 Heidegger의 Sein und Zeit, 제2판,1926, 244쪽을 참조할 것.

*282 역주 좀바르트의 이 주장은 노동집약적인 산업구조를 가진 초기자본주의 시대에 노동력의 증가를 전제로 한 것이었으나, 지식산업과 하이테크산업 중심인 현대 자본주의에는 유효하지 않은 이론이라고 평가할 수 있다.

셋째, 합리적 법칙성이라는 개념이다. 합리적 의미의 법칙성은 목적과 수단과의 관계를 의미하고 관계적 연관에 대한 허구(虛構) 법칙이 되는 것이다. 이것은 과학에서 중요한 역할을 수행하므로 자세히 논술하려고 한다. 베버가 합법칙성 및 법칙의 의미를 밝힘으로서 과학에 공헌한 공적은 위대하였다.[283] 그의 연구 중에는 '이상적 개념구성'을 논하였는데, 여기서 문제되는 것은 '이상적 구조'에 관한 것이다. 즉, 이상적 구조는 경제적 연관을 이해하기 쉽도록 합리적 도식을 사용하여 경제적 사건의 추이를 일정한 조건이 충족될 경우에 어떻게 합리적으로 발생하는가를 제시한다. 합리적 도식에 있어서 관계연관의 행위들의 주체는 그 정체를 바르게 나타내야 한다. 즉, 경제주체는 정당하게 행위 할 필요를 의식하고 그 모든 것을 해 내려는 완전한 경제인이다. 사람들은 합리적 도식의 작성을 고립화 방법이라고 불렀다. 고립화된 방법이란 말은 일정한 자연과학적 제요소를 실험적으로 고립시켜서 그 작용을 다른 제요소와 비교하여 확인하고 평가하는 방법을 의미한다. 이 경우에 문제가 되는 것은 경험적 사실을 발견하는 것이고, 이것은 가설로서 미리 표현되고 도식 중에 표현된 현실적 사물의 현상에 접근하는 방법으로 자연과학을 연구하였다.

경제적인 행위는 그의 합리성을 아직 실현되지 않은 경제체계 중에서도 검토할 수 있으므로 경제적 현실의 반영을 요구하지 않고도 경제적 행위의 목적합리성을 인식할 수 있다. 합리적 행위의 목적론적 도식(圖式)으로 미해결의 인과적 타당성을 설명할 수 있다는 경제적 행위의 합리적 도식은 자연과학에서의 실험적 고립화 방법과는 극단적인 대립 양상을 띤다. 즉, 합리적 도식이 자연법칙과 경제법칙에서는 동시에 결부될 수 없음을 확인 할 수 있는 것이다.

* 283 Max Weber, Objektivitaet usw. im Archiv fuer Sozialwissenschaften, Bd. XiX.

3. 경향

체계적인 문화[284]를 추구할 경우에 우리들의 관심을 불러일으키는 것은 경제생활 속에 '동질성 Gleichfoermigkeit'이 있다는 사실이다. 경제학자로서 고찰할 현상은 경제생활의 일정한 특징이 반복하여 나타나는 수없이 많은 동질적인 것이어야 한다.

경제적 현상의 동질성이란 보다 큰 범위에서 뿐만 아니라, 작은 범위에도 적용될 수 있다. 다만, 여기서 동질성의 범위의 한계를 어떻게 결정하는가의 입장이 문제이다. 경제학에서 개별 국민경제의 동질성이라는 개념은 서로 다른 국민경제형태에 비하여 매우 차이가 있다. 경제를 사회경제적 견지에서 고찰한다면 하나의 경제체제의 타당한 범위 내에서 동질성의 연구를 주요목표로 지향해야 할 것이다.

자연과학자는 자연법칙의 질서원리를 인간사회의 사상에 응용하여 온갖 동질성을 찾아내기 위하여 규칙을 정립하려고 시도하였다. 이들은 인간의 사회적 사상으로서 동질성의 문제를 해결하기 위하여 경제생활에서의 인간행위를 지배하는 어떠한 동질성이 있는가를 이해하려고 하였다. 이에 먼저 자연과학자들이 파악한 인간사회의 특정현상으로서는 예컨대, 소유권 침해행위, 빵 가격, 할인이율과 파산, 연령과 임금액, 주량의 소비, 소아의 사망률, 정신병자와 자살자수 등의 주로 숫자개념에 있어서 종류별로 동질성을 확인하기 시작하였다. 이들의 분석은 경제생활의 규칙적인 동질성의 상관관계를 이해하려는 예비적 확인이나 그 준비를 위한 노력에 불과하였다.

---

*284 역주 좀바르트가 사용하고 있는 '문화'의 개념을 본 번역에서는 문화과학 또는 문화적 과학으로 표현하였는데, 그 이유는 저자가 문화를 과학이 한 형태로 간주하여 접근하고 있기 때문이다.

경제적 일반현상의 동질성을 고찰하려는 이러한 자연과학적 분석방법에 잇따라 사회과학적 문제해결의 목표로서 다음과 같은 두 가지 방향이 설정되기 시작했다.

동질성을 고찰하려는 방향의 하나는 인간의 행위들의 동기와 목적설정을 추진하는 동질성의 성립을 고찰하려는 목표이고, 또 다른 하나는 사회적 현상의 동질성으로서 나타나는 인간행위의 제조건의 규칙을 탐구하려는 것이다.

동질성에 대한 동기의 기초는 인간의 의지는 자유스럽다고 생각한다는 것이다. 그러나 성격에 따라서는 일정한 상황에서 어떤 행위를 부득이 해야 하도록 결심하게도 된다. 그래서 인간의 제 행위는 일정한 성격과 필연적으로 결부되어 지금까지 해온대로의 법칙에 따라서 일어난다. 그러므로 성격구성의 동질성이 증명되면 여기에 동일한 동기 및 행위에 대한 하나의 기초가 존재하게 될 것이다. 이러한 동일한 동기의 기초는 정신에 의해서나 혈액에 의해서도 만들어진다. 행위가 일어날 정신적인 분위기가 조성되면 인간의 정신은 그 행위의 동기의 기초를 구성한다. 행위의 동기는 정신적 분위기를 만드는 인간의 규범과 가치의 산물로서 집합의식이라고 불린다. 집합의식이라는 행위 동기는 특정한 것이고, 특정한 사람의 행위의 타당한 전제가 되는 가치구조이다.

행위를 하는 동기의 동질성은 공간적인 크기에 따라 여러 가지로 나타날 수 있다. 동질적인 행위라도 공간적 구성에 따라 개별적 경제주체의 제 행위에 결정적 영향을 주므로 동일한 정신세계의 경제체계 구성의 범위에도 관계를 미치게 된다. 경제체계와는 관계가 없는 정신세계인 종교세계에서도 그 자체에서 특수한 분위기를 조성하듯이 국민, 계급, 신분, 직업에 따른 정신적 동기내용의 구분에 의한 정신세계에서의 지배적인 정신은 역사에 의하여 규정되고 시간적으로 변하게 된다.

그러나 이 정신세계에 따른 지배적인 정신은 동일한 성격을 구성하는데 중요한 기초를 제공한다. 동질적인 정신세계 영역에서의 인종이나 국민의 대부분은 동일한 인간성질의 일반적 특징을 지닌다. 이는 사회적, 경제적 행위에서도 균일성의 특징으로 나타나 경제생활에서 인간행위의 동기의 동질성을 성립시키고 있음을 이해할 수 있다는 것이다.

다음으로는 동기의 형성이다. 동기의 형성이란 경제생활에서 인간행위의 동기로서 자율적 동기와 타율적 동기가 형성되는 형식을 말한다. 타율적 동기에 의한 경제생활로서는 예컨대, 기업연합이나 조합 또는 대규모 경영 등을 들 수 있다. 어떻게 해서 많은 인간의 의지가 이러한 여러조직의 틀 안에서 일정한 하나의 방향으로 움직여 동질성의 사상계열을 구성하게 되는가를 고찰해 보아야 한다. 한편, 의지형성이 자율적인 경우에도 동질성의 동기형태의 기초는 존재한다. 가장 자유로운 의지는 합리적인 의지이다. 이런 합리적인 의지는 동일한 행위가 될 수 있다. 자유롭게 합리적으로 행위하려는 기업가는 필연적으로 동일한 결심을 하게 된다는 것이다. 합리주의적 입장과 더불어 전통주의적 입장도 같은 모양이나 같은 방법으로 동질성의 행위나 사상(事象)이 계속되는 하나의 원인이 된다. 동기가 집단적으로 형성되는 제3의 형식은 동기의 변질된 모양이다. 예컨대, 권위로서 그리고 계급의식으로서 또는 유행으로서 세상 사람들이 모두 자동차를 갖게 되면, 이를 모방하여 자동차를 갖게 된 결과, 자동차 피해가 발생하는 등의 많은 동질성이 나타나게 되는데 이는 자율적 동기와 타율적 동기가 변질되어 나타난 제3의 유형에서 볼 수 있는 경제행위이다.

셋째, 동기가 미치는 영향에 관한 것이다. 동기가 실현되는 과정의 동질성에 따라 기업경영사상의 동질성이 규정되는 경우가 있다. 인간의 의사는 특정한 상태를 해결하기 위하여 외적 사정에 대응하도록 결심해야 할 동기가 경제주체의 의사와 관계없이 일정한 방향으로 강하게 제한 받게 되는 경우가 있다. 이러한 경우, 기업 경영에서는 외부의 동일한 동기의 영향을 받을 수밖에 없다. 그러나 외부사정의 영향으로 결심하게 된 동기의 내용이라도 타율적인 강제를 뜻하는 것은 아니다. 여기서는 자율적인 의사에 의하여 자유롭게 선택된 것을 의미한다. 사람이 어떤 것을 하고자 할 경우에는 특정한 상태의 어떤 대상을 어떻게 할 것인가라는 행위실현의 목표를 명료하게 의식해야 한다. 절대적으로 외부적 강제에 맹목적으로 복종하기 위해서가 아니라 특정한 가치를 실현하기 위해서는 특정한 방법으로 실천하지 않으면 안 된다는 제한을 자신들이 스스로 선택한 것이다. 특정한 동기를 실현하는 과정에서 동질성에 대하여 동일한 외적 사정은 동일한 결심을 유도한다고 설명하였다. 그 예로는 외적 사정의 첫째로는 경제체계의 구조가 동기를 규정한다고 하였다. 자본주의경제는 경제주체의 하나인 기업가가 자기의 욕구에 의한 사적 동기를 갖고 있더라도, 이는 개인적 정신에 의한 목표추구가 아니라 이윤획득을 기업의 목적으로 삼는 자본주의 경제체계의 구조 자체가 동기를 규정하여 실현하도록 강하게 영향을 미치게 된다.[285] 예컨대, 자유경쟁의 시장법칙이 지배하는 경우, 생산자는 자기의 제품을 판매하는데 있어 가격과 품질의 경쟁에서 경쟁우위를 차지하려고 해도 경제주체인 기업가는 외부에 존재하는 동질의 시장의 특성에 영향을 받게 된다. 기업의 생산기술이 고도로 발달된 상태에서 기술의 특성이 기업경영목적의 특성을 규정하므로 기술 또한 경제주체인 기업가의 동기에 영향을 미친다고 볼 수 있다. 그렇기 때문에 많

---

*285 이와 관련해서는 좀바르트의 현대자본주의 Modernen Kapitalismus, Bd. III, 37쪽을 참조할 것.

은 기업가들은 고도의 기술을 도입하도록 동일한 동기 획득을 바라고, 수많은 노동자들도 그 고용주의 요구에 따라서 기술의 동일성을 확보하지 않을 수 없다.

토지나 기후와 같은 자연적 사정에 있어서도 경제주체가 동일한 의사결정을 하도록 영향을 미친다. 토지의 특성에 따라 귀리나 봄보리밖에 재배할 수 없는 곳에서 밀을 재배하려고 결심해도 이는 소용없는 일이다. 기후에 따라서 의복, 식품, 주거의 사용재료 선택이 달라진다. 생산자는 그에 적응하는 제품을 생산하지 않으면 안 될 것이다

그 밖에도 전쟁, 인구과잉, 생산관계의 혁신, 거액의 부채 등의 중요한 개별적인 사건 때문에 경제주체의 동기를 특정한 양식으로 규정하게 되어 경제주체로서는 본의 아니게 어쩔 수 없이 사상의 동질성을 띠게 되는 경우도 있다.

인간의 행위에 있어 동질적인 특성이 형성되는 원인이 될 동기의 조건을 다음에 제시한다.

첫째, 논리적 조건을 들 수 있다.

우리들의 행위는 정신의 법칙에 의한 조건에 따라서 결의한 대로 일정한 의미연관에 의하여 합법칙적으로 실현하게 되는 것이다. 의미의 합법칙성의 첫 번째 특징인 수학적 범위의 경우에, 생산이 보다 큰 시장에서는 보다 작은 시장보다도 분업화가 크게 나타난다. 의미의 합법칙성의 두 번째 특징인 합본질적인 범위의 경우에 자본주의 경제에 있어서 대규모로 생산하려면 임금노동자를 고용하지 않으면 안 된다. 또한 세 번째 특징인 합리적인 범위에서 이윤을 추구하는 기업경영에서는 가장 가격이 저렴한 생산수단을 이용해야 한다는 것이다. 이러한 의미의 합법칙의 논리적 조건이 사상의 동질성을 객관적으로 규정하는데 매우 큰 영향을 미친다는 것은 틀림없다.

둘째, 사회적 조건을 들 수 있다.

이는 인간의 공동생활에 의하여 형성되는 조건들을 의미한다. 국가의 크기, 인구밀도, 경제질서 등은 경제적 행위를 일정한 궤도로 이끌어 나가도록 강제하는 주요한 사회적 조건의 하나이다.

셋째, 중간적 조건을 들 수 있다.

인간이 결의를 실현하기 위하여 사용할 수단의 특징 중에 포함시켜야 할 조건을 중간적 조건이라고 이름을 붙여서 말하고자 한다. 인간은 자기의 목적을 실현하려고 동일한 수단을 사용하기 때문에 경제생활은 동일한 형태를 갖게 된다. 의식주라는 욕망을 충족할 자연물을 선택하는 데는 제한이 있기 때문에 인간은 부단히 토지를 경작하여 나무, 곡물, 채소 등을 재배하고, 돌을 깨며 모래와 점토를 구워 그릇을 만들기도 한다. 합리적인 경제적 행위로 인해 구매자의 유인, 보다 수익을 올리기 위한 경영, 시장에서 교환과정의 촉진, 특정한 생산, 운수, 통신기술 등에 있어서 수단선택의 동질성과 객관적 조건이 실현되는 것이다.

이와 같이 특정한 실행만이 목적을 실현하는 최선의 수단일 경우에 허용되는 객관적 제조건의 동질성이 동기실현과정에서 선택한 수단과 동일할 때, 경제행위의 타당한 가치를 확인할 수 있다.

경제행위의 목적과 수단의 동질성의 한 형태를 인간이 합목적적으로 선택하여 어떻게 실현하는가는 동질성의 이론에 따른 법칙의 지배를 받게 되는 것이다.

다음으로는 경향이란 개념에 대하여 살펴보고자 한다. 경향이란 사회적, 특히 경제적 사상의 동질성의 의미가 결합되어 미래에 나타나게 될 사상의 형태나 행동방식의 유형을 추측하는 개념이다. 추측할 수 있는 형태의 객관적 제조건의 판단이 정당해야만 주장하는 경향이 의미에 적합하게 경제적 형태가 실현된다.

우리들은 경제적 욕구와 행위의 미세한 부분에 대해서도 경향을 정할 수 있다. 개별경향으로는 예컨대, 한 생산부문에서의 가격결정과 같은 것이다. 또한 다수의 집단적 경향의 경우로는 한 국가에서 기업집중에 대해 가정된 경향을 예상할 수도 있다. 어떤 일정한 시대나 일정한 경제조직 영역에서 예컨대, 근대자본주의에 대해서도 추측한 경향을 주장할 수 있다.

경향의 개념을 사용하는 것으로는 이론경제학에서 뿐만 아니라, 실제생활에서는 예산안의 작성, 미래의 직업을 준비하는 행위, 강의의 예고(豫告), 회사의 설립, 보험계약의 체결 등도 모두 '경향'의 의식적인 또는 무의식적인 가정(假定)에 의거하고 있다. 경향이라는 타당성에 근거한 가치는 명료하다. 경향이란 개념은 다소 어느 정도의 확률(確率)을 가지고 있을 뿐이다. 따라서 사물은 사람들이 가정하는 형태를 크게 취할 경우도 있고 기회에 따라 작게 취할 수도 있다.

가정된 경향에 걸맞게 나타날 실제 경제행위의 확률 정도는 미리 예측하는 상태를 바로 평가해 낼 수 있느냐에 의존하는데, 판단을 그르치면 예상치 못한 사건이 발생하거나 발생하지 않을 경우도 있다. 예컨대, 세계대전과 같은 전쟁이나 화폐가치의 하락이 돌발한다면 보험회사 같은 경우는 도산하게 될 것이다.

경향에 관한 판단을 숫자로 설명할 경우에는 확률이라는 도구(道具)를 사용하면 더 한층 확실성의 정도를 정확하게 나타낼 수 있다. 사람들은 이것으로 객관적 가능성의 개념을 구성하여 어떤 사건의 발생에 대하여 어느 정도로 확률이 있는가를 말할 수 있다. 이러한 숫자적인 규정에 의한 경향이라는 개념은 드물게 쓰일 뿐이다. 경향판단의 확실성은 시국(時局)에 의존할 경우가 많다. 경제생활 추이의 경향판단에도 예상하기 쉬운 시기와 그렇지 못한 시기가 있다. 여기서는 우리들이 경향 중에서 어떤 개념을 발견하고, 이 개념에 의한 법칙의 개념으로서 경험적 성질의 것으로서는 응용할 수 없었던 현실의 현상들을 총괄할 수 있는 것으로서 만족하기로 한다.

제 3 부

전체로서의 경제론

16장 세 종류 경제학의 적용범위

1. 인식방법의 특수성

이미 제6장 제3절에서 깊이 있게 언급한 바 있지만, 우리들의 지식으로 인식하는 방법에 대한 다양성을 통해 인식양식의 특수화와 특수한 인식양식 상호간의 한계를 분명히 밝히는 것이 인식론의 주요한 임무이다. 그 중에서도 보조수단인 오성의 범주를 이용하는 세 가지의 인식방법으로서 즉, 형이상학, 실증학과 이해학의 특질과 차이를 정확하게 파악하고, 각 인식방법의 적용범위를 정확하게 할당하는 것이 필요하다. 그것은 일정한 인식방법의 일정한 인식영역에 대한 타당성을 확정하는 것이 주안점이기 때문이다. 그래서 우리들은 형이상학을 절대자의 영역에, 실증학을 자연의 영역에, 이해학을 문화의 영역에 각각 정당한 인식방법으로 인정한 것이다. 자연과학자들은 자연을 인식하는데 있어 다른 심리학적, 정신론적인 개념체계가 자연과학에 뒤섞이는 것을 반대하면서 자연의 연구영역에 타당한 인식방법을 요구해온 것은 매우 지당한 일이었다. 자연과학적 인식체계의 설명에서는 심리학적 개념은 동일한 인과계열의 구성부분으로 결합되어 나타날 수 없으므로 특수한 자연과학적 개념체계에 의해서 서술되어야 한다.[286] 그런 의미에서 이해학의 문화영역의 인식방법으로서도 문화적 개념 체계를 이해할 새로운 인식방법의 특수화가 요망된다.

인문과학자는 문화과학[287]의 인식영역의 타당한 방법으로서 정신론적 개념의 인식체계에 의한 이해의 설명이 필요하다고 하였다. 낭만주의자에 의한 낭만적 예술이나 낭만적 철학은 존재하나 낭만적 과학은 존재하지 않는다. 인문과학에서 문화영역의 경제생활에서 적당한 인식방법은 이해적 인식방법(이해학)이 인식형태로서 타당하게 적용되고 있다.

개별적 인식방법을 원리적으로 일정한 인식영역에 결부시킨다는 것은 어떤 인식방법이 그 본질과 다른 인식영역에 전용되는 것을 배척한다는 것은 아니다. 다만, 인식방법이 대상에 적합하게 사용되었는가, 강제적으로 부당하게 사용되었는가, 또는 전용(轉用)하는데 있어 한계를 넘어섰는지 등을 검토해 보아야 한다는 것이다.[288]

경제학에서는 본질적으로 다른 형이상학의 규범경제학과 자연과학적 방법에 의존하는 실증경제학의 인식방법에 대하여 다음의 문제를 고찰해 보기로 한다. 여기서 문제는 이해학을 인식하는 방법으로서 경제학에 사용할 수 있는가(koennen), 하지 않으면 안 되는가(muessen), 해야 하는가(sollen) 등이다.

2. 형이상학과 경제학

형이상학으로 인정한 규범경제학의 인식방법이 가능하다는 것은 경제의 대상

* 286 M. Schlick, Naturphilosophie in:M,Dessoir, Lehrbuch der Philosophie, Bd. II. 474쪽 후반.
* 287 역주 번역 상에서 문화과학 Kulturwissenschaft 또는 문화로 번역하였으나 현대 학문적 체계를 고려해 볼 때, 협의의 개념에서 인문학으로 이해하는 것이 더 타당할 것 같다.
* 288 Paul Tillich, Das System der Wissenschaften nach Gegenstaenden und Methoden, 1923, 3쪽.

이 존재하고 있다는 사실에 의해서 증명된다는 것인데, 이것은 이미 제6장에서 설명하려고 노력하였다.

지금 여기서 규범경제학이 필연적으로 필요한가? 바꾸어 말하면, 경제학은 규제적, 규범적 인식방법 이외에 다른 방법이 있을 수 없는가 하는 문제를 제기한다면 그것은 다음과 같은 의미로 조금 확대 해석하는 것을 의미하게 된다. 즉, 경제를 인식하려면 경제학자는 형이상학을 연구하지 않으면 안 되는가. 형이상학은 경제를 인식하는 본질상의 필연적인 부분인가에 대한 문제제기가 된다. 이는 결국 경제학적 인식이 형이상학적으로 세계관과 관련지어 어느 정도로 불가피하게 존재하여 구속되고 제약되는가의 문제이다. 경제학에서도 구체적인 일정한 세계관으로서 형이상학은 그 동안 계속해서 '가치중립적 wertfreie', '실증주의적 positivistische' 경제학을 강조하는 학자들에 의해 비판되어 졌다. 그러나 우리가 학문에서 순수한 가치중립적인 과학을 요구한다면, 이는 실증주의적 철학을 요구하는 것과 같은 또 다른 비판에 직면하게 되는 것이다. 이러한 문제 제기는 다음의 결과들을 초래하게 되었다.[289]

인식은 하나의 어떤 '입장 Standpunkt'에서 형성된다. 즉, 모든 인간의 지식은 시간과 공간이 유한한 인간에 의하여 취급되기 때문에 '존재적 제약'을 받는다는 것은 의심할 여지가 없다. 여기서 존재적 제약은 인문과학이나 자연과학에 있어서 원리적으로 타당하다. 이러한 입장을 정립하는데 있어 제약을 받는다는 것 Standpunktgebundenheit은 하나의 세계관의 피제약성을 의미한다. 어떠한 과학에 대해서도 그럴 것이나 인문과학에 대해서는 그 정도가 더욱 심할

*289 이와 관련해서는 Eduard Spranger의 Der Sinn der Vorausseyzungslosigkeit in den Geistwissenschaften(1929년)을 참조할 것.

것이다.

이러한 세계관의 피제약성은 다음의 세 가지 경우와 같은 세계질서의 존재를 인식하는 제약을 받는 입장에서 개인적으로 규정된 특징이 나타나게 되었다.

첫째, 인식의 목적 설정에서 피제약성의 실현이라는 특징이다.

세계관을 정립하는 목적은 하늘에서의 목적(천상적 목적)과 땅에서의 목적(지상적 목적)으로 나누어 볼 수 있다. 이 두 종류의 세계관을 인식하는 입장에서 인식한 목적의 존재에 대해 인간이 제약을 받는 것은 타당한 것이라고 받아 들였다. 여기서 천상적 목적이란 신의 영광에 대한 인식으로서 신의 힘, 지혜, 선을 만물 속에서 찾아보려는 것이다. 또한 지상적 목적이란 자연의 범위에서는 자연을 지배하고 문화의 범위에서는 정치적, 정신적 안정을 유지하려고 인식한 것으로서 이와 같은 천상적, 지상적 목적을 인식하는 것은 인간의 존재를 보다 좋게 하는 수단으로 인식하였다.

근세 서유럽에서는 사회과학의 대표자들이 최종목적의 정당성에 대한 주장들을 내놓았다.

먼저 라브리올라Labriola, Arturo는 "과학은 목적을 달성하려는 데 있는 것이고, 그 목적은 이론이 공론이 아닌 한, 정당성을 증명하지 않으면 안 된다. 목적은 바로 과학 안에 존재한다."[290]라고 설명하였고, 아들러Adler, Max도 이와 비슷한 주장을 하였다.[291]

둘째, 일정한 공리(公理)에서 인식의 제약이라는 특징이다.

세계관 정립에 있어 제약이 나타나는 두 번째 이유로는 인식의 기초인 일정한

---

*290 Arturo Labriola, Il valore della Scienza, 1912, 312쪽.

*291 Max Adler, Marxistische Probleme, 1913, 58쪽 후빈.

공리나 교리에 나타난 가설에 사람들은 제약을 받는 입장에 서 있다는 것이다. 신적(神的)이거나 자연적인 세계질서를 믿는 학자도 있었고, 믿지 않는 학자도 있었을 것이다. 그러나 그 당시 과학을 연구하려는 사람들은 적어도 항상성(恒常性)의 '신성(神性)'을 믿지 않을 수 없었다. 그런데 과학자로서는 사유(思惟)하는 범주의 부동성과 선험적인 지식을 직접 증명하는 것에 대하여 다시 말하면, 인간 정신의 이성적인 것에 대하여 확고한 신념을 갖지 않으면 안 된다.

셋째, 문제·작업이념·증명하는 재료의 제약이라는 특징이다.

학자가 받는 또 다른 세계관으로부터 받는 제약성으로는 문제의 선택에서나, 작업이념의 선택에서나 그리고 증명하는 재료의 선택에서도 제약성이 나타난다는 것이다. 이러한 예를 살펴보면 다음과 같다 :

라카르도는 행복한 유가증권의 소유자로서 이자율의 하락에 관심을 가진 입장에 있었기 때문에 그가 지대론(地代論)을 경제학 연구의 중요부분의 문제로 선택한 것은 당연한 일이다. 또한 시스몽디Sismondi가 불황과 공황의 문제에 치중하여 취급한 것도, 스위스의 장인(匠人)과 소시민인 가내공업자로서의 곤궁한 입장에 있었기 때문에 불황과 공황은 그에게 있어 당연한 관심사였다. 칼 마르크스는 노동자 계급의 복지를 염원하면서 자기의 혁명사상에 기초를 두려고 했기 때문에 자본주의적 경영형태와 임금노동자의 속박의 문제에 대하여 우리들의 인식방법을 개혁하려고 한 것은 당연한 일이다.

한편, 중상주의학파와 리스트가 국민경제라는 개념을 그 연구의 중심에 둔 것은 그 연구에 의하여 국가와 국민의 힘과 위상의 정립에 기여하려고 희망했기 때문이다.

고전학파들과 그 후계자들은 시장관계 즉, 교환관계에 관심을 갖게 되었는데 이러한 관심의 변화는 한 나라의 운명에 대하여는 별로 관심을 보이지 않고, 그 대신 자유주의적, 개인주의적, 평화주의적인 관점을 지향하여 경제학을 연구하고자 했기 때문이다. 이들에 의하면 국민경제학자는 모두 파시스트이고, 사회경제학자는 모두 평화주의자라고 할 수 있다.

한계효용이론은 사회주의에 대한 불안에서 도출된 이론이라고 볼 수 있다. 즉 최근의 경제학자의 보수주의적 성향은 그들 학설에 의한 논리적 필연이라고 했는데 그러한 판단에는 올바른 핵심이 포함되어 있었다. 그와 마찬가지로 사회주의학자들은 변증법적 방법에 치우쳐 경제현상을 설명했는데 이는 그들이 지향하는 정치적 입장에서는 쉽게 이해할 수 있다. 부르조아 연구의 성과가 자본주의적 경제체제는 어떤 경제체제 보다도 우수하다는 인식에 이를 때 그것은 스스로 부르조아의 가슴에 공명을 일으킨다. 동시에 그와 같이 가치 있는 모든 것은 존재하고, 그렇지 않은 것은 붕괴한다는 것을 증명할 수 있는 연구방법을 사회주의자도 같은 입장으로 간주하여 –결과는 반대로 전개하였지만– 사용하였다.

과학을 연구하려는 학자들은 이성적인 신념에 의하여 증명하고자 하는 것을 무의식중에도 많은 사례에 의하여 증명된 경험적 사실로부터 심리적으로 용이하게 설명할 수 있다. 자연과학에 있어서도 이러한 사실에 직면하게 된다. 자연과학자들은 누구도 보수주의와 자유주의와의 정치적, 세계관에 대한 다른 입장이 백인주의 Weissmannismus와 시몬이즘 Semonismus의 대립의 근거가 된다는 사실을 인식하고 있지 못할 것이다. 그러나 우리들의 지식이 존재적 제약을 받기 때문에 지식이 필연적으로, 개인적으로 규정된 특징을 갖는다는 견해도 함부로 배제시킬 수는 없다고 생각한다. 우리들은 무조건적으로 과학을 연구할 것이 아니라 과학적 인식에는 소박한 방법과 비판적인 방법이 있다는 것을 생각하지 않으면 안 된다. 최근에 와서 소박한 입장에서 벗어나 비판적 이해의 방법을 선택하는 목소리가 높아졌다. 그래서 우리들은 개별적으로 학자들이 받는 제약은 어느 정도에 이르렀고, 이는 무엇 때문이며 어떻게 될 것인가를 판단하게 되었다. 이러한 비판적 입장에서 풀기 어려운 운명적인 제약과 벗어날 수 있는 제약을 구분하여 분별할 수 있다. 운명적으로 벗어나기 어려운 제약을 받는 입장에서는 우리들의 개인적 욕구에 의한 목적설정이나 능력을 제약하고, 따라서 우리들의 재능을 규정하게 된다.

우리들의 생활환경인 가정, 직업, 계급, 문화권에 따라서 정신에 근거한 인간의 행위 형태를 규정하게 되므로 제약을 받게 된다. 즉, 주어진 환경이 인간의 정신에 강한 제약조건이 되는 것이다. 인간의 정신은 환경에 의해 영향을 받는다는 것이다. 환경에 영향을 받지 않거나, 또는 환경에 사로잡히지 않기 위해서 강한 시대정신이나 강한 진리실현의 의지에 의해서 환경적인 제약에서 벗어날 수 있는 것이다.

특수한 부르조아 경제학과 사회주의 경제학의 존재 여부에 관한 논쟁문제는 최초로 마르크스학파 사상가에 의하여 긍정적으로 제기되었다. 마르크스는 1864년 국제노동자협회 창립의 중추 멤버로서 취임연설에서 다음과 같이 주장하였다. "일일 10시간 노동시간 법안은 밝은 대낮에 공공연하게 부르조아의 정치경제학이 노동자계급의 정치경제학에 굴복하였음을 보여주는 승리를 나타낸 것이다." 마르크스가 궁극적인 목적으로 삼은 규범경제학의 입장에서 그런 판단을 내리고, 그의 유물사관의 기초에서는 그의 머리 속에는 부르조아와 프롤레타리아는 필연적으로 서로 달리 형성될 것으로 확신했던 것이다. 그러나 부르조아적 경제학과 프롤레타리아적 경제학은 과학으로 정립될 만한 아무런 관계도 인식하지 못했다. 부르조아와 프롤레타리아와는 서로 다르기는 하나, 왜 그런 사회적 이상에 대한 과학적 인식이, 예컨대 노동자 보호입법의 근거 및 결과에 관한 논리적 탐구와 그 결과에 있어서 왜 계급적 규정을 받게 되는가에 대해서는 충분한 고찰을 하지 못했다. 부르조아였던 마르크스가 프롤레타리아 경제학의 건설자가 되었다는 사실은 경제학이 계급적으로 제약받아 형성된 학설이라는 사실을 결정적으로 항변하는 반증이 되는 것이다. 학자의 경제학에 대한 입장이 부르조아적인가 프롤레타리아적인가에 따라서 그 연구의 방향과 양식을 좌우하게 되는 것은 분명하다.

경제문제의 합리적 의미를 탐구하고 판단하는 경제학자는 환경과 시대의 특정한 입장에 처하게 되므로 보편타당성을 인식함에 있어 현실의 제약을 어느 정도 받게 된다는 것을 생각할 수 있다. 자본주의 시대에 숙명적으로 생존하게 되었다면 자본주의적 제문제와 관련하여 화폐를 취급하는 일정한 소재범위를 선택하고, 일정한 경제생활을 보다 잘해 보기 위한 가치판단을 내리도록 서두르게 된다. 가치판단을 내리는 지식의 범위와 종류란 시대와 환경에 따른 과학적 범위 안에서 이루어진다. 말하자면, 자명적인 선험에 의하여 머리에 떠오르거나, 받아들여지는 현상의 제약은 모든 학자에게 동일하므로 그 연구의 성과는 그 시대와 그 시대 문화권에 대해서 보편타당성을 갖게 된다는 것이다. 학자에 주어진 존재를 파악하는데 따른 제약성은 거의 동일할 것이므로 시대와 문화권에 따라서 나타날 보편타당성은 다음과 같은 법칙들을 준수한다면 모든 방법에서 확인될 것으로 생각된다.

(1) 의심스러운 사항에 대하여는 세계관의 입장에서 주어진 것이 없다고 표현하여야 하고 동시에 명백히 해 두어야 한다.

(2) 세계관으로 의문이 있는 문제는 주의하여 제거하고, 개인적인 가치판단을 지양하여 지향하고자 하는 정신의 문제를 잘 훈련시켜 원리적으로 문제를 인식시키도록 노력한다. 예를 들면, '곡물세가 가격에 어떤 영향을 미치는가' 와 '곡물세는 유용한가' 라는 문제를 구별하는 것과 같은 것이다.

(3) 모든 경제문제를 직접 증명할 수 있는 즉, 기초적 증명을 할 수 있는 경험의 기초에까지 환원하지 않으면 안 된다.

이렇게 해서 경제생활에 관한 과학이 가능하다는 증명을 얻어낼 수 있다. 여기서 우리들의 인식에 있어 더욱 해결해야 할 제3의 문제가 있다. 그것은 자유의지에 따라 형이상학적 경제학을 연구해야 할 것이고, 따라서 규범경제학은 더 한층 높은 형식이 아닌가하는 문제이다. 이 문제는 다음의 세 가지 문제를 포함한다.

첫째는 경제학은 조금 다르긴 하지만 경제철학도 연구대상으로 삼을 것인가의 문제이다. 나는 이 문제에 대해서 긍정한다. 그리고 경제철학은 어떻게 하면 의미 깊게 형성할 수 있는가에 관해서는 다음 장에서 기술하려고 한다.

두 번째 문제는 경제철학을 위해서 자립적인 경제과학을 포기할 것인가 하는 문제이다. 나는 이 문제를 부정한다. 만약 그렇게 된다면 우리들의 정신생활에 현저한 궁핍이 닥칠 것이기 때문이다. 세 번째 문제는 다음과 같다. 경제과학에는 윤리적 요소, 즉 가치판단을 포함하여 형이상학적 요소를 받아들일 것인가, 이해경제학에 규범경제학의 사고과정을 포함시킬 수 있을 것인가? 나는 이것을 단호히 부정한다. 왜냐하면 경제학은 '몰가치적 Wertfreiheit' 이어야 하기 때문이다.

과학에 있어서 몰가치성에 관한 논쟁은 이미 오래된 이야기이다. 경제학의 몰가치성에 관한 논쟁은 1905년 베버의 논문에서부터 시작되어 영어·불어·이태리어의 문헌에서 많이 확인 할 수 있다. 당시 아주 예리한 경제학자로 평가받던 코사Luigi Cossa의 윤리적 관점에서 규정한 경제학에 관해 "우리는 다수의 경제학파가 존재한다는 것에 자부심을 느끼지만, 그들은 과학에서 필요로 하는 어떤 것도 발견하지 못했으며 오히려 위와 어긋나는 근거만을 제시하고 있다"[292]고 언급했다. 필자도 필자의 첫 번째 마르크스 연구(1893~1894년)와 사회과학논총 제7집(1895년)에서 「이상적인 사회정책」이라는 제하(題下)의 논문에서 과학에 있어서 윤리적 가치판단을 배제시켜야 함을 주장했다.

경제학에서 가치판단을 배제하는 이유는 일부는 이론적인 문제에 근거하고, 다른 일부는 실질적인 문제에 근거하고 있다. 여기서 이론적인 근거는 주로 서로 다른 존재 및 가치판단의 혼합에 의하여 인식체계의 통일에 혼란이 발생한다는 것이다. 제6장에서 설명한 이에 관한 소론을 참조하기 바란다. 과학 속의 가치판단을 배제시키는 실천적인 근거로는 과학 밖에 있는 재화를 포함시킬 위험성이 있기 때문에 가치판단을 회피하는 것이 합목적적이라고 말하고 싶다.

가치판단을 가지고 평가할 수 있는 과학은 과학의 위엄을 감소시킴과 동시에 가치판단의 품위도 경감시키게 된다. 과학적 인식은 정당해야 하고 그 정당성은 증명되어야 한다. 그러나 가치판단은 정당하지도 않고, 정당하다고 증명할 수도 없으므로 그 결과, 과학은 그 중추적 본질에 위반되는 증명할 수 없는 명제를 결

---

*292 Luigi Cossa, Guida allo studio dell' economia politica, 1876. 좀바르트는 프랑스어판 : Histoire des doctrines economiques(1899년), 32쪽을 인용하고 있음.

과로 낳는다는 역설이 생긴다. 이것은 필연적으로 과학에 대한 신뢰를 감소시킬 것이다.

3. 자연과학과 경제학

앞 절의 규범경제학에 관한 논술에서는 필자가 이해경제학자로서 토론하였으나 이 절에서는 실증경제학과 관련지어 그와 같은 토론을 하려고 한다. 즉 나의 토론내용은 자연과학적인 실증적 방법을 경제학에 적용할 수 있는가, 또는 하지 않으면 안 되는가, 또는 해야 할 것인가를 물어보려고 하는 것이다.

단순히 실증적 방법을 이용할 수 있는 것은 자연과학적 입장에서는 경제학의 존재를 증명할 수 있다는 것이다. 문화과학 Kulturwissenschaft은 사회적으로 정당하게 규정된 질서체계로 인간행위를 정돈하는 실증적 방법이 외형적, 표면적, 시간적으로 질서를 정돈하여 정리된 질서를 제공할 수 있기 때문에 자연과학에서와 마찬가지로 실증적 방법을 이용할 수 있다. 그러나 문화사상을 이해할 수 있는 이해적 방법은 문화과학에서만 이용할 수 있으므로 자연과학에서는 일반적으로 사용하는 것이 아니다.

이러한 고찰은 실증적 방법으로 경제와 같은 문화적 사상의 연구에 사용하지 않으면 안 되는가에 대한 해답이 이미 이에 포함되어 있다. 더 한층 중요한 것은 자연과학적 방법을 경제학에 사용해야 하는가의 문제이다. 이에 대한 필자의 대답은 단호하게 '아니다' 라는 것이다. 문화과학의 연구나 문화적 사실현상의 이해적 방법이 왜 실증적 방법보다 친근하게 느끼는가의 물음에 대한 나의 답변은 보다 깊이 그리고 보다 많이 인식할 방법으로서 충분하게 숙고한 결과이기 때문이다.

경제학의 이론을 형성하기 위해서 유효하고 올바르게 잘 이용될 수 있는 방법은 이해경제학을 정립하는데 사용하는 이해적 방법이다. 종래 자연과학적 인식 방법으로 사용하던 합리적 도식(圖式)에 의한 방법은 자연과학적 인식과의 연관에서만 사용할 수 있는 것으로 믿어 왔다. 합리적 도식에 대하여 자연법의 외형적 형식을 받아들이는 도식으로만 생각하고 합리적 도식의 의미를 무의미한 것으로 여겼다. 이러한 도식은 이해경제학의 범위 내에서도 올바르게 매우 유용하게 이용할 수 있으므로 경제학적 이론의 본질에 관한 사견을 다음 장에서 기술해 보겠다. 이해경제학의 체계 중에서 그 합리적 도식의 위상을 정립해 보도록 시도해 보고자 한다.

17장

경제학의 종합적 구성

경제학에 관해 종합적인 의미를 나타내는 말로서 '국민경제학 Nationalökonomie' 이라고 부르기도 한다. 국민경제학이란 말은 일상생활에서 쓰이는 말이나 국민이라는 말에 특별한 의미는 없다. 사실 경제학은 인간의 경제를 대상으로 한 모든 학문이 포함되고, 온갖 종류의 과학과 기술로 나누어 연구할 수 있는 것이다. 그러나 경제학이란 말은 협의의 개념에서 이러한 총체적 학문의 일부로서 사회경제에 관한 과학으로 이미 확정되어 버렸다. 그렇기 때문에 유감스럽게도 총괄적이고 비과학적인 의미로는 사용할 수 없게 되었다. 그래서 '종합적 경제학' 으로 부르기로 하는 소위 '국민경제학' 은 위의 종합경제론이라는 개념 중에서 특히, 과학적 부분을 국민경제학의 구성부분으로 편제하여 분석하게 된다. 이렇게 해서 종합경제론을 구성하는 요소로는 경제철학, 경제과학, 경제기술론의 세 종류로 구분할 수 있다.

1. 경제철학

경제의 형이상학적 부분은 과학적 부분으로 인식할 수 없기 때문에 경제학에 편제하기가 곤란하였으나, 경제의 종합론으로서는 경제의 형이상학적 관계를 그 한 부문으로 인정할 수 있으므로 형이상학적 경제학을 경제철학으로 종합경제론이라는 관점에서 그 대상으로 편제하여 분석하려고 한다.[293] 경제철학이 포함할 연구범위를 경제의 실체론, 문화철학, 윤리학의 차례로 개관해 보려고 한다.

(1) 경제의 실체론

경제의 실체론은 경제를 일반적인 존재와 연관시켜 배열하여 경제철학에 포함시켜야만 할 것이고, 경제의 자립성과 피제약성 및 경제에 있어서의 경제지향성, 질서, 기술의 상호관계, 경제적(유물)사관의 문제, 경제학의 피제약성에 관한 문제 등을 경제의 실체론에서 논해야 할 것이다.

(2) 경제의 문화철학

일반적인 경제철학의 범주에 포함될 문화철학의 임무는 경제를 일반적인 의미와 관련지어 배열한 것으로서 여기서는 경제의 문화적 가치의 문제를 취급해야 할 것이다. 경제는 어느 정도로 문화를 촉진하거나 저지하는가, 경제가치는 문화가치인가, 각종의 경제조직과 경제 시기는 어떻게 문화와 비례하는가, 역사에서의 한 경제시기의 의미는 어떤 것인가, 세계정신이 자본주의를 어떤 의미로

---

*293 경제철학이라는 용어를 오늘날 이론경제학에서 선택의 여지없이 표현하기 위해서 허용하기 어려운 방법으로 경제철학의 개념을 사용하고 있다. Arthur Hoffmann-Erfurt가 펴낸 'Literarische Berichte aus dem Gebiete der Philosophie' 외에 경제철학을 사실적으로 기술한 저서를 발견하지 못했다. 다만 부분적으로 비슷하게 접근한 Cassel의 글들이 있기는 하다.

형성하였는가 등이 경제의 문화철학 문제로서 취급될 것이다. 여기서 우리는 경제학이 왜 현상을 취급하지 않고, 다양한 주관적인 삶 자체를 중시하는가를 문제삼을 수 있다. 필자는 이러한 생각이 틀렸음을 이미 필자의 또 다른 저서 「현대자본주의」에서 설명하였는데, 이를 비판하는 견해[294]에 대해서 필자는 공정하지 못하다고 생각한다.

(3) 경제의 윤리

경제의 윤리문제는 경제를 세계의 가치관과 연관지어 배열하여 경제철학에 포함시켜야만 할 것이다. 규범경제학의 문제는 거의가 경제윤리에 속한 것으로 윤리적 가치내용이 규범경제학에서 취급되어진 것을 순수하게 경제의 윤리로 되돌려서 경제철학에 포함시키도록 경제학을 다시 편제해야 할 것이다. 경제는 어떤 목적을 가져야 할 것인가, 국민복지란 무엇인가, 어떤 재화가 어떻게 생산되어야 할 것인가, 병원과 군함 중 어느 것을 먼저 만들어야 할 것인가. 공정한 분배란 무엇인가, 올바른 경제란 무엇인가 등의 문제에 대해서 경제윤리는 해답을 해야 할 것이다. 이러한 문제는 이미 제6장에서 제시한 것처럼, 어느 것이나 인간의 직분에 관한 문제와 합치하고, 또한 어느 것이나 형이상학에 결부되어 철학적 토론을 필요로 하는 것이다.

경제철학자는 우수한 철학자라야 한다. 학자로서 비난받지 않을 정도의 철학적 소양과 경제에 관한 원리적 지식과 경제적 활동실적이 있어야 할 뿐만 아니라 우수한 철학에 대해 피가 끓을 정도로 열정적인 강의를 해야 한다.

아리스토텔레스, 토마스 아퀴노Thomas v. Aquino를 비롯해 그 밖의 위대한 스콜

*294 예를 들면, Arthur Salz의 Anmerkungen zu Werner Sombarts 'Hochkapitalismus' in der Zeitschrift fuer die gesamte Staatswissenschaft, Bd. 85, 1928, 제1권, 제2권.

라 학자들은 경제생활을 개관하고서 오늘에 이르기까지 가장 훌륭한 경제철학의 과제를 우리들에게 제시하였다. 그런데 지금에 있어서는 어떠한가? 이론(異論)이 없을 정도로 전문적인 판단을 내리는 것을 어느 철학자에게 기대할 것인가? 원리적인 경제적 지식을 갖추었던 유일하게 우수한 근대철학자로는 내가 아는 한에 있어서는 하르트만Hartmann, Eduard von과 쉐러Scheler, Max를 들 수 있다. 그들의 가치 있는 경제철학의 논문에 대해 우리들은 감사해야 한다. 베버는 경제철학에 관해서 위대한 문장을 쓸만한 사람이었다. 그러나 최후의 그의 비판주의와 회의주의가 그의 학설을 방해하고 있음이 안타깝다.

규범경제학의 대표적 학자들이 아직 생존하고 있기 때문에 지금으로서는 경제철학은 규범경제학의 변종으로 취급되고 있다. 그 중에는 스콜라 철학에 기초하고 있는 슈판 및 가톨릭교에 기초하고 있는 경제학자, 조화주의적인 마르크스학파, 합리주의적인 슈톨츠만Stolzmann, R. 등이 주동적으로 아직 그러한 연구를 추진하고 있다.

바람직하게 기대되는 것은 경제철학자로서 경제학자적인 통찰력을 갖는 것인데 이런 점이 부족한 것이 아쉽다. 예컨대, 슈판의 올바른 경제에 관한 그의 견해를 경제철학으로 이름 붙여서 이것을 경제과학이라고 할 수 있다면, 그것은 우리들의 주장을 설명하는 하나의 시도가 될 것이다.[295] 경제철학의 연구영역과 범위를 적절하게 조절할 수 있다는 것은 경제학의 임무를 규정할 가능성을 우리들에게 부여하고 있기 때문이라고 생각한다.

*295 Othmar Spann의 Gesellschaftsphilosophie (A.Baeumler und M.Schroeter 편저, Handbuch der Philosophie, 1928)를 침조할 것.

2. 경제학

경제학은 경험과학으로서 과거의 경제생활의 범위 안에 있어서나 현재에 있는 것, 또는 미래에 있을 것으로 추측되는 것을 사실대로 고찰해야 한다. 서구에서는 이러한 연구를 과학이라고 불렀다. 지금까지 이러한 경제학은 두 개의 주요한 부분으로 나누어져 있다. 그리고 두 개의 부분은 각각 다시 세 부분으로 나누어 전개되어진다. 여기서 경제학의 제1부에서는 연구대상에 대한 기본적 태도에 의거하여 이론과 경험으로 나누어 분석하고, 제2부에는 연구영역을 확대해서 일반적 경제학과 특수 경제학으로 구분한다. 그리고 제3부에서는 선택된 작업이념에 의거하여 사회경제학과 국민경제학의 두 학파로 형성하여 경제학을 분석한다.

경제학의 이론이 무엇인가는 아직 아무도 이것을 문제 삼아서 원리적으로 규정하려고 시도한 사람은 없었다. 학자들이 이론이라고 부르는 것은 큰 이론영역에서 뽑아낸 작은 한 부분에 불과하다. 그들은 이것을 부당하게 합리적 도식으로 작성하여 절대화한 것이다. 소위 이론 학자는 이론의 세 가지 측면의 서로 다른 명제의 존재를 깨닫지 못했다. 여기서 세 가지의 이론적 명제란 영리를 추구하는 것이 자본주의 경제조직의 일부를 구성한다는 것, 생산요소의 불균형이 이윤을 감소시킨다는 것, 수요와 공급이 가격을 결정한다는 것 등이다.

순수한 정통 이론과 응용 이론과의 구별은 결정적인 오류를 포함하고 있다. 이론이라는 것은 시간과 공간을 갖지 않고 모두 순수한 정통에 근거한 것이다.

경제학 이론에 관해서는 다음과 같이 해석된다. 고틀이 언급한 것처럼 이론을 추구한다는 것은 그 대상에 관해서 성실하게 궁극적으로 통일성의 의미를 밝히려는 것을 의미한다. 즉, 이론을 추구한다는 것은 이론적으로 사유한다는 말과 같은 뜻이다. 우리는 이론적 사유에 의하여 현실의 파악이 가능하고, 보편을 특수한 상태에 비추어 이해하며 지식의 원리적 구성요소에까지 환원하여 개념 형성의 행위를 이해하게 된다. 인문과학의 범위에서 상태와 현상의 본질이 의식되는 것이고, 의미를 개념적으로 충족시키는 것이며 객관적 정신을 주관적 정신으로 반전시키는 것이다.

그러므로 하나의 이론을 세운다는 것은 마치 개별 개념을 하나의 체계적인 통일로 결합시키는 것을 의미하고, 객관적 의미와의 연관을 통해 하나의 개념체계로 전환하는 것을 의미한다.

인문과학의 영역에서 모든 이론을 풍부하게 할 수 있다는 것은 존재와 사유와의 일치를 가급적 확대하려고 하는데 따른 것이다.

경제학이 완전한 이론이 되기 위해서는 다음의 세 가지를 목표로 해야 한다. 첫째, 과학의 총체계적 정립, 둘째, 적절한 개념체계의 과학체계로의 접합(接合), 셋째, 우리가 사고할 수 있는 가능성이라고 표현하는 법칙론의 형성 등이다. 이는 또한 다음과 같은 세 종류의, 즉 이론형성에 대한 (1) 가능성, (2) 확률, 그리고 (3) 필연성을 포함한다. 이 세 종류의 의미를 살펴보면 다음과 같다.

(1) 이론의 가능성

가능성의 법칙론은 어느 한 상태를 사유할 수 있는 가능성을 개관(概觀)할 수 있게 하는 것이다. 의미를 중심으로 하는 상태를 체계적으로 사고할 경우, 그 상태가 존재할 가능성을 머리 속에 개관할 수 있다. 이러한 개관은 경제현실의 인식에 앞서서 독자에게 사고의 가능성을 미리 인식시켜주는 개관 이론으로서의 기능을 수행한다.

(2) 확률

이 이론은 본질적으로 경향이라는 개념을 포함한 것이다.[296]

(3) 필연성

필연성의 이론이란 의미적으로 합법칙성이 존재함을 나타내는 것이다. 경제상태를 수학적, 본질적, 합리적인 합법칙성에 의거하여 고찰하고 그러한 3가지 기준을 고려하여 필연성에 있어서 인식하려는 것은 좋은 이론이 수행할 중요한 임무이다. 지배적 이론을 일반이론으로 간주하는 합리적 도식의 작성은 이러한 임무의 일부에 불과하다.

경제학 이론 전체에서 합리적 도식[297]이 갖는 위상에 관해서 필요한 것을 기술하려고 한다. 이는 경제학에서의 사유하는 형상을 남용하는 것의 폐해를 방지하고자 하기 때문이다.

먼저, 합리적 도식은 이해의 보조수단이다. 경제에 관한 합리적 행위형태의 의미법칙을 설명하려고 작성한 합리적 도식의 배후에는 해결해야 할 여러 문제들이 존재한다. 문제해결의 수단으로서 이론적 도식은 우리들에게 현실의 사실관계의 사정을 이해하는데 이해경제학의 보조수단으로서 이용된다.

둘째, 합리적 도식은 역사적 특징을 갖는 일정한 의미와 연관을 갖는 범위[298] 내에서만 타당하다. 일정한 경제체계의 범위 내에서만 동일한 의미의 합리적 도식을 작성할 수 있다. 예를 들면, 한 농부의 봉건적인 자급자족경제와 자본주의

---

* 296 이에 관해서는 제15장 2절에서 상세히 다루었음.
* 297 역주 도식은 Schema를 번역한 표현인데, 내용의 흐름상 '특정한 이론'으로 해석, 이해하는 것이 보다 타당할 듯하다. 번역상 본문에서는 계속 도식으로 표현하고자 한다.
* 298 역주 이를 본문에서는 '의미연관'으로 압축하여 표현하였다.

경제에서의 농부의 경제행위에 대해 동일한 도식을 작성하는 것은 무의미하다. 자본주의경제에서조차 여러 단계로 구분하지 않으면 의미 있는 도식을 정립할 수 없을 것이다. 어느 일정한 시대에 한정해서 적용하도록 고안된 도식은 그 범위를 벗어날 경우에는 그 타당성의 의미를 연관시켜서 이용할 수 없게 된다.

셋째, 도식은 목적을 위한 수단이므로 그 도식이 적용될 사용목적에 따라서 합리적 수단으로서 유용하게 도식을 작성하도록 도식의 종류와 양이 선택 결정되어야 한다.

하나의 경제이론에서 무엇을 의미하는가 라는 문제를 보다 명료하게 하기 위해 필자는 하나의 예시를 통해 정확히 하고자 한다. 그 예로 여기서는 가격설정의 이론을 들어 설명하고자 한다.

가격이론은 하나의 법칙론으로서 가격설정의 가능성, 필요성, 개연성의 세 가지 요건에 따라 전개해 보고자 한다.

(1) 가격설정의 가능성

가격성립의 가능성은 가격을 형성하는 대상에 따라 세 가지 관점에서 설명할 수 있다. 가격성립의 대상으로는 재화, 자본, 노동력, 정신적 재화[299]와 물질적 재화, 부동산과 동산, 원료품과 공업생산물, 독점재화와 경쟁재화, 독립재와 보완재, 도매상품과 소매상품 등으로 나눌 수 있다. 한편 가격을 구성하는 심리적인 기초에서 경제주체인 상인과 일반 소비자와의 수급관계, 거래동기와 목적 등에 따라서 제2의 가격 성립의 가능성이 생긴다. 그리고 가격구성의 조건과 형식이 가격구성 가능성의 제3의 원인이 된다. 자유로운 가격설정인지, 아니면 제한

* 299 이는 용역(services)을 의미한다고 볼 수 있다.

된 가격설정인지, 또는 거래소 가격이나 관세, 조세 등의 문제도 가격구성에 영향이 미친다.

(2) 가격설정의 필요성

가격은 시장 및 경영상태와 연관을 가지고 결부되어 설정되기도 한다. 사회적 관습에 따라 시장가격은 본질상 필연적으로 적절한 시장관계 속에서 또는 경영의 생산구조적인 제약요인에 의하여 합리적 가격이 성립된다. 이러한 가격설정에 있어서는 수학적 합법칙성에서 얻어낼 수 있는 다수의 양적인 법칙이 확립된다.

(3) 가격성립의 확률(개연성)

일정한 경제시기에서의 가격을 설정하는 여러 가지 경향을 파악하는데 있어서는 가격이론의 원리를 상기할 문제영역은 다음과 같은 경향들을 고려하는 것이다. 가격을 구성하는데 있어서 인적, 물적, 공간적 측면에서의 평준화(동일화)의 경향, 기계화의 경향, 도식화의 경향 등은 미래에 있어 가격을 결정하는 방향설정에 있어 일반적인 경제이론을 제공하는 것으로 인식할 수 있다.

다음으로는 경험에 관하여 살펴보고자 한다. 경험은 보편이나 이론에 대립하는 특수한 상태를 인식한 것이고, 현실의 시간과 공간적인 현상의 이해 및 서술이라고 할 수 있다.

경험은 사유에 의하여 사상(思想)을 형성하게 하고, 그 개념을 개괄하며 사유과정을 개념체계로 정리하여 형성하게 하는 동기가 된다. 여기서 과학적 경험은 학자의 정의에 따르면 관찰하는 재료를 사유적(思惟的)으로 분리하여 종합하고, 해석 및 비판이라는 기초 위에 보편타당한 방식으로 획득되어 인식되는 내용을 말한다. 이성적 경험은 경험적으로 확인된 내용을 사려 깊게 구성된 인식내용으로 접합하는 것이다. 그런데 선험적으로 확립하고 인식적으로 획득한 인식내용이라는 것은 이성적 의식을 구성하는 모든 경험과 관계되어 영향을 미친다고 볼 수 있다.

우리는 인문과학의 영역 내에서 얻어지는 경험을 역사학이라고 부른다. 이러한 개념정리가 불명확하기 때문에 문제의 중요성과 확정적 의미에서 문제를 해결할 필요성을 고려하여 역사학, 특히 경제사학 또는 경제학적 경험의 의미 및 임무에 관한 문제를 보다 상세히 기술하려고 한다.[300]

역사적 현상은 시간과 공간적인 현상이고 현실적인 삶이며 또한 영향을 끼치는 연관을 가지고 있다. 그래서 모든 의미적 연관은 역사 관찰에서 배제시켜야 한다. 논리적으로 모순이 없다는 것을 증명함에 있어서 그러한 정신적 현상으로 발전을 보이는 철학, 미학, 어학의 내재적인 본질적 역사는 결코 여기서 의미하는 역사가 아니고, 시간적인 경과 상에서 구성된 의미구조의 이론이다. 인간세계에 존재하여 생긴 가치 있는 삶의 인간행위의 행적이 역사에 속한다. 따라서 모든 역사 현상은 가치 있는 것이기는 하나, 그것이 다만 어떤 특정인에 대해서만 문제가 될 경우가 많다.

그렇다고 가치가 없다고 해서 역사학에서 제거하는 것도 올바르지 못하다. 어느 학자가 어떤 역사적 사실을 서술하기에 따라서 그것은 역사학으로서 근거가 확실해지기도 한다.

인류사회의 역사적 본질을 고찰하기 위해 역사적으로 동일하게 실현된 하나

*300 역사성의 문제와 역사학의 의미에 관한 독일의 문헌에서 지속적인 그리고 열정적인 학자들의 연구를 발견할 수 있는데, 그들을 열거하면 다음과 같다: Rickert, Windelband, v. Gottl, Eulenburg, Dilthey, Graf York, Max Weber, Scheler, Spranger, Heidegger, Rothacker, Manheim 등이며, 이 밖에도 Eduard Meyer(1902년), Ernst Troeltsch(1922년), Karl Vossler(1923년), Karl Royhenbuecher(1926년), Kurt Breysig(1925~28년), Alfrcd Wober(1927년) 등이 주요 저서가 있다.

의 시기의 범위를 구분하는 것은 학문으로서 역사학의 효과를 얻을 수 있다고 생각하였다. 역사적 작용이란 삶의 체험에서 동일한 작용이 계속된 총체를 고찰하려는 것이다. 경제생활에서 역사를 말하자면 일정한 경제조직에서 동일하게 지향하는 경제질서, 경제기술이 일정한 역사적 시대에서 발전한 과정을 의미한다. 여기서 발전과정에 작용한 조건이 무엇인가의 경험 법칙을 탐구하려는 것이 경제학에서 경제생활의 역사적 경험을 통해서 역사발전의 이론을 고찰하려는 '역사성' 에 대한 것이다.

역사의 대상인 의미를 지닌 현상을 이해할 수 있게 기술하려면 연구영역으로 역사적 작용을 하는 대상에 대한 관념적인 상태의 이론과 실재적인 상태의 관계를 먼저 한정해야 할 것이다.

이론은 공간과 시간이 없는 보편성에 관한 문제의 가능성, 필연성, 개연성의 의미를 탐구하는 것이고, 경험은 공간에서나 시간에서의 특정한 사실적 현상의 경험을 거친 역사적 내용을 탐구하는 것이다.

역사를 기술(記述)하는데 있어서 단지 일회적인 특수성은 추출해서 삭제해 버리고 역사적인 작용에 연관된 본질적인 현상들을 그의 발전과정에 결합시켜서 설명해야 한다. 이러한 경우, 역사적 내용의 특질은 역사의 일반적 이론으로서 일반적 역사이다. 또한 특수한 사실적 현상을 특수하게 유래사(由來史)로서 서술하는 것도 정당한 방법이라고 나는 그렇게 승인한다.

경제학을 경제의 이론만으로 한정해서 이해하고, 경제사를 제외한다면, 경제적인 여러 가지 상호관계를 이해하는 것을 경제학의 임무로 삼는 지금의 경제학으로서는 의미가 없는 단편이 되어버릴 것이다. 보다 가치 있는 경제학을 만들기 위해서는 경제학의 자연과학적 분석과 문화적 분석의 이론과 경험과의 관계에서 목적과 수단의 차이를 알아야 한다. 우리들은 경제의 과학적 이론을 정립하기 위해서 경제생활의 역사를 연구해야 하고, 현실의 경제생활의 실태를 이해하기 위해서 과학적 경제이론을 세울 수 있는 것이다.

이론과 경험과의 연구에 균형을 유지하지 못하는 사람은 결코 경제학자는 아니고, 온전한 경제학자의 한 분신(分身)에 불과할 뿐이다. 의미 깊은 전체를 포함한 경제학은 이론과 경험과의 결합체를 서술한 것이다.

칸트는 경제학의 이론과 경험의 상호관계의 중요성을 강조하면서 "이론이 없는 경제학은 장님이고, 경험이 없는 경제학은 절뚝발이"라고 비유하여 표현하였다.

경제생활을 이해한다는 이론의 수행목적을 부단히 주시하지 않는 경제이론 학자는 법칙을 만들 두뇌회전이 엉켜서 굳어버리기가 쉽다. 만약 경제학적 이론도, 경제의 역사적 기술도 기대한 만큼 수행하지 못했다면 그런 실패는 대부분 이론과 경험의 양 연구영역의 상호관계의 중요성을 등한시 한, 불균형적 연구에 기인되었을 것이다.

경제학을 연구하는 영역의 범위에 따라 경제학을 '일반경제학 Allgemeine Nationaloekonomie'과 '특수경제학 Besondere(Spezielle) Nationaloekonomie'으로 구분할 수 있다. 일반 경제학은 일체의 인류 경제사에 공통된 경제학적 사유범주에서 보편적 선험성을 문제 삼고 논하는 것으로 풀이한다. 반면, 일반적 경제학에 나타나는 다양한 경제조직에 따라 부분적으로 논하는 것을 특수 경제학이라고 부른다. 경제학을 이론 경제학과 경험 경제학으로 구분한 것과 여기서 말하는 일반 경제학과 특수 경제학의 구분과의 관계는 다음과 같다.

일반 경제학은 단지 이론적일 뿐이다. 현실에서는 일반경제학에서 이론적으로 말하는 경제일반이 존재하지 않기 때문이다. 이론 경제학에는 수공업적, 자본주의적, 공산주의적 등과 같이 일정한 성질을 갖는 여러 특수한 경제에 관해서는 특수 경제학에서 논하게 된다. 특수 경제학에는 이론 경제와 경험 경제가 있다. 따라서 경험 경제학은 특수 경제학에만 속하게 될 뿐이다. 그러므로 경제학의 체계화는 이와 같이 명료하게 구분하여 설명할 수 있다.

이러한 경제학의 분류가 외국에서는 거의 인식도 되지 않았지만, 이에 관한 독일문헌은 대체로 풍부했다고 볼 수 있다. 단지 재정학[301]과 관련되어 경제학을 일반경제학과 특수경제학으로 분류할 경우, 위의 개념과 달라지게 된다 . 독일에서 최초로 이러한 개념에 의해 경제학을 정립한 학자는 발브 Ernst Walb[302]라고 볼 수 있다. 그는 1755년 징케 Zincke에 의해 저술된 「재정학 Kameralwissenschaft」을 기초로 경제학을 일반경제학과 특수경제학으로 분류하였다. 그러나 라우(1823년)와 바움스타르크 Baumstark(1835년)는 그들의 경제학체계에서 일반경제학에 우선순위를 두었다. 위에 언급한 경제학자의 경제학 분류는 필자의 견해와는 다소 다르다. 필자는 로드베르투스 Karl Rodbertus[303] 와 바그너[304]의 경제학 분류방법과 같은 견해를 가지고 있다. 그들은 경제학을 '경제적' 인 카테고리와 '역사적' 인 카테고리 안에서 설명하려고 하였다. 그들이 사용한 용어는 잘못되었다. 그러나 그들이 경제학을 그러한 범주로 분류하려고 한 생각은 옳았다. 다만 그들은 그들의 분류방식을 실제로 그들의 경제학에 전혀 사용하고 있지 않았다는 것이다. 바그너는 그의 화폐, 신용 등의 경제일반에 관한 이론을 역사적-경제적 범주에서 전개하였다. 일반

---

*301 역주 독일의 재정학을 특별히 관방학파 Kameralismus라고 부르기도 하는데, 이는 독일 특유의 재정학인 중상주의적 관방재정학을 뜻하는 말이다.

*302 Ernst Walb, Kameralwissenschaft, 1927, 12쪽 후반.

*303 Karl Rodbertus, Zur Erkenntnis unserer staatswirtschaftlichen Zustaende, 1842 및 Soziale Briefe an v. Kirchmann, 1850~1851.

*304 Adolph Wagner, Lehr-und Handbuch der politischen Oekonomie. Bd. I, 제3판, 1892~1893과 Theoretische Sozialoekonomik, eine allgemeine und theoretische Volkswirtschaftslehre, 제1편, 제4판, 1907.

경제학적 개념으로 초기에 필자와 비슷한 견해로 경제학을 정립한 유일한 학자중의 한 사람으로 로렌츠 폰 슈타인Lorenz von Stein을 들 수 있다. 그는 위의 문제와 관련해서 과학의 사명을 다음과 같이 언급했다 : [305] "순수한 모든 재화가 속해 있는 카테고리로부터 우리는 절대적인 개념과 그 재화와 관계되는 법칙을 가지게 된다. 그것은 결코 최고에 도달한 현실의 의지를 반영한 힘도 아니고, 그렇다고 우연하게 발생되는 것도 아니다."[306]

여기서 필자는 사람들이 경제학의 소재로 사용하고 있는 세 번째 구분에 대하여 생각해 보고자 한다. 경제학의 소재 대상에 대하여 합목적적으로 경제현상을 정리하기 위한 입장에서 적용하는 방법의 원칙으로서 '작업이념 Arbeitsidee'[307]이 있다. 이러한 작업이념의 선택에 따라 경제학을 교환사회의 이념에 속하는 사회경제학과 국민경제의 이념에 속하는 국민경제학으로 구분할 수 있다. 이러한 경제학의 두 부분 중 사회경제학은 고전학파와 사회주의자들의 연구와 노력에 의하여 거의 전성기(全盛期)에 달했으나, 국민경제학은 한때 중상주의학파의 학설에 의하여 매우 유망한 연구가 이루어진 후로는 정체된 채로 남아, 학문적 발전을 이루지 못했다.

국민경제학의 대표적 학자들로는 뮐러Adam Mueller, 리스트, 슈판, 프리드리히 렌츠Friedrich Lenz[308], 살린Edgar Salin 등이 이 부문의 연구에 깊이 관여하였다.

---

*305 Lorenz von Stein, Lehrbuch der Nationaloekonomie, 1858, 제3판, 1887, 98쪽 후반.

*306 역주 로렌츠의 이러한 비유적 표현은 경제학은 일반경제학으로서 보편 타당한 법칙 위에서 설명되어지는 학문이어야 된다는 것을 의미한다고 볼 수 있다.

*307 역주 이미 앞에서 작업이념을 상술하였지만, 좀바르트가 정의한 작업이념은 경제학을 정립하는 방법론상에서 추구하는 바가 무엇인가를 결정하는 방법이라고 하겠다.

*308 Friedrich Lenz, Macht und Wirtschaft, I(1916년)과 Aufriss der politischen Oekonomie(1927년)을 참조할 것.

3. 경제기술론

거대한 지식영역에 있어서 그의 전문적인 과학성 이외에도 생활이나 직업에 유용한 기술도 포함시키지 않으면 안 된다. 신학, 법률학, 의학은 본질적으로 기술론으로 성립되어 있다. 여기서 기술론이라 함은 일정한 실천적 목적을 실현시키는데 도움이 되는 수단을 논술하는 것을 말한다.

자연과학의 영역에서 기술학은 지식복합체가 기술론의 총괄체로서 자연과학에서 분리되어 다른 개념의 기술론 Kunstlehre으로 불리고 있다.

과학은 이론적 지식의 목적이 무엇인가를 탐구하는 것이나, 기술론은 목적을 실현하는데 사용되어지는 실천적 지식을 연구하려는 것이다. 경제학에서는 과학과 기술을 보다 분명하게 인식하도록 양자의 개념을 다음과 같이 규정하였다. 과학이란 진리의 집합체이고, 기술이란 행위에 대한 법칙 또는 지침으로 구성되는 일체(一體)이다. "과학에서는 이것은 옳다, 그르다, 그렇다, 그렇지 않다, 이렇게 된다, 되지 않는다고 말하고, 기술에서는 이렇게 하라 그렇게는 하지 말아라"[309] 라고 말한다. 과학은 일정한 동질적 제현상을 연결하는 제관계를 설명하고, 또한 순수한 이론적 목적에 따른 근거를 완전하게 인식시키려는 것이며, 기술은 일정한 목적에 도달하기 위한 수단을 암시하는 것이다. 다시 말하면 과학은 왜 하는가의 목적을 설명하고, 기술은 어떻게 하는가의 방법을 지시한다.

경제기술론의 역사를 살펴보면, 아직 경제학이 존재하지 않았던 고대에 쓰인 가계(家計)에 관한 문헌들이 기술론의 시초라고 볼 수 있다. 헤시오드 Hesiod, 크놉폰 Xenophon 등이 저술한 농사기술책은 최초의 기술론에 해당되고, 중세에 있

*309 John Stuart Mill, Essay on Political Economy, 124쪽.

어 페고로티Pegolotti, 우짜노Uzzano 등의 상업론은 사적 경제주체의 경제영역에 관한 기술론으로 볼 수 있다.[310] 프랑스에서는 부아길베르Boisguilbert, 쉴리Sully, 보뱅Vauban 등에 의해 재정학적인 관점에서 재무관리의 실천방안의 체계가 기술되었다. 이러한 기술론에 기초하여 독일과 오스트리아의 재정학을 정립한 학자들을 살펴보면 다음과 같다. 제켄도르프Seckendorff, V. L., 베커Becher, J. J., 호르니Hornigk, Ph. W., 슈뢰더Schroder, W. von, 조넨펠즈Sonnenfels, J. von., 유스티Justi, J. H. von에 이르러서는 실제적인 경제학의 이름으로 국민경제의 관리에 관한 각종 저서들이 출간되었다.

이러한 실제적 경제학에 근거하여 독일에서 경제학을 정립한 학자 중의 하나로 하인리히 라우Heinrich Rau를 들 수 있다. 그는 최초로 독일의 소위 '관방재정학'과 영·프랑스권에서 정립된 시장의 메카니즘이라는 개념을 기술론에 기초하여 서로 연관시켜 설명하였다.[311]

이후 기술론은 점차 세 종류의 기술론으로 분류되어 발전하였다. 이 세 종류의 기술론을 살펴보면 다음과 같다.

(1) 사경제론(私經濟論)

독일에서는 1919년부터 자본주의 경제의 연구범위에 속한 기업경영에 관한 경영학과 생산경제에 관한 이윤론을 설명하는 사경제론 학자가 다수 배출되었다. 이들의 경제기술론은 기업의 개념을 바꾸어 놓았고, 이는 오늘날 독일의 경영학 Betriebswirtschaft의 원칙을 제시하는 준거가 되었다.[312,313]

---

*310 좀바르트의 '현대 자본주의' 제2권, 592쪽 후반, 607쪽 후반과 제3권, 712쪽 후반과 887쪽 후반을 참조할 것.
*311 Heinrich Rau, Grundsaetze der Volkswirtschaftspolitik, 제5판, 1862, 1쪽.
*312 Wilhelm Rieger, Einfuehrung in die Privatwirtschaftslehre, 1928.
*313 Ernst Walb, Zeitschrift fuer handelswissenschaftliche Forschung, 22.Jahrgang, Heft XI, 1928.

(2) 국가경제론

이것은 재정학의 명칭으로 해석되었으며, 경제의 기술론으로부터 과학으로 그 개념이 전환되고 있다.

(3) 실제적 국민경제론

국민경제의 개선책에 대한 각종의 제안을 모은 것으로서 실천적 지침을 제시할 경우에 사용할 수 있는 기술론이다. 국민경제론은 경제학과 결합시켜 하나의 체계로 구성하여 경제학으로 편제해야 한다는 주장도 있으나, 경제기술론으로서의 본질을 달리하기 때문에 이론적 체계에 대립되는 실제적 부분을 포함시켜 설명하는 것은 객관적 타당성이 없으므로 반대해야 할 것이다.

18장 경제에 관한 지식의 의미

우리들은 경제의 의미와 중요성을 인식하고 경제지식을 취급하는 우리들의 노력, 책임, 주의에 관한 문제에 대하여 다시 한번 판단을 정확하게 내려야 한다. 경제학의 최종목표는 이미 확정되어 있으므로 경제철학은 서서히 경제기술론에 접근해야 할 것이다. 만약 경제학에 새로운 연구방향을 제시하는 시도가 이루어질 수 있다면, 그 중요성 때문에 기존의 경제철학은 그 본질을 다시 심사하여 천재적인 통찰을 통해서 문제의 핵심인 형이상학을 감사한 마음으로 받아들여야 할 것이다. 천재적인 성품을 지닌 사람만이 깨달을 수 있는 경제철학이 본질적 지식에 의하여 경제의 새로운 방향을 찾아낸다면, 이것은 하늘이 베풀어주는 천혜의 덕택일 것이다. 이토록 중요한 경제철학이 본질탐구에 그의 타고난 천재를 발휘하도록 열성을 다해야 하는 노력이 필요하다.

경제론의 다른 두 부분인 경제과학과 경제기술론은 그 동안 상당한 발전을 하여 경제학을 정립하는데 상당한 기여를 해왔다. 우리들이 여기서 주의를 기울여야 하는 것은 과학과 기술론의 상호관계에 관해서 자연인식과 문화인식의 원리적 차이에 대응할 인식문제에 올바른 판단을 내려야 하기 때문이다.

먼저 자연과학영역에서 자연과학과 자연사물에 관한 기술론의 실제적 효용관계를 살펴보기로 한다. 자연과학의 결과로서 이용되는 물리나 화학은 타당한 규칙, 말하자면 법칙을 수립하였다. 자연과학이 내세운 이 규칙은 자연사물의 개조와 가공에 관한 기술론 또는 기술의 과학적 방법에 이용되기에 이르렀다.[314] 이러한 의미에서 기술론은 개별적인 과학적 방법의 이용에 타당한 규칙이 자연사물의 소재와 힘을 취급하는 기술에 질서있게 사용되어 왔다. 하나의 예를 들면 콜타르 속에 염색 원료가 함유되었다는 사실을 과학에 의해 발견함으로서 우리들은 염색화학은 임의(任意)의 양의 염색원료를 콜타르에서 제조하는 방법을 발견했던 것이다.

자연영역에서의 기술론은 자연과학이 제공하는 많은 법칙으로 실제적인 효과를 얻었다. 그래서 자연과학에서 기술론은 더욱 풍성해질 것이다. 또한 더욱 진보될 것이다. 그런 가운데서 기술은 기술론과 함께 발전되는 것이다. 근대적 형태에서의 자연과학의 의미는 결국, 기술을 진보시키기 위해 기술 Technologie에 법칙을 제공하는 것이다. 이 자연과학의 종류는 일체 본질에 관한 지식은 제공하지 않기 때문에 실제적으로 적용될 뿐이고 그밖에는 다른 의미를 갖지 않을 것이다.

반면, 인문과학의 영역에 있어서는 자연과학과는 기술론 및 기술의 실천과의 상호관계에 있어서 전혀 다르다. 이것은 다음과 같은 명백한 이유가 있기 때문이다.

첫째, 문화영역에 있어서의 실제적 행위의 문제 범위는 자연의 인식영역에서와는 근본적으로 다르다. 자연의 범역(範域)에서는 기술이 이미 알고 있는 사물에만 관련되어 적용된다. 가장 비약적인 기술상의 혁신적 부문인 무선전신, 비행

*314 보다 상세한 내용은 좀바르트의 Hochkapitalismus의 80쪽 후반, 111쪽 후반과 890쪽 후반을 참조할 것.

선 제조, 공기 중의 질소 발생장치 등에서는 이미 알고 있는 소재와 힘의 연결이외의 다른 것이 성립되는 것이 아니다. 혁신의 능력은 소재와 힘에 관해서 이미 잘 알려진 것에 의거할 뿐이다. 이에 반해서 문화영역의 인간관계에서 문제되는 것은 기업가 또는 기업의 경영정책 주체의 행위에서 이미 알고 있는 요인과 아직 알지 못한 요인을 결합하여 그들의 욕망을 충족시키는 방향으로 작용한다는 것이다. 인간관계에 연결되는 법규, 각종 조직, 조세제도, 부기, 통계, 훈령 등에 나타나 있는 일체의 것들은 이미 알고 있는 것의 이념적 형상이고, 아직도 정신 Seele에 남아 있는 일체의 것은 미래에 인지될 '이념적 요소'로서 여기에는 새롭게 창출될 소재와 힘이 포함되어 있다.

둘째, 이미 알고 있는 사물 das Bekannte의 이념화 된 내용을 경제사상에서 배울 수 있다는 것을 분명히 해야 한다. 자본주의시대의 경제영역에서는 경제 사상의 내용들이 경영의 진보에 따라서 증가되어왔음을 보여주고 있다. 또한 기술론도 진보의 정도에 비례해서 확대되고 완성되었다. 대학의 경제학 강의 교과목으로 사경제론, 경제정책, 경제과학, 조합제도, 은행, 보험 등의 다양한 과목이 강단에서 이루어졌다. 종합경제론 체계 중에서 국민경제론은 실제적으로 필요한 경제문제를 해명하고 유익한 활동에 필요한 재정학의 지식을 제공해 줄 것이므로 매우 긴요하게 필요할 것이다.

셋째, 문화지식의 영역에서도 자연지식의 영역에서와 마찬가지로 기술은 기술학의 위에서, 기술학은 과학의 위에서 세워질 수 있는가는 분명하지 않다. 경제학 영역의 세 가지 기술론인 사경제론, 국가경제론, 실제적 국민경제론은 경제과학과는 하등의 연관도 없이 발전하였고, 기업경영 등의 실천생활에 대해서는 거의 이용되지 못했다.

자연과학은 기술을 진보시키기 위해 실제적으로 적용하는 기술에 법칙을 제공할 수 있으나 본질적인 지식은 제공할 수 없다. 과학으로서의 경제학은 그와는 반대로, 기술이 준거로 삼는 법칙을 세울 수 없고, 다만 본질적인 지식을 경제기술론으로 제공할 뿐이다. 경제과학이 경제생활의 실제적 형성에 이용될 수 있는 역할은 다음과 같은 것이다.

첫째, 경제학은 해답을 줄 수는 없으나 문제를 설정하고, 중요한 연관을 알리는 문제를 제시할 수 있다.

둘째, 경제학의 체계와 경제체계의 개념을 통해 기술론을 전개하는 학자와 실제로 경영일선에 있는 실무자의 지식체계를 질서 있게 정리할 수 있다.

셋째, 경제행위의 조건으로서 적정한 생산량의 결정, 본질적이고 합리적인 의미를 가진 합법칙성을 제시함으로서 실제적 경제행위에 그 작용의 한계를 확대하여 제공한다.

쉐러는 "실증적 지식 또는 노력을 통해 얻은 지식은 인간과 재화를 관리하기 위해서 요구되는 것으로 일반적인 과학이 이러한 실용적 지식의 이해력을 양육할 임무를 갖게 되었다"고 말하였다.[315] 니체도 "과학은 힘에 이르는 의지의 가장 명확한 형태이다"라는 명제를 제시하면서 실용주의적 이해의 중요성을 강조하였다.

자연과학이 실천적 지식을 얻는데 타당하다는 견해는 인문과학의 올바른 이해에 비추어 볼 때 타당하지 않다. 실천적 목적을 위한 기술론의 이용성은 인문

---

*315 Max Scheler, Die Wissensformen und die Gesellschaft, 1926, 245쪽 후반.

과학이 본래 목적하는 바가 아니므로 경제학에서는 기술론의 이용이 적을 수 밖에 없다. 그러나 경제학이 장래에 있어서는 정책추진자들이나 기술론 학자를 위해 실천적 목적을 위한 기술론의 이용이 지금까지보다는 더 한층 확대 될 수 있을 것이다. 그럼에도 불구하고 인문학으로서 최종 목적인 경제학이 가지는 의미나 중요성은 경제학 본래의 임무수행을 감안하여 본질적인 경제지식의 고유한 가치를 창조하는데 두어야 한다.

과학은 인간의 실천적 삶에 기여할 수 있도록 실천적 목적을 설정해야 할 것이다. 60년 전의 니체도 마음속에 가치 있는 정신이 지배할 인생에서의 과학의 봉사를 정당한 요구라고 생각하였다. 과학의 임무는 인간의 삶을 보다 완전하게 보다 풍부하게, 보다 조화롭게 형성하는데 기여해야 한다는 것만을 의미하는 것이다. 과학의 이러한 역할을 확실히 할 수 있는 것은 과학자 자신이 살아 있는 소재를 살아있는 서술에 의하여 살아 있는 인간에게 전달할 경우에만 가능하다. 과학은 과연 다음과 같은 위대한 역할을 수행해 낼 수 있을 것인가?

먼저 정신의 훈련이다. 이는 개념의 논리적인 정확성을 요구한다. 그런데 칸트는 헤르더Herder의 이렇게 정의한 관념 중에 "개념의 논리적 정확성이 결여되었다"고 크게 한탄하였다. 과학은 개념의 논리적 정확성을 요구하고 세계에서의 인간의 경험적 사실을 확실하게 향수하기를 바란다.

딜티히도 "이 세상에서 인간정신의 가장 중요한 일은 경험 위에서의 환상을 과학적으로 통제하는 일이다"라고 하였다.

둘째, 과학의 역할은 정신의 확대에 있다. 이와 관련해 괴테의 타당성 있는 말을 들어보기로 한다. "생전, 생후의 3천년에 걸쳐서 자기를 밝히지 못한다면, 알지 못할 어둠에 휩싸여 답답한 나날을 어찌 보낼 수 있겠는가."

셋째, 과학이 해야 할 또 다른 역할은 정신을 만족시키는데 있다. 이는 정신의 안정과 마음의 편안한 상태를 의미한다. 이성적인 인간이 충분히 생각한 객관적 정신이 충만한 경우에 합리적이고 타당하며 통일된 사상을 가질 수 있다. 이는 세계에 봉사한다는 삶의 철학에서 인격의 완성과 보다 높은 목적, 즉 초개인적인 객관적 문화의 가치를 창달하는데 봉사할 임무를 지니고 있다고 의미 깊게 해석해 볼 수 있다. 과학이 객관적으로 공유하고 있는 가치를 탐색하는 가운데 우리들은 다시 인문과학[316]의 특수성을 인지하게 된다. 정신과학의 특수성의 징후로서 완성된 인문과학은 자연과학에서와 같이 사물의 지식을 밝히는데 그치는 단순한 과학이 아니라는 것을 제시하고 있다. 그러므로 인문과학의 의미는 지식이 축적되어 있는 가운데서 찾아내는 것이 아니며, 그 이상(理想)은 자연과학에서와 같이 보다 많이 알고, 보다 많은 지식의 양을 축적하려는 것도 아니다. 자연과학에서는 자연에 관한 지식으로서 장기간에 걸쳐 타당한 법칙을 정립하나 그러한 자연지식은 본질적인 지식이 아니고 법칙이라는 지식에 불과하다. 인문과학에서는 인식대상의 사실적 현상이 부단히 성장하고 변화되기 때문에 또한 인식하는 자의 인식방법의 관점에 따라 보다 깊이와 넓이에 차이가 있기 때문에 자연과학에서 인식하는 법칙이라는 가치를 이상(理想)으로 할 수 없다. 인문과학에 있어서의 연구 실적은 극히 제한된 비유적인 의미에서만 양적으로 축적되어 증가하고, 진보되는 모습을 보이고 있다. 지금까지 몰랐던 새로운 의미와의 연관을 해명하는 문제가 발생할 때 예컨대, 설형(楔形)문자로 쓰여진 문서의 이야기, 함

*316 역주 여기서 인문과학으로 표현함은 좀바르트의 Geistwissenschaft를 번역한 것인데, 이는 현대의 학문체계인 인문과학보다 넓은 의미의 개념이며, 본문 전체의 흐름을 통해 이해하면, 현대의 사회과학과 인문과학을 종합한 과학으로 이해하는 것이 타당하다고 본다. 그럼에도 불구하고 역자는 보다 원문에 충실한다는 관점에서 인문과학, 경우에 따라서는 정신과학으로 번역하여 사용하였다.

무라비 법전의 새로운 발견, 또는 새롭게 해석될 경우에 있어서 인문과학의 진보라고 할 수 있을 것이다. 또한 새로운 재료의 발견, 개념체계의 완성, 기존지식과의 의미를 갖는 연관으로 이해하게 된 새로운 술어의 형성도 진보라고 말할 수 있다. 그러나 이러한 진보는 사실적 현상의 의미를 설명할 뿐이지 인문과학으로서의 경제학의 본질적인 사실현상의 발전과정을 의미하는 것은 아니다. 그러므로 진보란 생각을 철학·미술·시에 적용한다는 것은 있는 대로의 사실을 잘 인식할 수 있게 설명을 잘 해낼 따름이지 그 사실 자체를 새롭게 발전시킨 창조를 뜻하는 말은 아니다.

인문과학에 있어서 어느 의미에서는 인간의 창조물과 유사한 부문이 있다. 이것은 단순한 사물의 지식에 마치 철학적, 예술적 구성요소를 부가하여 그 결과, 정신과학적으로 창조된 것이 철학적 가치체계에서 정신과학적 작품으로나 예술적 형태의 작품으로서 나타나는 경우이다.

이러한 경우, 철학의 정신과학적 작품이나 예술적 형태의 작품에는 작품양식의 겉모양은 본 떴으나 그 작품 자체 속에 '인간정신의 전일체(全一体) '를 창조하여 표현할 수 없으므로 그 작품들은 철학작품이나 예술작품으로서 창조된 것이라고 볼 수 없다. 자연과학적 연구는 최대범위인 타당성 있는 법칙 수립으로 극치(極致)에 달하는 것이고, 인문과학적 연구는 완전한 조화를 갖춘 작품의 창조에 의하여 극치에 이른다. 따라서 인문과학은 개념체계에 있어서 완전한 체계구성을 목표로 하면서 과학적인 노력을 부단히 계속해야 한다.

인문과학, 따라서 경제학의 역사는 일정한 목표를 향해 측정할 수 있는 접근형태를 취하여 나타나는 것이 아니라, 고유의 예술, 철학적인 내용을 갖춘 제형태의 총체를 서술하는 것이다. 그러한 내용은 어느 것이나 그 시대정신에서 이해되지 않으면 안 될 것이다.

인문과학이 바로 과학적 요구를 충족시키려면 원리적으로 다시 철학과 예술과는 구별되어야 한다. 인문과학은 그 중추적 본질이 시현(示顯)되기를 요구할 따름이다. 우리들은 과학의 연구를 통해 가치 있는 문화인으로서 인격 육성에 공헌할 뿐만 아니라, 가치 있는 과학적 작품을 창조한다는 사실에 의해 문화과학의 본질을 시현하는 데도 기여할 수 있는 것이다. 과학적 작품은 예술과 철학의 작품과 아울러 고유의 독자적 가치를 갖는다.

모든 지식은 종국에 있어서는 신성(神性)을 지니고, 그 자체 속에 영원히 인식할 가치가 있다는 말이 진실이라면, 인문과학적 작품의 고유한 가치도 또한 인정하지 않으면 안 된다.

문화는 인문과학적인 고유한 가치의 특질에 의하여 인류의 정신생활 속에 특수한 지위에 있어야 한다는 것은 분명하다. 문화라는 과학은 순수예술과 같이 단체를 만들고 학파를 형성하여 적용될 것이 아니므로 개인주의적이고 기독교적이라고 볼 수 있다. 왜냐하면 인문과학과 같은 귀중하고도 유일한 선(善)은 인간들이 잃지 않으려고 동의할 것이기 때문이다.

경제학은 현실에 있어서 교의론(敎義論)과 기술론 사이에서 그 존립에 심한 위협을 받고 있다. 더 한층 경제학의 지위를 약화시키는 것은 경제학의 의미에 관해서 경제학자들 자신조차도 일치하는 견해를 갖지 못한다는 데에 문제가 있다.

어떤 사람은 경제학이 실제적인 목적을 위해 기여하기를 바라고, 또 다른 사람은 경제학이 지니고 있는 그 고유한 이론적 가치의 존재만을 믿으려고 한다. 경제학의 특질에 관한 여러 가지 견해는 크게 이러한 두 가지 입장에서 대립하고 있다. 우리들은 이 책에서 형이상학적 경제학으로서 규범경제학, 그리고 자연과학적인 실증경제학과 정신과학적인 이해경제학 등의 세 종류의 경제학을 살펴보았다. 규범경제학을 정립하려던 학자는 본래의 목적과는 달리 철학을 만들었고, 실증경제학을 정립하려던 학자들은 기술론에 빠져들고 말았다. 정밀자연과학의 양식에 따르는 것을 과학이라고 한다면, 실제적인 효용을 창출할 경우에만 진정한 의미에서 경제학적 가치를 갖게 되는 것이다. 이러한 경우, 경제학은 정신과학으로서의 가치를 보유한다고 생각될 경우에만 의미를 가질 수 있는 것이다.[317]

경제학은 과학다워야 하지만 교의학이 되어서는 안 되고, 과학이 되어야 하면서도 기술론이 되어서는 안 된다. 또한 경제학은 과학으로 성립되어야 하지만, 결코 자연과학으로 변해서는 안 된다. 경제학에 부과된 이러한 임무를 어떻게 수행할 수 있는가에 대한 문제를 나의 전 생애에 있어서 저술활동을 통해 제시하려고 시도하였다. 이러한 의미에서 바로 이 책은 이러한 문제에 답변하고자 시도했던 나의 종합목록의 하나가 될 수 있을 것이다.

*317 역주 이러한 시각에서 좀바르트는 이해경제학을 가장 바람직한 경제학으로 규정하고 있다. 여기서 이해경제학은 한마디로 현대경제학의 규범경제학과 실증경제학의 총합이라고 볼 수 있다.

Index

주제

인명

세 종류의 경제학

초판발행 2012년 9월 20일
저　　자 베르너 좀바르트(Werner Sombart)
역　　자 황준성
펴 낸 이 김대근
펴 낸 곳 숭실대학교 출판국
주　　소 서울 동작구 상도로 369
등　　록 제 14-2호(1982. 1. 25)
TEL. (02) 820-0771~2　FAX. (02) 817-5297
http://press.ssu.ac.kr
ISBN : 978-89-7450-290-4　93320

값 21,000원